研究社会的方法：

科学在社会生活中的应用

钟伦纳　著

重庆大学出版社

图书在版编目（CIP）数据

研究社会的方法：科学在社会生活中的应用／钟伦纳著. -- 重庆：重庆大学出版社，2019.5
（万卷方法）
ISBN 978-7-5689-1488-8

Ⅰ．①研… Ⅱ．①钟… Ⅲ．①社会科学—研究方法 Ⅳ．①C3

中国版本图书馆 CIP 数据核字（2019）第 020905 号

研究社会的方法:科学在社会生活中的应用

钟伦纳 著
策划编辑:林佳木
责任编辑:林佳木　　版式设计:林佳木
责任校对:谢　芳　　责任印制:张　策

*

重庆大学出版社出版发行
出版人:易树平
社址:重庆市沙坪坝区大学城西路21号
邮编:401331
电话:(023) 88617190　88617185(中小学)
传真:(023) 88617186　88617166
网址:http://www.cqup.com.cn
邮箱:fxk@ cqup.com.cn（营销中心）
全国新华书店经销
重庆市国丰印务有限责任公司印刷

*

开本:940mm×1360mm　1/32　印张:10.25　字数:276 千
2019 年 5 月第 1 版　　2019 年 5 月第 1 次印刷
印数:1—4 000
ISBN 978-7-5689-1488-8　定价:39.00 元

序

生活和事务，研究多出路

1. 本书性质

　　本书不教人看相或者对亲家，也不提供新闻逸事，但会告诉你怎样去找出合适的资料来解决生活和工作中的问题。书中没有金，但有点石成金之指。

　　这是一个信息足以左右成功机会的年代。生活和工作事务越来越复杂，变化越来越多，也越来越快，无论是商家寻找营业地点、工厂谋划生产商品、政府评估老人服务需要、媒体收集和分析事态、机构检讨工作绩效、家长选择学校或学科，还是个人选择职业志向，当事者都不能只顾埋首于惯性操作和现存资料，还须不时抬起头来，看看内外条件的变化。现代化的生活和工作之道，必须把信息的搜集和应用列为核心的操作过程，以科学态度和方法支持来作决策，否则容易偏差遗漏。

　　经过百年国耻后，中国人开始重视科技，但对科学的精神却不甚了了。对科技的关注也往往集中于自然科学和工程方面，忽略了社会文化事象也可以应用科学方法。当今时代，不但行政管理，就是文化历史，甚至是报告文学，都十分需要采用社会科学的态度和方法来搜集和分析资料。迄今中国的大学已经培养出了不少自然科学和工程人员，进步成果有目共睹，但急剧变化中的社会经济发展还有多少科学规划应当施展，却无法估量。在当下的中国，社会科学人员的培养固然要急起直追，同样重要的是，每个人都应当对科学的本质精神有所了解。除了社科专业，人文专业、自然科学和工科专业都应该增加社会科学的课程。

社会科学实在应该大力普及，为了鼓励大家多做些应用研究，在这本书里，我花了很多篇幅去构造中国人较易理解和应用的例子，而不去作学府式的引经据典，或引述现成的研究报告。这当然不是轻视前辈和其他学者的成果，而是因为本书不着意追求创见发明，题材都是前辈和同行提出过的，我的目的在于汲取先进经验，结合接近中国社会的例子，用认真而轻松的形式去普及社会科学的态度和方法。本书可作为大学教科书或专业研究和管理人员的案头参考书，但有中学知识程度的人也能够看懂。

搜集资料不能亦不必尽求诸于专家，就像病人不能事事依靠医生一样，学习知识、解决问题可以自己主动些。即使没受过专业训练，大家对自己的生活和事业都有相当认识，读过本书，可望学到一些比较客观、理性、可靠的科学态度和方法，省钱而且合时地发现、读懂、搜集和分析资料，去解决自己的问题。

接受科学态度者不难学懂基本的科学方法；对科学态度轻率者，懂了方法仍易出差错。因此本书除了介绍科学研究的技术和方法论，还强调对科学态度的培养——随时留意信息对决策和行动可能产生的作用，留意什么时候用什么方法来搜集信息，留意各种信息的性质和局限。在现代社会中，不单专业的研究人员需要坚持这种心态，就是行政决策者、日常事务执行人员、态度认真的作者和读者，也应该建立这种心态。

　　为了提醒研究者和帮助其他读者了解各种方法背后的精神和原理，我在说明某一方法和技术的运作时，会同时指出其作用、局限、使用的先决条件，以及有没有其他方法更为适合，以避免对方法抱着错误的期望，或对资料产生错误的理解。

　　方法的运用，除了方法适用条件本身的要求，也受到外在资源的局限，这在一般学术性教科书中较少强调。我从事科学研究几十年，从上户访问、下乡观察、编写软件、估计数量、拟订政策、申请经费、招募投标，到撰写、评审研究报告，到教授方法和提供咨询，都有直接经验，也留意观察各方的观点。因此，在介绍每一环节时，我会着意提点当时背景和前后环节中那些要特别注意的情况。研究者事实上不能独行独断，方法本身的优劣并非研究策略中唯一的取舍标准，这些情况在应用研究中常见，在理论研究中也不能避免。

　　社会事象有的复杂，有的简单。不一定是复杂的事象才值得研究，才能发掘出真理。能帮助解决问题的资料和方法，可以是很简单的。本书鼓励读者留意日常生活中看似平凡的现象，重视看似简单却严谨且系统化的方法，不要误认为只有尖端的或复杂的科学方法才能解决问题。过度强调事象和方法的复杂性，会降低人们探求的信心，忽视了对基本和简单事象的整理。

　　另一方面，对于比较复杂的方法也不必回避。但是要知道，即使最尖端科技，对很多问题也不能完善解决。认识到科学的局限，便不会强不知为知，便会虚心起来。采用科学方法时还应该警惕到：无论怎样复杂，一定要能够沟通、能够说得明白。科学之所以成为利器，原因之一，就是一般常人都能够在不同程度上掌握它，把认识的过程和结果交待清楚，由此可以集大众之力，在更大范围内和更深程度上钻探。**科学，其实是一个在共同守则**

制约下的民主过程。

目前关于社会科学研究方法的中文书，很多都是翻译过来的。外文教科书为了突出学术性，大量征引国外典例，一般的中文读者并不熟悉这些例子的来龙去脉。很多介绍也较为琐碎，不但冗长，还令读者只见枝叶难见森林。本书则尽量精简地把常用必备的方法及其精神介绍出来，希望让读者以较少时间把握到科学研究的要义及必需的细节和程序。

2. 非专业人员亦应有的求知/研究态度

待人处世属常事，人们经常需要辨认和判断社会事象，就算没有接受专门训练，每个人都可说是社会研究者。大量没学过研究方法的人士有丰富的阅人经验，处世比许多专门研究社会科学的人更成熟。但每个人都有些自己接触不足的东西，而且很多人对于陌生的或初步印象不佳的事物，自然地产生偏见，也常以偏概全。并且，更少人养成反省消息来源的习惯，即使在做重大决定时，仍浮沉于常识和成见之间，欠缺认真判断的态度和方法，并漫不经心地把未经思虑的讯息传递出去。

有一个集体游戏特别能代表这种情况。一群人排成一列，把一句容易混乱的话（诸如"清早青草从土里吐出芽儿来"）一位接一位耳语传递，传到最后一位时，原句往往面目全非。众人大笑之余，各人解释自己听到的是什么、自己怎样理解这句话，以及传出的是什么话。这是一个能帮助大家认识以讹传讹的游戏。人与人之间打电话方便，字面似乎错不到哪里去，但各人的理解不常一致，情绪反应也不一样，一些原意只在搞笑的讯息，却可能损害别人的心理或影响重要决定；而另一些语句则可能挑动情绪，导致个人甚至群体做出非理智举动。

在责怪别人传出不负责任的消息时，我们应常自问：自己接收到的消息可靠吗？以往对孤陋寡闻者的贬语是"坐井观天"，今天人们常常以为看到整片天空了，有时却难免感到满天星斗令人目眩，对许多闪亮的东西都感到有点不实在，信心比井蛙不如。有些人还惯于在未认真确定正确性时，便匆匆转发传闻，甚至添油加醋。网络上种种尖酸刻薄的评语，往往只为沟通增加了燥热，照不亮传递的内容，不但浪费时间，还添上不必要的唐突甚至恶意。科技发展竟然方便了损害别人！

怎样避免不确定的或情绪化的讯息伤人害己？除了注意礼貌、尊重别人，更基本的做法是认真审视自己接收到的讯息。当然，要大家都像科学家那样做了研究才接受讯息，不够切合实际，但了解和认知科学知识为何是可靠的，审慎地判断消息的可靠性，以及养成谨慎沟通的习惯，则是一般人今天都可以并且应该做到的，这是我写作本书的期望。

我写作本书是为了普及科学地求知、传递和应用信息的态度及基本方法。掌握正确信息不单是为了个人修养，还是个人或团体成功的主要因素。在这个竞争加速的年代，个人要求学、就业、投资；机构要开办扩张或应付挑战；政府要规划政策或评审成效，无法正确掌握信息的个人和组织迟早会落伍。因此，即使大家不专业从事科学研究，也应培养认真的求知态度。

3. 社会科学研究的优点和局限

在日常生活里接触到的信息，最多的是关于社会事象的，但我们对社会事象的认识却比不上对自然现象的求知那么严谨。一般人们惯于仅凭有限的消息（尤其是合意的或对己有利的），便下结论和作推论。相对而言，社会科学者必须先阅读大量报告、全面检讨过往有关信息、谨慎地选采资料、做严格和细致的分析，在比较多方角度后，才得出初步结论，并以客观和慎重的态度来表达。没经过这些步骤提出的意见，即使出自其他社会科学权威或专家之口，亦不足为凭。所幸近年有了改变，科学研究已经越来越多地应用到社会事象上。

社会科学研究者对于个别事物和现象的认识，不应止于判断其正确性，还应当尽量提出仔细的描述，不能找到粗略的答案就满足了。例如听说某区学校声誉欠佳，科学评估者就要找出到底是由于其成绩偏低、纪律较差、毕业生出路不理想，还是别的原因。又如要评估某候选人的前途，不但要问是否可获选民支持，还须找出他会获多少选民支持、他的优劣条件怎样、跟其他候选人的比较怎样。社会科学研究还应当留意事象的背景、普遍性（是否属于特例？有无反例？）和趋势。可是，即使做足了这些准备，社会科学研究者也无法尽阅所有资料，无法预知未发生的事，因而应经常保持谦虚。

目前社会科学研究的精确程度仍远跟不上自然科学，一个原因是用科学方法去研究社会事象，比用科学方法去研究自然事象晚了许多，要待更多资料积累和技术更新，才易突破。几百年前人类对自然的认识仍很肤浅，直至用上科学方法来研究，对自然的了解才突飞猛进。另一个原因是影响人类行为的因素复杂，不能像自然现象那么方便地把因素提纯或隔离，而且历史事件的后果单一，无从比较也不能复制。很多决定都是决策者在信息不充分情况下做出的，并且社会研究的资料和传递有限，个人经验和情境对决策者的影响，迄今依然大于科学方法的作用。

不过，随着研究人员和研究结果的增多，经过科学方法处理的信息会逐步取代个人经验作为决断的依据。轻视研究、偏重个人经验的决策者受限于个人的知识储备和认识角度，只会越来越跟不上急变的情势和长远的趋势。

4. 传统和现代求知方式分歧根源

华人虽重视教育，但 20 世纪以前能够系统化地结合理论和验证的学者不多，即使历朝历代发展出一些当时尖端的技术，终究传世不广且容易遗失，这与华人社会传统的知识学习和传授方式有关。

孔子因人而教和因独特环境与关系而处事的方法，易学强调万物常变的观念，令中国知识分子不愿受定义束缚（拙著《华夏文化辨析》的第二章和第三章有更深入论述）。低估概念的后果就是观念容易混淆（关于概念跟观念的区分，请看本书第 6 章），难以采用逻辑和统计来进行严谨的推论，只能倚重类比得出虚浮的推论，而且还易陷入夹杂情绪的议论。另外，儒家的思考模式习惯了从个别历史事件或理想化了的传说来推导现实，以预设期望和孤例代替客观资料的搜集和分析，以具体应用性的思维代替寻求普遍性的理论。这套求知模式跟科学是无法接轨的。现代华人知识分子虽然在职业上采用科学方法，日常生活中的思维却往往仍受传统模式影响。

科学对概念的要求比神学和形而上学更进一步，除了逻辑，还求实证（详见第 2 章）。由于量化的精确化倾向，科学验证已经越来越细致。现在加上统计学和电脑的运用，概念的界定不再满足于分类（定类变量，＝或≠，可分"是否""同异"，例如性别等），还尽量要求界定到可以分辨次序（定序变量，＞或＜，可分"大中小""高均低"，例如喜好程度等），并明确次序间的差距（定距变量，等量的距离，可以＋或－，例如年龄等），以及差距可以分辨比例（定比变量，可以乘或除，例如质量）（详见本书第 7 章）。

汉文古籍中许多字句，到 20 世纪在对考古学和甲骨文了解较多之前，都很难得到接近事实的理解。但自汉代开始，儒士为了仕途和教职，往往强不知为知、避重就轻、含混过关，甚至不惜指鹿为马、窒止追问，并且不鼓励理性辩论，令整个学问过程蒙上神秘和权威色彩。由于欠缺严谨定义、逻辑推断和验证精神，传统知识和智能多属松散、主观和褊狭的洞识，纵生一时之效，却难以系统化地累积和推广。

为了方便记忆和警觉，我把以上意见凝撮为三首诗：

华人知识智慧古今

之一·传统思考流弊：

实用当头散点多，高谈智慧易空疏。

松弛定义难推论，比附思维每蹉跎。

之二·科学求知要诀：

概念必求定义严，紧循逻辑不忙占。

还须验证寻根据，钻探精微望远瞻。

之三·知识智慧相持：

知识脱缰会失蹄，主观洞识贬人低。

多元角度长期计，科学支援智慧齐。

5. 个人的讯息责任

如果消息（包括帮助做决策的讯息）的来源是顿悟、灵感、洞识、指示、神示，一般人无须求知，依靠圣贤、领袖、权威或智者便足矣，求知只是一小撮人的责任。几千年来人类积累的知识不少，其质量和应用情况却只是最近一百多年来才突飞猛进。这一百多年间以爆炸性速度发展起来的知识，靠的是科学方法。通过共同的定义和实证方法，很多人都可以采用科学方法直接参与知识的制作和累积。

　　美国气象局在 2014 年 7 月给一位 101 岁的农夫颁奖，表扬他 84 年不间断地（生病时由家人接手），每天两次向气象站准确地报告后园的温度和雨量。像他这种义务气象观察员，全美现有近九千名。正是社会中大量这种尊重资料的成员，勤恳地收集了一个多世纪的资料，美国现在许多地方的风暴预报，才能准确到可预估风暴抵达数十公里以远的市镇在多少分钟之后。这么细致的预报，是以长期在广阔区域里累积了大量资料为基础的。单靠政府、职业人士或一两位科学天才推动，不足成事。这位农夫不以事小而不为，不受政权变化而放弃自己的责任/兴趣/纪律，实在值得提倡。

　　今天很多美国人的学历都比这位农夫高，却没他那么认真看待自己的讯息责任。这种态度可以从美国竞选宣传费用的不断增加反映出来。大笔竞选费花在电视广播上，以万元计的广告费只买得几十秒时间，解释只能粗略。投票者不认真去认识政纲的细节，只凭重复多次的简单口号去做选择，不但浪费时间金钱，还易受空言巧语影响。随着科技和世事变速和影响范围的增加，社会运作越来越复杂，很多政策、货品、福利和服务的性质和影响不常清楚呈现，单凭媚众广告或宣传里的一面赞辞或抨击，是一种对自己和社会都欠认真的态度。

　　即使近年有些广告开始提供一些资料让人思考和比较，但提供的当然是对自己有利的资料，如何正确理解和转达这些资料，便是媒体、老师、家长和每一个人的责任和自卫之道。比如说，某所机构建议政府在当地建设一座桥梁，为了争取支持，找了一所顾问公司去研究种种理由，包括作了一项民意调查，在公布中说支持者达九成。一些媒体会草率地转达"九成支持"这个论据。认真的记者、听众和读者若稍具简单统计学意识，首先便应警觉这九成的"分母"是什么？若是"当地人口"，"当地"的范围有多大？是桥梁附近地区？城边一隅的？全城的？桥两端的地区？"人口"指全民？商户？近桥民居？路人？包括来往车辆的司机吗？还有，他们的意见是怎样收集到的，在什么时间——上班时期、上午 10 时至下午 4 时、黄昏、周末、不限时间？用什么方式——邮递问卷、电子邮件、移动电话、面谈？分母包括拒绝回答者或无从接触者吗？分母的定义不同，分子的代表性便有差别。若是抽样调查，分母和分子的数目大小会影响结果的准确程度。分母若太小，即使十成当地人支持，城里其他地区未必同意；别地商户则可能希望把桥筑在他们那边去；别地税户可能不愿分担建筑费用，或者希望把钱挪拨到别的项目去。同城居民若不细心阅读资料或不懂得追问资料的性质，便难以形成适合本身和全城利害的意见，便会任由别人代行权利，甚或听了片面之词去支持不利于自己的决定。

对于人口调查和卫生环境等公共事务，人们若不自愿提供资料，政府和有关团体便须另行设法搜集，既花钱又欠准确。资料欠准确的一个重要原因就是，拒绝提供数据者在研究样本中的比例下降会使他们受重视的程度也下降。举个例子，在美国的一些健康服务调查中，少数群体由于不愿参与，或者是被研究者忽略了，他们的特殊情况得不到充分反映，导致少数群体的疾病种类、发病率、医疗服务率、药物的副作用和福利经费的分配等被低估。受访者应当明白自己作为研究对象的意义，不要轻易放弃自己代表性的机会。

6. 致谢

1960 年代世界各地波涛汹涌，我这个在传统中国文化孕育下成长的、想为大众做点事的文艺少年，被来自四面八方、多种角度的新闻和理论冲击得无所适从。尤其是当上香港学联会长前后，正是国内国际多事之秋，空泛的传统道德不足作行事的指引，依靠的只有母亲"诚心做好人好事"的教导和一群脚踏实地、诚恳找寻解决问题方法的朋友。可是，在社会转型期间，尤其是在群情激荡的情况下，大家连问题的性质也难辨别。就在这时，我在香港中文大学跟李沛良教授念到有关社会科学研究方法的几门课程，虽然未能立刻应用，却接受了科学精神作为社会参与和写作的指引，言行避免浮辞和主观，因而得到同学和社会的支持，也开始了我的职业和业余工作——科学地收集、理解、分析和应用资料，以提出踏实的解决方法。在此谨向老师、同学、学生、同事、朋友，以及聘用我作顾问的公私机构致谢。

此书内容大多曾发表于拙著《应用社会科学研究法》（香港商务印书馆在 1992 年出版，台湾商务印书馆在 1993 年出版，这里要谢谢雷竞璇博士的安排）。《应用社会科学研究法》曾是香港和台湾多所大学社会科学和管理科学的教科书，也走进了其他省份一些大学的图书馆。以研究方法推广为主旨的"万卷方法"丛书所在的重庆大学出版社，看到中国社会现在进入了一个需要社会科学研究法普及化的阶段，觉得拙著可当此任。在林佳木编辑的引领下，我做了相应的增删修改，希望能被更多的读者接受。

此书写作不能没有家人的谅解和支持。我的妻子何淑薇教授，在繁重的教研工作之余，孜孜不倦地教养孩子。我俩的父母多年的辛劳和信赖，让我能一直走在自己选择的道路上。

就借此书，向以上各位，表达区区心意。

钟伦纳

2018 年

目录 /

第 1 章

科学研究应用日广

1.1 引 言

当今社会，人口调查和市场调查已经常态化，很多人都接受过访问，厌烦之余，往往并不能体会到调查的作用。另一些人碰上"科学调查"几个字眼时，便以为这是神秘难明的东西且与己无关。实则科学并不神秘，调查活动也越来越普遍，就算别人不调查你，你也越来越需要发掘关于别人或新事物的资料（例如看报、听新闻、比较价钱，找出哪位医生最好、哪家商户和工匠最可靠、哪家学校升学机会较高、哪种顾客爱买哪种货品……）。常见的问卷和电话访问不过是社会科学调查常用的工具而已，还有不少工具，正在直接或间接地研究阁下或类似阁下的人群。而且每个人都会采用一些方法去阅人处世，区别只在于各人所用的求知方法的恰当性和准确度而已。

传统阅人可能依靠风水相术，可能找人查三代。今天一般人家找女婿，虽然不必请私家侦探，至少也会问问一些认识对方的人士，或许还会请回家中打几圈麻将，但主要还是自己去鉴颜辨色，从对方在多个生活圈子的言行举止去判断。这类阅人方法可以长时间集中观察少数对象，用于甄选女婿或侦察疑犯还是可行的。但如果要了解的是一大群人（例如顾客、雇员、学生、选民或灾民），目的是找出某些对研究者有意义的规律（例如购买习惯、工作态度、学习方式、各种需要的缓急轻重等），那便需要更贴切、更细致的科学研究工具了。

1.2 应用范围广

要善用科学研究工具，必须注意它的目的。"工欲善其事，必先利其器"这句话，有时会误导人们的处事次序。因为实际上处事目的和环境，会决定哪种工具合用，除非目的很清楚，否则"人欲利其器，必先辨其事"才稳妥。比如说朋友请你带一把刀子到机场帮他一个忙，如果你磨利了刀子赶到现场，才发现他是想要你在机场候机楼内弄开行李，那这把"利器"十有八九无法成事。刀子根本进不了候机楼，且携刀者的动机还会受到安保人员怀疑。

一般初学科学研究方法的朋友，尤其是欠缺社会经验的大学生，在开始时往往因为找不到清楚的研究题目而苦恼，这不单是由于理论认识不足，也是没有应用目标的缘故。理论跟研究的详细关系，不在本书范围之内。具体目标缺乏，则是因为应用目的想不清楚、经历尚浅，这可以通过多阅读、多沟通，或直接进入具体应用场合来解决。举出下面这些来自生活的例子，乃是想说明：科学研究方法的应用范围，实际上深入社会生活的方方面面。至于找到了题材或目的后，如何进一步去弄清楚研究题目，将在第 4 章详述。

行政管理

阁下工作的地方，交通日渐拥堵，同事因此而迟到或早退者日众，加上近来多人陆续为人父母，幼儿托管困难，于是有人提议弹性上班时间制，好让一些同事早些上班，另一些迟点放工。这项建议可行吗？

甲商店为了节省开支，打算缩短营业时间；乙机构发觉需求日殷，希望延长服务钟点。哪些时段对他们最适合？

教 育

某学校打算引进电脑教具，老师们对两套软件系统的取舍相持不下，有没有令人信服的方法可以帮助他们抉择？

你给孩子讲故事、念唐诗，教他计算，发觉他似乎在不同时间有不同的进度，开心时学得快些，可是在食过甜品后，却又不安于位，某些儿童心理理论也如此声称，这种规律是真的吗？

社会服务

越来越多家庭有老年人需要照顾，随着老人衰老程度逐渐加剧，家人便越来越吃力，对养老院床位的需求日殷，社会负担可能极其沉重。有没有办法知道家庭养老最应付不来的是哪一类的照顾？有没有可能采用家务卫生员的专业服务，协助家人维持老人在家供养？如果政府尚无政策，私人机构能否试办？

政府为了筑路，要把甲或乙社区夷为平地。如果你是负责人，或当地居民，或社区发展机构干事，你需要什么资料，才可以做出决定？

市场营销

一家小超市为了推销某类货品，是该降价促销还是派送赠品？把它放在门口和放在同类货品之前是否效果一样？

电视广告投放的时间段，对于广告的效果有没有影响？

你想大规模生产一种家用健康检查仪器，那么这种仪器应该具有哪几种测试功能才能受到市场欢迎？

医疗卫生

某地区的消化系统癌症发病率异常，为了弄清楚原因做好预防工作，应该采用电话访问还是网络问卷的方式调查当地居民的饮食情况？

社会事件

某地近来发生多宗由赌博引发的自杀和他杀事件，赌徒在什么心理状态下行动失常？新闻记者和报道文学作者如何探索和把握当事者的思想言行？

这些题材的目的和背景都相当不同，显然不能用同一种方法来探讨，好在现在已经发展出了各种各样的科学研究方法。在下一节，我会先强调社会研究法的多样性，迟些再分章详述。

1.3　方法种类多

> 社会研究法，寻源不拘格。
> 宏观跨时地，微视暗参察。

有些研究可以一步不出图书馆、档案室或办公室；有些须学晓新语言，日夜留在现场；有些需要动员成千上万人，在同一天内出动；有些只靠单枪匹马，而一去经年。

并非所有研究都须祭出问卷，跟随被访者团团转。在适当时机或场合，没有什么规章禁止你祭起神来之笔，另辟蹊径。比如说要评估弹性上班时间制度，除了直接访问当事人，也可以留意电话铃声响了多久才有人接听。要考虑晚上八时是否为某区的最佳电视广告时间，可以设法量度当时该区厕所的用水量。要估计顾客对商品包装的意见，不妨打开他们的垃圾桶，看看不同包装的撕破方式是否有规律可循。要鉴定某类智力迟钝儿童的沟通能力，除了借用一些复杂的量度标度，也可以把他们跟母亲的互动过程录下来。有人想体验赌徒心理，挪用研究经费作赌本，认为这样才可感受到赌徒面临的压力（此法不提倡！）。想证实日常生活如何深入扎根于默契之上，与其辩个面红耳赤，不如在不闹出意外情况下，开家人一个玩笑，假装听不懂对方语言……

举了这一堆例子，并非鼓励大家竞创怪招，也不是说社会研究杂乱无章。实则形形色色的方法，都应该贯彻科学的精神（第2章），都应该切实针对研究的目标（第4章），并且符合效率和及时的原则（第5章）。特别要指出的是，很多大家平日挂在口边的"调查方法"，例如问卷或访谈，其实只是很多套方法中的一环而已，它们各自承担不同的角色：有些是搜集资料用的、有些是整理资料用的、有些是筹备阶段用的……各个具体方法都不宜独自架空来评论。因此，在本书后面，除了介绍不同阶段不同方法的独特性，我还会强调它们之间的关系和共通原理。至于妙术奇法，留待读者在适当情况下创发。

还有一点须特别指出：本书介绍的方法虽然在各门社会科学中有不同的接受程度，可是，目前各行人士的习惯或偏好，并不能构成某门学科垄断某些方法的理由。同一课题，可以从社会学、社会工作学、政治学、管理学、市场营销学、公共卫生学、新闻学、教育学、人类学等多个社会科学领域的现成知识中引申，可以而且应该运用各种适当的研究方法。

1.4　社会研究普遍化

如果说以往只有大型机构才有能力和需要进行社会研究，近年来，由于下列五项大势所趋，社会研究显然有了急剧普遍化的可能。

趋势一：电脑普及，遍地开花

在统计和电脑技术可以处理大量数据后，社会研究的作用开始提升，越来越受到重视。近年，个人电脑和智能手机的快速普及，给社会研究带来了前所未有的普及化机会。现在的中小型机构，只消花上一名职员几个星期的薪酬，便可装置一套基本软硬件俱全的系统。除了可以进行复杂的运算，还可以储存和处理大量数据、编制图表和报告。具有中学程度文化的人员，只须经过短期训练，即可独立从事特定的个人电脑操作。换言之，以往在财政、设备、人员及其训练和资料的搜集贮存方面，困扰中小型研究机构的种种困难，已经不复存在。

趋势二：社会环节，互赖增加

自给自足、老死不相往来的年代，已经一去不复返了。当今之世，即使沿用很传统的生产方法，也不能不对生产和生活资料的来源以及产品的销路，时刻留意。工商业不必多说，这是本行；办教育的须留意学生毕业后的就业机会和适应能力；负责社会服务的须留意人口结构的变迁；提供医疗卫生的要考虑病人出院后有没有得到充分照顾；从事治安工作的不能无视少年罪犯与家庭的关系，等等。如果现成资料不足供决策参考之用，便须开阔视野，发掘新资料。

趋势三：科技更新，势如赛马

即使一些传统上比较稳定的社会环节，亦不时会受到意外的冲击。电视普及化后对教育界、娱乐界、政界、新闻界和推销业等方面的影响，人所共知；新毒品泛滥对警察、老师和家长的挑战；智力衰退症的普遍性得到确定后，医疗卫生界、保险界、社会工作者以及家人的角色，都得重新界定……这些冲击一旦出现，便会连绵不绝，受影响者如果应变不及，小则受批评，大则被取代。因此比较活跃的行业和机构，大都愿意主动举办研究，以求占得先机。

趋势四：民智民意，逐渐开发

经过了现代公民教育或多或少的数理训练，长期在复杂的生产和消费方式中摸爬滚打的社会大众，对计算方法和理性精神，纵无深入认识，也有了一定习惯（例如对家庭收支的盘算、发烧时用体温计探热，都已经成为常识）。大众传播的发达，促发了人们拿现状跟别的社会作比较，增加了人们反应的速度，有时也会促进人们对参与的要求。"民可使由之，不可使知之"的可能性，越来越低。在多元政治或经济环境中，决策者为了揣摩民意，需要越来越多地进行民意或市场调查。

趋势五：策划管理，趋合理化

由于上述种种因素，现代的管理者不能像以往那样容易久安于位。业绩一旦下降，无论以往怎样成功，机构内外都会追究责任。无论东方抑或西方社会，家族式、官僚式、擅断式的管理作风，都难逃指责。行政阶层开始留意数据和客观标准，对成本和成效分析更加严格，对员工、顾客和选民的意见产生了一定程度的重视。事实上，无论后台多硬，如有竞争失利或重大差错，当事者纵不下台，亦难再苟安。与此同时，受过社会科学、商业或管理训练的人员，开始大量出现，标榜客观处事精神的行业（如会计、医疗、研究、管理），亦开始逐渐建立比较客观的专业准则，互相激励，互相抗衡。要协调他们间的活动和要求，不能长期依靠权力或薪酬，还须提出各方面都可以接受的数据或理由。是以全社会进行研究的能力和动机都增加了。

1.5　社会研究中需要澄清的误会

社会研究的普遍化虽然已具备了内在和外在条件，却仍须克服很多障碍，才可以发挥更广泛的作用。障碍中有些属于技术性的，本书后面会介绍，有些则源自误会，先在这里澄清。

误会一：远水救不了近火

有人把"科学研究"等同于"理论研究"或"尖端科研"，以为科学研究的目的和题材只限于新奇深奥事物的发现或发明。其实生活中的不少用品就是科学研究的结果，例如抽水马桶和电冰箱。有些科学研究在生活中的运用，我们甚至觉察不到，例如有些牌子的运动鞋，设计前对足踝做过详细的分析，也对市场进行过深入的调查。而个人其实也不断在日常生活中对很多事务进行若干观察和分析（或者说不完整的研究）。例如：家庭冲突前后的鉴貌辨色；父母判断孩子的游伴是否损友；记者想发掘事故的背景原因；工厂要估计每月有多少人请病假；办事处要预测人手是否足够；等等。只要认清火头所在，水是不远的。

误会二：技术难求

社会研究中固然不乏深奥的技术，但若以为解决问题非专家不行，这就是误会。有不少简易有效的方法，实际上人们平日已经用上了而未自觉。例如在家庭、学校、银行、医院、市场和政府机构中，每天都会进行多次询问。不少问者都会累积某类经验，发展出一些小技巧。这些技巧在一些场合可能特别有用，其他场合却嫌过度或不足。比如制订表格，有时往往发觉表格失诸过简，有时却嫌过长，有些又太片面、欠直接、问题吓人，有些表格收集不齐，收回来的又有漏填、错填。类似这样的问题，其实技术上并不难解决，本书会做系统化的介绍。能够解决问题的方法，不一定是复杂的方法，"杀鸡何须用牛刀"，社会研究不经常宰牛，大小刀都该备有。

误会三：以为做研究成本很高

以往要处理较多的数据或进行较为大规模的定量研究，都得依赖大型电脑；比较复杂的设计和分析，都须交付专家。也有一些研究，由于目标未确定，搜罗了过多不必要的资料。有些主办者因为不理解抽样方法的作用，不必要地扩大了接触面，恣意增改现行表格，额外增加了非研究人员的工作量。被要求搜集额外资料的职员，在不明白研究目的时，还可能会产生抵触情绪。很多这类代价都是可以降低的。读过本书后，希望你会发现很多减少研究成本的方法。

误会四：研究结论跟常识或新闻区别不大

有些人会觉得社会研究的结论有时近乎常识，主要的发现亦跟新闻报道相去不远。这是因为未留意到结论虽然可能相同，但得到结论的方法却有重大的区别。社会研究的结论，要经过严谨的探索和考证，报道亦较全面。好的新闻报道，可以取材于研究结果，甚或本身便是一次社会研究。不过有时因时间或立场所限，一些新闻报道不够全面，或无暇仔细核对，欠缺严谨。常识固然反映了某种智慧，但是比较笼统，因而有时甚至出现了自相矛盾的情况。例如常识中的"君子"，到底是"有仇必报"还是"不念旧恶"？要"立即报仇"还是"十年未晚"？如果用社会研究的态度来处理这个问题，则须先界定什么是"君子"，是指"贵族""有道德的人士"，还是别有所指？还要尽可能详细地找出在哪一时期、哪一类人物之中有多少比例，在什么情况下、怎样去报哪种仇。这些命题中哪些有足够证据可以得出结论？有没有什么资料可能导致别的结论？研究的目的不在于推出轰动一时的新闻，而是要指出：根据当时资料，哪些想法或推测的可能性有多大。

误会五：社会研究作用太小

最消极的态度，是认为社会研究的解释范围有限，而且给不出准确的预测。持这种态度者常常认为，建基于社会研究结果的决策未必成功，而没有依据社会研究的决策未必失败。这些态度，不纯出于误会。部分原因，是没有完善的方法去处理所有影响决策成败的因素，这可能是决策者本身未能预见到所有的因素，同时也可能是因为目前阶段的社会研究方法和技术还不足以处理某些复杂的现象，就像早年自然科学的研究一样。另一部分原因，却是社会研究被滥用或者是受到过度吹嘘，而引起不当期望所致。实则任何一项科学研究，都应有明确的探索和解释范围。范围跟期望越吻合，作用便越大。例如用手背给孩子探测体温，如果期望只是判断有没有发烧，这项探测便算充分。但如果期望是要判断有没有肺炎，便不够。复杂的社会现象，当然不能凭一两份问卷来探测，有些即使用尽目前技术，亦未必可以详尽解释，例如哪一家银行哪天会受挤兑、哪一个学生哪个月开始变坏、哪种货物何时可以销出多少、哪一个人何时会患上癌症。其实自然科学者也要花很大气力，才可大约预测出某一片树叶下落的时间和轨迹。但没有人会否定经典物理研究在发明原子弹之前的作用，手背探热在医学可以正确诊断肺炎之前的作用。对社会研究作用的态度，应该像对探测体热的态度一样，认清其作用和局限，不去高估它，也不要低估它。

1.6 结 语

以上简介旨在解释：社会研究实在不止于问卷和访谈，它的工具有很多种，应用范围也很广阔，而且不必依靠专家和大机构，个人和中小型机构都能够而且应该采用。社会研究不只是工具和方法，同时也蕴含了一套使用这些方法的态度。在下一章，我会分析这套态度的特性。

第 2 章

应用社会科学研究的特性

2.1 引　言

在第 1 章，我通过多个例子举出了应用社会科学研究的多种形式，提示出它广泛的应用范围，并从相反方面破解了一些误会，但未直接说明这些方法之间有什么共同特性。在这一章，让我逐点给出正式介绍：首先是科学方法的特性，跟着说明什么是社会科学方法和应用社会科学方法。

2.2 科学方法的特性

对于"科学"这个词，人们有很多不同的印象。有人认为科学的方法是新奇的、巧妙的、难明的；科学的结论是确实不误的、放诸四海而皆准的、恒久的；科学的作用是万能的。另一些人则说科学只是象牙塔内的活动，跟生活没有直接关系，既昂贵又费时；有很多现象，科学依然无法解释；有很多问题，科学依然无法解决。这些看法并不算错，只是有点像瞎子摸象。那么科学到底是什么？

科学首先是一个"副词"，用来描述人们"怎样"去认识事物。通过这种而非其他的认识方法，人们把认识活动组织和累积起来，在短短几个世纪，尤其是过去几十年间，发现和发明了几千年来未见的新事物。这种空前有效的方法，施展起来可能使人感到高深莫测，归结起来却只有六项常人亦不难遵从的准则。越是符合这六项准则的认知方法，其"科学性"就越强。

2.2.1 定义清楚

科学方法第一步，是把认知或研究对象概念化（详见第 6 和 7章），至少要尽量把对象清楚地界定出来。换言之，要时刻知道自己在研究些什么。对于那些易受时间或环境影响的事象，要进一步在定义中加上具体条件。例如：孩子在哪个时间、什么家庭气氛下温习比较专心；哪个地区、哪天什么钟点小生意最旺；哪天、哪个部门、哪一级的职员在什么时间离开岗位；哪种灯光下的颜色；某种陶器在零下若干度下的导电性能；什么温度下水的密度；智力衰退症早期患者的智慧；等等。笼统的名词，不单造成浪费，还可能带来错误的结论。有关社会现象的名词往往很笼统，例如"中等阶层"这个词，很多人都理解为"收入中等的阶层"。而在几百年前的欧洲，这个词是指富有而没有贵族地位的那一阶层。今天，富裕地区的中等阶层跟贫瘠地区的中等阶层，显然有很大区别。就是在同一地区里，中等阶层的界定也可以根据不同的标准：是单看收入而定，计不计不动产和负债？家庭总收入还是个人平均收入？周薪或年收入多少才算？家庭人数或消费方式列入考虑吗？

同样重要的是：为什么用某个划分标准？"中等"可以指最富的5% 与最贫的 70% 中间那 25%，可以指最富的 1% 与最贫的 1% 中间那 98%，也可以指最富的 20% 与最贫的 20% 中间那 60%；可以指有能力购买个人电脑的那 $X\%$；可以包括不惜以分期付款方式购买奢侈品的那 $Y\%$；可以指一旦某条税例修改后必须多付 $Z\%$ 税的人士；等等。实际上，这些划分标准只是一些"操作化定义"（详见第 6 和 7章），方便我们把纷纭的现象分类，而分类的最终依据，是那些带有特殊作用的"概念定义"。重视"中等阶层"选票的政治家，会估计

多抽 $Z\%$ 、$(Z+N)\%$ 或 $(Z-N)\%$ 的税，相应会增加或减少多少选票；打算推出某种货品的商家，想知道几种价格的市场潜力；考虑修订中小学数学课程的教育行政人员，须预计有多少家庭能够购买电脑；他们心目中"中等阶层"的内涵，相比我们平日泛泛而谈的"中等阶层"一定具体得多。

在探索一些认识不深的现象时，为了避免过早受到严谨概念的束缚，往往须借助一些初步或暂时性的定义。这些过渡性的定义，虽然在研究过程中可以接受修改，却不能无故变更或扩张！而且每一次修改后，必须立即列出新的定义来指引下一步的探索方向，并警觉此后沟通时的讨论范围，以避免风马牛不相及的无谓争论。

2.2.2　要求验证

清楚的定义，其实也是哲学方法、神学方法和日常沟通中的一个重要的条件。科学方法的不同之处在于它不仅要界定，还要进一步"验证"所界定的事象。所谓验证，就是通过经验、实验或观察等方法来证明定义所指的事象是否存在。验证前不能偏向于肯定或否定事象的存在，对于初步得出的后果，还应反复检讨是否可能出错及出错的原因。例如，通过显微镜来证明某种细菌的存在。看不到时，要先考虑方法有没有问题，例如显微镜倍数是否不足；看到了，仍须小心是否被误导（也许显微镜片上有微尘）。含混的概念，固然难以验证，一些界定得很清楚的具体定义，其指谓的事物却可能根本不存在，比如说"中等阶层购买名贵汽车的购买力"这一概念，在贫穷地区，只属空想。另一些情况是：有些概念虽然可以操作化，却与现实距离很大，例如"收入在 5% 富人与 75% 穷人之间的中等阶层"，贫穷国家这批人的收入跟富裕国家的相差很远，则"有能力购买名贵汽车的中等阶层"这个定义，亦近空想。

验证是一套严谨而又有弹性的过程，从概念的操作化、抽样，以及资料的收集、整理和分析，每一个步骤都容许新的或因时制宜的方法，关键是在当时条件下是否最能符合科学要求。验证中等阶层是否存在，可以凭报税表、储蓄分布，也可以从消费模式来推断。概念越完整、方法越直接，验证便越有说服力。要留意的是：验证的说服力是针对概念与事象是否吻合，而并非直接得出"这个市场值得开发"这类的结论。科学的目的是证实在一个六寸高的杯子里是否盛着三寸高的水，以便追踪以往和将来的高度，而不去争论这个杯子到底是半空抑或半满。

2.2.3　经得起客观验证

科学方法并不限制研究者对观察角度和验证策略的选择，可是，这选择必须经得起客观验证。"客观"这个词可以有不同的含义，在这里只代表几层很具体的意思。最起码的一层是：验证的策略必须得到公认。之所以任何科学报告都要清楚地列出定义和验证步骤，就是为了方便别人鉴定。公认的准则不在乎鉴定者的人数、是否同意观察的角度，或是否欣赏验证的策略，但要求在同样的定义和方法下，别人也可以得到同样的验证结果。客观验证的意义，还在于用同样定义但不同验证方法求得的结果应当一致。如果认识到验证方法可以不断改善，则应体会到更深一层意义：客观只是相对于当时的科技水平而言。康熙皇帝患上疟疾，洋人建议用金鸡纳霜，整个朝廷都不信，但御医种种方法皆无效后，便让宫中几个病人服食，果然药到病除，康熙和其他病人服后也灵验，金鸡纳霜对疟疾的疗效得到验证。验证只是科学标准之一。金鸡纳霜对疟疾有疗效虽然是偶然的发现，但启示了科学研究，后来制造出奎宁等不断改进的药物。

验证态度要求在当时条件下，搜求证实预测的结果，这些结果虽然不是绝对客观的，其观察角度却是公开的，其验证方法亦是可信的。举个例来说，教育当局想普及某种学习方法，需要用到电脑和某种软件。政策的其中一个考虑因素，是有多少家长有能力购置电脑和软件。教育当局可以根据家长填报的收入数据来估计，别的部门或团体可以复核这些收入数据，也可以引用人口调查数据或直接访问家长。如果几种方法得出来的结果相距太远，教育当局最初的方法便经不起客观验证。即使对收入的研究结果一致，还不能排除其他因素或观察角度的作用，例如消费——同等收入的家庭会有不同的成员数目、消费习惯和意愿。考虑其他因素、角度和方法出现的可能性，可以降低单方面垄断"客观事实"的风险。

2.2.4 不断探新

客观验证通常受当时科技水平限制，如果当时倍数最大的显微镜只看得到细菌，便验证不出病毒的存在。可见客观验证不是科学成功的必须条件，科学家可以不断改善方法，探索出新境界。客观验证和不断探新，是一个相克相生的过程：客观态度一方面要防范越轨的方法，另一方面要保障新方法冒升的机会；不断求新这种态度一方面要冲破当时的视野，另一方面得先尊重当时的共识。后者要求明确指出现存方法怎样错误或不足，新方法有何独特，新方法在原有知识系统中的方位。电子显微镜的发明，不但证实了病毒的存在，亦替细菌洗脱了若干嫌疑。可见新方法的出现，不但有助于新事物的发现，亦能增进对旧事象的认识。

要肯定的是，新方法不一定要是革命性的突破，改善原来的显微镜和加上染色剂，对于不同类型细菌的鉴别，亦有很大作用。如果固守成规，全凭鉴定某一种细菌的方法去验证其他微生物，即使不致错误地否证、误认，也难达致精细的观察。再比如，要调查某地区有多少老人需要接受住院治疗和照顾，只从医院方面调查，一是医疗资料难以获取，二是忽视了老人的意愿和家人的帮助。何况病历跟日常生活能力不同，此种情况下抽样访问老人和家人更有效。

2.2.5 列明假设

每个定义都代表一定的观察角度，即使是考虑到多个角度的概念，也难排除所有盲点。研究者首先须留意各种可能的观察角度，从那些列入研究范围内的假设出发，发展出"待验假设"（hypothesis）作为研究的焦点（详见第 8 章）。至于那些在当时条件未能照顾到，且在该次研究中不再探究的角度，则列为"未验假设"（assumption）。对于未验假设，研究者有责任明白地宣告出来，解释为什么不去探究，并指出这个盲点会怎样影响研究的过程和结果。如果有人找出了一些关键性的但在研究报告中却未交代清楚的未验假设，研究者不免难为情，严重起来，还会给人一种故意蒙骗的感觉。不过，科学研究中有不少基本的共同未验假设，不需要次次重复，例如"宇宙万物的运作都有一定的规律""人类有能力去发现这些规律"等。

需要在报告中列出的关键性未验假设，是指那些可能跟研究对象有重大关系，条件许可时可能转化为待验假设的假设。举例说：在估计可能购买个人电脑的家庭数目时，我们考虑到收入和购买意愿两组因素，我们同意有能力的未必愿意购买，可是由于时间和金钱所限，短期内我们只能通过收入来估计，于是，在这次研究中，我们从收入这个角度来发展待验假设，同时宣告购买意愿是一项关键性的未验假设，不去检验它的原因是时间和金钱的限制，影响是可能夸大了可能的购买人数。如果有人认为购买意愿极其重要，当然可以把它发展为待验假设。不过，在新的数据出现之前，我们至少可以介绍一些从收入方面发展出来的数据，虽然未能穷尽所有重要因素，却是一项可信的、不可忽视的论据。

2.2.6 推论严谨

相对于这个变幻万千的世界，每个人的直接认知经验实在微不足道，于是才有形形色色的推论方式出现，而一般人都发展出若干"见微知著""举一反三"的能力或自信。可是，大家也留意到"管中窥豹""瞎子摸象"那类的风险。怎样才能保障推论的可靠性呢？科学方法不依靠神助，不要求有慧根，也不等待顿悟，科学方法依赖的是两种遵循严格纪律而行之有效的方法：逻辑和统计。

　　科学方法在三个不同阶段中被采用：未验假设如何从现存理论、待验假设或经验推出；概念如何转化为变量；以及一般人最留意的最后那个阶段——如何保障验证得到的结果推论到其他范围的可靠性。在这个阶段中推论的情况又分两种：在同样定义下，从个别事象推论到其他事象，科学采用的主要是统计推论（统计本身亦受逻辑制约，例子请见本书以后有关统计的章节）；而定义之间的推论，科学依靠的主要是逻辑。

　　我们在日常生活中，不时遇上大量外貌相同但无法一一鉴定的事象，例如想知道，运进大批白米、罐头时，有没有"鱼目混珠"；输出大量成衣、电子零件时，其中有没有"害群之马"；估计选民意愿、市场潜力时，有没有受主观期望左右。有些长期在这些行业工作的人士，基于个人经验、一小撮耳目或者是第六感，也许可以做出若干近似的估计。在要求不高、竞争不激烈、变动不大的情况下，这些后果或许可乎所望。但是，长远之计，还是统计方法来得可靠。

　　统计方法不一定需要复杂的运算，可是对于定义、选材和分析，都有严格的要求。调查家长的购买意愿时，"家长"是指经常与校方联络的那位，还是在购买贵价物品时较有影响力的那一位？从哪些学校、怎样地找出多少位家长来调查，才能兼顾各地不同类型的学校？分析时除了找出多少家长愿意购买，还须报告这项估计出错的可能性有多大。

　　逻辑方法，可以帮助我们推论出事象间的关系。这些关系包括同异（甲与乙是否相等）、大小（甲是否是乙其中一部分）、先后（甲的出现在时间上是否早于乙）、因果（甲是否乙的唯一起因，是否充分起因，是否必要起因、充分而非必要起因、必要而非充分起因），等等。通过严谨的定义和句子结构分析，逻辑保障了推论的可靠性。

　　要留意的是：正确的逻辑虽然可以保障推论的可靠性，却不涉及具体内容。推论的前提如果错误，推论的后果亦不能接受；推论的前提如果未经验证，推论的后果只宜作未验假设。更基本的是：逻辑推论只能在有关系的定义之间进行。找不出关联便无从推论。关系如果间接，推论过程中越多依靠假设，结论便越难确切。

从降雨量不能直接推论出"可能购买"新型移动电话的人数，那是很清楚的。从"有能力购买"的人数来推论"可能购买"的人数，逻辑的作用便得视乎假设和验证情况了。对于那些只想估计最大市场潜力，不愿考虑其他因素的人士来说，"有能力"等同于"有可能"，毋须推论！对于那些重视其他因素的人士来说，"有能力购买"只是一个必要而非充分的条件（如果新型移动电话价格大降，收入甚至不成为必要条件！）。如果减去受其他因素影响而不买的人数，例如"购买意愿"（有些人认为目前电话的功能已经足够），"可能购买"的人数必然少于"有能力购买"的人数。应用同样推论的其他因素可以包括"免费的门店服务"（有没有足够的门店服务员免费教用新机）等。

上述每一个因素及这些因素间的消长作用，都可以成为待验假设，而视其他因素为未验假设。如果没有具体经验作根据或具体需要作指引，则每一个因素都有人认为应该成为待验假设。这样一来，岂非要把所有因素，以及其共同作用，都拿来一一验证？这个问题在理论性研究中遇到得比较多，在应用研究中，由于环境较具体，各因素间的重要性较易达成共识，问题解决的先后次序较清楚，待验和未验假设间的选择，不会那么无所适从。

通过统计和逻辑，基于自己或别人验证的结果，我们可以比较有信心地推论出一些未经直接验证的事象，科学方法的应用范围因而大大扩宽。可是统计和逻辑本身，都要求应用者经常警惕其中可能出错，统计方法中甚至还专门计算了犯错误的可能性的大小。可见科学对推论态度的慎重，即使相信逻辑和统计的可靠性，却从来不坚持推论结果是绝对真理。

2.3　什么是社会科学研究法

社会科学研究法，就是采纳科学态度来认识社会的方法。要阐释这句话，得解答两组问题：第一，基本上从自然科学方面发展出来的科学方法，适宜用来研究社会吗？可以达到研究自然现象的水平吗？第二，用科学方法来研究社会，跟其他方法有什么不同？

2.3.1　社会科学与自然科学的同异

物理学实验室和化学工厂里使用的方法，显然大异于社会科学研究法，不过这基本上反映的是研究对象的不同，而不是态度上的区别。研究天文的方法，亦跟分子生物学的方法大异其趣，原因基本上是因为对星球不可以实验，对遗传因子的观察不能用望远镜，我们却从来没因此而否定天文学或分子生物学的科学性。即使在同一门自然科学内部，针对不同对象亦用不同方法，例如在物理学内，研究光学、力学和热学的工具便大大不同。社会科学方法中研究小群体、工业社会、课堂教学方法和社会服务效果的方法，也多不同。可是，在林林总总的方法中，你总能找出它们在定义、验证、改进工具、列明假设及严谨推论方面共通的努力。

有人以社会事象过于复杂多变为理由，贬低科学方法的作用。社会事象无疑复杂、多变而且会受研究过程影响，可是，难道自然现象就是简单少变的吗？时至今日，气象学家掌握了那么多资料而尚未能绝对准确地预测天气，没人会低估气象学的前景；动物在人工环境下有些行为显然异于野生环境下的，却没人能否定动物园内所进行的科学观察的贡献。社会科学迄今提不出像"某金属的密度等于它的质量除以它的体积"这样准确的命题，原因未必是社会事象比自然现象复杂多变（至少不会是"所有"的社会事象都比自然现象复杂多变）。这句今天列入初中物理学课本的命题，是累积了很多世纪无数科学家对鉴定各种金属的尝试、无数次对质量和体积的量度经验后得出的定律。以前人们不也认为未经提纯的金属太复杂，也有些金属（例如钾和钠）变得太快吗？

以科学方法研究社会的倡议，不过百多年历史。早期先驱的著作，在社会哲学和政论的影响欠缺验证报告的条件下，掺杂了很多未验假设。当代也有很多问题尚待发掘或检验，跟自然科学大量坚实的数据比较，不得不承认目前社会科学的底子较薄，发现亦相对粗浅和不全。不过这是时间所限，而非目前方法上有不能克服的缺陷。面对事象的复杂多变、已有发现的论证过程较为粗浅和方法尚欠精良这样的形势，怎样才能得出科学在研究自然现象那么细致的认识呢？除了期望快马加鞭地累积验证和改进方法，在目前阶段，还可以较多地从较小的题目着手，牵涉的因素少了，"复杂性"自然相应降低（例如专注于本地目前某机构的评估，而非兼论各地所有类似机构）。因此，在现阶段，应用研究的普遍化，对整个社会科学的发展，有特别重要的意义。

有一些伴随复杂性而生的顾虑是：有些较复杂的社会事象不能直接观察。例如"效率"这个通过产量与成本推论出来的"人为"概念，是真实存在的吗？这层顾虑其实亦适用于"密度"这类不能直接观察到的自然科学概念。既然"密度"在自然科学领域的理论和应用得到承认，我们也不必害怕研究复杂的社会事象。

还有一种否认自然科学方法可以用来研究社会的说法是：社会现象只能通过人的理解才存在，自然科学方法则不必体会人意。员工是否有士气、顾客是否满意、课堂是否活泼、气氛是否肃杀、投资机会是否良好这类事象，你若非事先心中有了意念，便不会觉察到其存在，而且心中的想法往往主导了对事象的观察。就像一幅阴天的图像，伤心人看起来是云寒意冷，简直愁云惨雾；浸入爱河中的人觉得像雾又像花，惊叹它冷艳涤尘；对于笔者现在"躲进小楼成一统，管他冬夏与春秋"，打算集中精神写作这类的心情，阴天的景象泛不起一点涟漪。这种说法，看不到气象学者拿温度、湿度、气压、风速、云量等概念来描述阴天的景象，虽然这些概念本身亦代表了某些角度，却是各色人在不同心情下可以得出共同认识的角度。既然我们不能避免戴着有色眼镜看事物，又不能亦不会因此而避免观察，便只好多戴几副不同色的眼镜，并设法改善各色眼镜。心中没有"密度"概念的人，是不会从这个角度去看事物的，可是正因为这样，自然科学才更需要客观的态度。科学不要求每一个角度都呈现出同样的东西，它所执着的只是：一旦界定了角度，别人也可以根据同样的方法得出同样的观察结论。是以研究社会现象不但要通过人的理解，还须留意是哪些人的什么角度，就像自然科学一样，要经过客观的观察并进行共同的琢磨。

2.3.2 社会科学与其他方法的区别

其他认识社会的方法可以归为两类，一类是其他系统化的方法，包括社会哲学、宗教和政治意识形态等；另一类是非系统化的，例如顿悟、常识和谚语。社会科学方法跟它们的区别主要在四个方面：方法的内部组织、对认识对象的假设、对验证和反例的态度、认知的目的及其对既有命题的影响。

科学态度鼓励从多个角度观察事象，要求持不同角度者相互交流，希望通过不断辩论而积累可以共同接受的命题，命题之间希望能够组织成系统化的结构，可是并不偏袒任何系统。其他系统化方法比较坚持从某一特定角度看事物，只容许一个系统存在，强调本系统的绝对正确性或权威性。系统内的命题尽量逻辑化地组织起来，并不断扩张其对外界或新事物的解释能力，因此理论或学派之间可能有相当大的矛盾。非系统化方法多属只言片语，没有打算对事象作系统化的解释，角度零散且无正式组织，彼此间会重叠或矛盾。

非科学的系统化方法对人性做出特定的假设，例如人有原罪；认定社会系统有特定的目的，例如朝着理想国进化；并根据这些社会目的来审核各种人的行为，例如"君子"有没有实行修身齐家治国平天下。系统内用许多不再接受检验的假设来作为解释事物的根据。顿悟、常识和谚语对人性和社会都有或隐或现的不验假设，而且彼此间没有一致的联系。社会科学基本上以人性和社会系统为研究对象，虽然也有暂定的观察角度和不验假设，这些角度和不验假设的暂时性意味较强，而且不介意跟采取其他角度的不验假设作对比或整合，以便改为待验假设。

验证是科学判断的最后依归。任何不验假设理论上都是待验的，对已经验证过的命题如果有疑问，还可以再度检验。疑问根源之一是反例的出现。科学态度重视反例，如果检验属实，不惜修正甚至推翻现存理论。其他系统化方法没那么重视验证或只接受支持既定理论的验证结果（例如神迹、神示）。系统的内部逻辑是判断的最后根据，受到挑战时，系统内其他的命题会作为辩护的依据被引用。反例被视作不正常的、乖离的事象，追究和探查反例意义的人会被当作持异端的离心分子。非系统方法本身较含糊松散，反例过多，不必辩护，也不求验证。

非系统认知方法的作用在于方便理解事象，而非发掘事象，而且这种方法依靠联想、比喻、直觉和顿悟多于推论和验证，生效固可喜，不灵亦不会受到苛责，因此"君子不念旧恶""有仇不报非君子"这般矛盾的命题，得以千载并存，正乃不求系统化之故也。科学方法的目的在于发掘和衡量事象，评价事象的标准是验证和推论，现存理论系统只是手段，在更具解释力的工具出现后便会被淘汰。是以科学命题不断推陈出新，而科学的整体作用不断壮大。对于非科学的系统化方法来说，事象的发掘和衡量只是手段，认识的目的是改变事象以维护理论，评价认知行为和结果的最终标准在能否有助于依据理想来改造事象，如果不能，宁愿不去发掘，或者坚持以原本的角度去理解事象。是以非科学系统化的命题有共同命运，生效之时好像什么都能解释，失宠之后被藏诸高阁。

　　如果把认知活动比作黑暗中的照明活动，宗教和政治意识形态有如熊熊山火，光热随风势俱来，不但想照亮社会，还想改变世界。常识和谚语好像萤火虫，若隐若现、似聚似散，令人难以看得仔细。科学可算探射灯，循着特定的角度，凝聚的光线划破长空，照亮了事物，却不保证带来温暖。世界是否会改变，留待看到了光明的与还在黑暗里的，一同去决定。

　　"社会科学"一词，不限于社会学或任何一门行为科学，"社会科学方法"也不应受人为的科目分界所划割和局限。从这种理解出发，本书内容是宽广的，因而同时适用于社会学、教育学、行政管理、市场学、社会工作、新闻学、心理学和历史学，等等。原理相通，不同学科的倾向只可容忍在研究初期出现，此后方法的选择，则应视题材和条件而定。

2.4　什么是应用社会科学研究法

　　"应用社会科学研究"，就是采用科学态度来探查、测量或评估社会现象，以供决策时参考之用。这里所说的决策，是指理性地分析当时所有资料，采取有利于既定目标的行动的过程。决策者参考的资料固然不限于专门为该项决策而进行的研究，但有了专门的研究，则可望降低该项决策特有的未知因素。虽然非直接针对决策的研究亦有人参考，但毕竟越能直接针对决策者问题的研究，其应用效率越高。有两个问题，是关心应用研究的人士必须清楚的：一个是应用研究和理论研究之间的区别，弄不清楚，别人会对应用研究产生错误的期望，而从事应用研究者则会走火入魔。另一个是"研究对谁有用"。这个政治意味比较重的问题，如果避而不谈，等于假设了"只对决策者有用"，甚至假设了"只有目前有权有钱的人（群体）才可作决策"。这种误解，对于决策者和受决策影响者都没有好处。

2.4.1 应用研究和理论研究的比较

所谓"应用研究"，乃是相对于"理论研究"而言，两者在科学操作来说其实只有程度上的区别，而无本质上的不同。应用研究的结果可作为验证和推衍理论的实例，理论研究的目的虽然在于检验一些影响范围比较广远的待验假设，其研究结果未必可以在特定时空下实时应用，但如果所采用的概念能和应用研究的定义衔接上，则也可以演绎出应用意义。一般来说，应用研究采用的定义比较狭窄，假设比较具体，推论范围当然局限比较多，方法上未必需要创新（多是借用、编集或改良现成工具）。至于在验证和客观这两方面的要求，两者则同样严谨。如果一定要找出区别的话，由于应用研究涉及的利害关系比较直接，较易受主办者主观角度影响，因此，尊重验证的态度对于保障应用研究的科学性便有特别重要的意义。

举一个例子，说明应用研究和理论研究如何处理一个类似的题材。近年来各个国家都有老龄化的趋势，老人越来越多，年龄越来越大。老年人照顾自己日常生活的能力开始衰退，购物、煮食、洗扫、个人卫生，甚至户内行动都得依靠别人，家人不尽能留家照料。意外跌伤的事故日增，医好后因缺乏户内照顾而继续留院的老人亦开始多起来，一生积蓄可能尽付医疗费，自己付不起时家人头痛，家庭负不起责任时政府感到压力，保险制度支出多了保费要加，医院收入不足迟早拒收病人……这是老龄化社会都避免不了的共同现象。若对此现象分别做应用研究和理论研究，两种研究的区别在于从哪一个环节着手解决。比如说某地区发现全科医院中充斥了很多老人，他们本来不再需要医院照顾，但是在归家后复原前，因日常生活没有他人照顾而又跌伤再入院。这些病患不但浪费社会福利经费，亦减少了其他病人需要的床位。于是政府责令医院设法协助不需医疗照顾者出院。院方可以强行清院，也可以多做家庭工作，或派人到户协助。还有一个可能有用的方法，就是改变老人对自己健康的印象，这个提议源自近来一些研究报道：老人有没有信心早日出院，颇受其主观健康印象影响。这项发现是否推诸四海而皆准？某所全科医院的病人是否也是这样？要回答第一个问题，需要做一次理论性研究，要回答第二个问题，则要做应用性研究。（要留意的是：医院的决策当然不会只限于这两个问题的答案。但是为了作个简略的说明，表2-1只比较了这两个问题的适用方法。）

表2-1　应用研究和理论研究的区别

	应用研究	理论研究
决策	可否通过消除过虑的方法来帮助老年病人决定早日出院？	主观健康印象对老人离院休养的信心是否有作用？
定义	某院病愈老人（该院只收受某保险制度全保的病人）。	一般医院中病愈的老人。
待验假设	消除过虑可以缩短老年病愈者留院日数。	主观健康程度跟离开医院在家休养的信心有关系。
未验假设	包括"忧虑只源自对健康的关注"（因该院病人的留院及离院照顾费用皆由保险制度全部清付）。	不能持此未验假设，因有些病人要自付留院费或离院照顾费。
验证方法	比较"曾受消除过虑辅导"者与没受辅导者的留院日数。若想进一步辨别对辅导的反应是否一致，可采用量度辅导作用的问卷。	为了要"控制"保险这层因素的影响，在"有留医及离院照顾保险""有留医保险但没离院照顾保险""没留医但有离院照顾保险"及"全无保险"四组病愈老人中分别比较受辅导者和没受辅导者的留院日数。
推论	结论不能引申到没有保险的病愈老人间去。	结论不能引申到（比如说）没留院的老人间去。
客观验证	除了研究和辅导界专业人士，还包括医院、保险、政府、病人及其家庭，都会提出批评或其他验证方法。	还包括各种医院、社区服务机构的意见。

以上例子只提出部分定义和未验假设，你当然可以选择别的方法甚至别的定义，这个例子的作用只在显示应用研究和理论研究间的联系和区别。

2.4.2　对谁有用

应用研究和理论研究虽然在科学操作来说只有程度上的区别，在研究者的态度上却往往呈现出不同的倾向，一个重要差异可能出于"对谁有用"上。理论研究者追求的是在长时间和大范围内适用的理论，工作进度不一定受个别机构和专门时间表的影响，很少人经常被雇主催促，不必回答"对谁有用"这问题，或只须说"为了学问/知识/求知""对全人类可能有用"，答案便可被接受。而且绝大多数理论研究者在大学工作，时间弹性较大，篇幅可以不修，时间似乎不紧，看来清闲。初从大学出来的研究员若习染到这种表面态度和形象，一旦参与应用研究，很容易因此手忙脚乱。

应用研究者都须在有限时间内对个别机构、主办者、资助者或急需帮助者负责，常须反思"对谁有用"这个问题。研究不为了纯知识，而是为了找到能够解决问题或发现新方向的资料。应用研究者因而必须对以下方面有清晰的认识。

1）弄清楚"谁"包括什么人、他们的利益跟研究题目的关系，他们之间有利害冲突或有些利益会损害大众时，应不应该接受委托。研究者相比主办者的优势，是在于能够更虚心地发掘各种反对者、竞争者、支持者、旁观者、监察者的看法并估计其反应。

2）接受了委托后，应尽心尽力找到最全面的资料（问题的严重性、根源、结构、运作、成本、前景……）和最客观的角度（不单是委托者的角度，委托者本身若能解决问题，便不会找人研究了）。

3）在清楚的、能够产生作用的时间内完成研究报告。错过了时日，不但浪费资源，还耽误解决问题的机会。

　　为了方便说明，本书把涉及研究的人员分为三类：研究人员、委托研究者和受研究影响者。委托研究者资助研究活动，选择研究人员，并决定如何应用研究结果。这类角色，以往主要是由政府或其他大机构包办，近年则越来越多中小型机构甚或个体商户也可担当。受研究影响者除了委托者本身，还包括研究对象/样本、雇员、顾客、服务对象或社会大众，受影响者不常发觉自己可能受研究影响，偏向于被动。研究人员包括主持研究者及其助手，在一般受影响者看来，研究人员的角度可能倾向于委托者。

　　不过，随着研究活动的普遍化，可能受研究影响者会活跃起来，要求加上自己的角度，甚至设法自己主办研究。在美国，一些母亲因为孩子遭不负责的酗酒司机撞死，投诉无门；一些顾客买到设计上有缺憾的货品，抗议无效；一些教师不同意教育当局的意见，提出了建议却如石沉大海。这些人后来终于自己组织起来，搜集数据主动承办研究。与此同时，有能力进行或批评研究的人士现在也多了起来，大机构对研究人员的影响相对降低。目前趋势是：研究结果要能应用，就必须兼顾多方面的角度。

　　就目前而言，对于委托者和受影响者双方来说，有研究总比没研究好。对于受影响者来说，若无研究，决策全出诸当权者角度，若有研究，可望自己角度得到正式承认，决策者的擅断作风，至少可望受到科学精神抑制。对于委托者来说，研究可以集思广益，也可提早避免积重难返。而且其他人士如果觉得意见受到尊重，较易接受研究结果和据此做出的决策。

第 3 章

应用社会科学研究类别

　　应用社会科学研究不应也不必是拖延应对行动的策略。它既可以是长期计划的基础，也可以对现行政策产生立竿见影的作用。它可以帮助决策者趋避危险、降低成本、重估目标、调整策略、发现新需要或减少浪费。越来越多走入正轨的新政策或新计划，在筹划时已经把一些应用研究项目列为必须进行的步骤。

3.1　求知与求解、定性与定量

　　应用社会科学研究的名目不少，可依其主要目的和数据性质分类。研究目的可分为求知与求解。求知研究无须直接涉及解决问题的方法，求解研究则必须先知道并同意研究对象的大体性质。求知研究比较接近理论研究，不事先接受任何预设的利益立场，求解研究则较多从主办者的利益出发，而且希望剑及履及，认知易受预设的解决方法左右。但在未了解或同意研究对象的大体性质之前便提出解决方法，容易限制视野或被误导。求知研究希望寻根问底，但过度追究细节会蹉跎时日，承受求解情势的压力。求知与求解并不对立，往往是互相掺杂，关注的因素各有轻重，同一个因素在一项研究中是求知的主体，在下一项研究中可以转为求解的主体。在同一项研究中，求解某事的数据可以用作求解另一事的求知内容。

　　研究资料可分为定性与定量，定量资料假设了许多共识。欠缺共识时适宜先做定性分析。未定性的数据无从定量，定量数据则可转为定性处理（从量变到质变的处理，请见第 7 章）。许多定量资料有定性研究作基础，许多定性研究也采用定量资料作判断的论据。

举个例子：某大型机构发现颇多女性员工迟到早退，它可以根据上班数据找出多少人迟到早退，立即确定问题严重，不再做进一步调查便严令禁止，后果可能导致一些优秀员工辞职，另一些员工则会神不守舍。该机构若加上一些背景资料稍作分析，可能发现迟到的多为青年女性，早退的多为中年女性。若再找几个人问问，会发现迟到者多是为了送孩子上幼儿园，早退者多是为了赶着为老人家做晚饭。管理层如果只找几位年轻的询问，会忽略了中年职员的问题；如果只集中于家人需要，会忽略了交通、幼儿园位置、家庭内男女分工的文化问题，等等。如果只根据青年女员工人数估计托儿服务数量，只能粗略解决部分问题（因为有孩子者未必需要自己送往幼儿园）。把问题解决方式锁定在幼儿园，便照顾不到其他原因和其他女员工。管理层也可以做个较全面的调查，可能发现有些有孩子的员工并不迟到早退，她们是怎样做到的？这个例子反映出求知和求解之间的密切关系，也显示出定性和定量资料的相辅相成。

结合求知与求解、定性与定量这两项分类标准，可以把应用研究分为五类：定量求知研究、定性求知研究、定性求解研究、定量求解研究、多方求解研究。以下各举一两个例子，以帮助读者了解这几类研究的性质。但首先需要讨论定性与定量研究的区别和关系。定性与定量数据各有不同的搜集和分析方法，学界就两者优劣不断辩论，本书只在关键时引述，避开冗长的理论性辩论。

3.2　定量求知研究模式一：需求评估

定量求知研究有多种用途，需求评估（Needs Assessment）只是目前最常用的一种，也是最常见的应用社会科学研究。当一些社会事象达到相当程度的制度化，描述这些事象的定义也形成广泛共识（如贫困户基本生活需要、十年内某区中小学学位的数量、小区护理需要、新工业区交通流量和便利店的生意额等），且出现了各方都可以接受的量度单位（如人数、次数、物资数量、旷课率等）时，便可采用。这类研究的目的在求知某时某地某事物的需求量。小至零售商的生意额（或当地顾客的需求量），大至全国性的经济策划或教育政策，都希望能把主要资料量化。例如政府想要发展一个新城区，必须估计若干年内新建居住单位的需求，及伴随而生的餐馆、商店、学校、医院和娱乐场所的使用量，以及公路承载量、食用和排污水管的口径和长度、能源和通信设备。

需求评估的普遍得益于人口普查（census）和多种大型抽查（surveys）的质量提升、提取方便。它可以根据未来数年的人数趋势，和其他地区的或合理的使用率，去估计出多项服务和设备的需求量。但一些与人口数目关系比较间接的需要，则需进一步数据。除了人口抽查，工业国家的政府和民间机构还为各种特殊目的进行多种抽样抽查。例如对幼儿园的需要，出生人口数和十年一度的人口抽查只能提供对最大可能需要的估计，却提供不了多少母亲留家养子、多少家有亲友帮忙，有多少幼儿园可能提供何种服务的数据。这些问题都可以视作影响托儿需求的因素，不但可以通过表格、问卷、点数等方式去逐个量化，还有统计方法把这些因素的相互影响和相对影响计算出来。但首先要解决的，是"托儿需求"这个概念如何界定和量度，不同定义会涉及不同数目和不同内容的因素。不同主办者的研究会采用不同定义，经济发展部门会较多选择跟收支有关的因素，社会服务机构会较多选择跟生活方式和其他托儿资源有关的因素。

除了种种客观因素，也不能忽视主观因素。客观需要（need）跟主观需求（demand）不同，外在标准跟主观愿望有别。有需要者未必有需求，无需求者未必无需要（例如不少青少年宁愿拥有一部新式电话，也不愿购买医疗保险），反之亦然。客观需要的定义和量

度方式不常有共识，也难担保完整和绝对客观。主观需求虽然受主观
认识和意愿影响，但较易搜集资料。复杂概念（例如"老人居家照
顾需要"）往往可以有多种量度指标，它们各自得出的量度结果不
常一致，有些反而跟主观需求的量度相当接近。不少公共政策都重视
主观需要。主观需要也可以人数为单位来量化，"主观需求人数"这
种量度法更受追求选票的决策者重视。

　　需求评估旨在求知，也有些定量求知研究可作为进一步定性研究
的开端。举例说，某一扩展中的城市打算迁移市区边缘的工商业，当
地有人赞成有人反对。调查结果除了找出"是什么"（多少户愿搬和
多少户不愿搬），还发现一些"为什么"的原因（如不愿搬的多属农
产品加工场）。这便需要进一步做一个定性研究，例如找出农产品加
工场跟邻近农业的关系；还要进行相关的求解研究，比如找出多少家
某一类农产品加工场愿意跟多少户有关的农户一块搬迁。找到了足以
做决定的数据，就有望提出切实的解决方法。这种求知和求解方法，
是中国社会在急剧转型期间极为需要的排难解纷工具。

3.3　定性求知研究模式一：个案研究

　　传统中国文学每多沧海桑田式的感叹，把古今多少事，都视为惯
看的秋月春风。如果沟通的目的只是为了白发渔樵间的笑谈，倒无所
谓，若是为了青壮年的事业，或者为了社会政策或生意成败，那便不
宜人云亦云，草菅事态了。以下一些话题在现代交际场所、家常辩
争、办公室或投票选择的场合中并不陌生，如果有科学的定性研究的
结果作为交流材料，则可以提升讨论的水平，避免无谓或情绪性争
吵，启发和积累建设性的意见。

　　　　谁是最佳球星

　　　　少年如何开始吸烟

　　　　戒毒者在什么情况下戒毒失败

　　　　双职夫妇如何教养孩子

　　　　创作者如何定期找到灵感

　　　　设计如何被投资者接受

　　　　如何吸引顾客

　　　　农民入城的觅职过程

　　　　外出务工者回乡后如何使用赚来的钱

　　　　外资公司职员与本地机构职员的工作方式和生活方式有何
同异

　　　　对老人的到户照顾受什么因素影响，后果如何

　　　　……

　　这些问题的答案，有些短期内只有定性数据，有些可以找到定量
数据，有些可结集两种数据，但由于期望不同或数据所限，需要认清
和调整主题的定义。

3.3.1　重视定量资料的定性求知研究

　　"谁是最佳球星？"这个争论给球迷带来许多乐趣，争不出结论
并不打紧，不妨尽付笑谈中。可是，如果美国某城市的职业球队洞识
力不足，签了一批次佳球员，败绩频频，不但影响当地的经济，还会
打击许多市民的工作情绪[1]。不要说球迷，广告业、餐饮业、夜市
业、体育用品业等直接间接有关的生意行业都希望本市可以罗致最佳
球员。可是，"拣蟀"权操诸教练和经营者手上，他们若像一般球迷

––––––––––––––––––

[1]　美国球队打胜一场，次日的报纸销量和电视收视率往往上升，得到顶级高手加盟，
　　全市经济起飞。

那样凭主观判断高价招聘球星，很可能得不偿失。以往许多球队都是这样经营的，每年都会出现一些成绩较佳的球员，往往都得付出重金招聘，但重金招聘未必都带来期待后果，不单球队亏蚀，市内经济和市民情绪也不振。于是，媒体和球迷开始留意球队遴选球员的方法，球会也主动去研究如何衡量球员，于是出现了种种量化的衡量标准，在篮球运动中，从最初简单粗略的身高体重，到原地弹跳高度和横向移动速度，从得分数到进球率，后又加上助攻和偷球次数等。在棒球运动中，从最初简单粗略的快慢印象，到同场比较的跑垒速度，从击球多远到击球率和全垒打，又加上偷垒成功率等，但这些标准未必充分，跟胜负之间的关系并不紧密，于是各队自行发展物色球员的方法，很多时候还是基于行内已有的经验，个别因素的作用不常可靠。

棒球在美国流行了一百多年后，加州屋克兰队采用了一种称为"赛伯计量学"的棒球记录统计分析，它不同意一般的见解，例如它发现击球率跟得分率的关系并不紧密，不及实际带来得分率来得准确。采纳这种计量学后，屋克兰队以低价拣到好球员，战绩令人刮目相看。赛伯计量学（有人捧为"魔球理论"）跟以前种种计量学的不同在于对"好队员"的定义不同，它的定义来自赛伯的定性分析（例如强调个人和协助得分，而不在关键时刻击中只属花拳绣腿）。不久波士顿红袜队采用了这种计量方法，自从 2003 年后，六次进入季后赛，三夺冠军。波士顿的体育热潮居高不下（其他当地职业球队也多成功，不少报道认为波士顿的球迷和媒介评论员水平高、球会善于挑选球员），这不可完全视为巧合。大波士顿此后经济持续发展，市民朝气勃勃。

每一名篮球员的入球率、助攻率、助攻/失球比率、封球率、攻方篮板数、守方篮板数、偷球率、犯规数、每场上阵时间、整个赛季出场次数，每天都在报纸和电脑上更新。许多职业球队都专门聘任数据分析专家作为球队策略参考，有些球会高管出身顶级管理学院，找到专家开发统计系统来帮助决定上场阵容和球员去留。雄霸场上多年的米高·佐顿做了班主后，也不再单凭经验，而是依据统计数字做出决策。

以上每一项指标，都是一种定量求知方法（以客观的"得分数"代替主观的"投球准不准？"）。但个别的量化数据不足以辨认一个复杂因素（球员素质）的性质，那便须搜罗所有的适当或至少是主要的指标。要多少个指标才够？需要哪几个指标？不同指标反映出不同的性质组合。下面以球员素质为例。

美国篮联制订出的"球员效率"是：得分数+篮板数+助攻数+偷球数+封球数-〔（投篮数-入球数）+（投罚球数-投入罚球数）+失球数）〕。

欧洲篮联制订出的"球员表现指标"则是：（得分数+篮板数+助攻数+偷球数+封球数+导致对方犯规数）-（投失数+投失罚球数+失球数+投球被阻数+犯规数）。

两者相近，却不完全相同，美国篮联理解的球员素质，定义中没有导致对方犯规数和投球被阻数，欧洲篮联的定义中没有投篮数，这些区别可以导致美欧球员不同的风格。例如在欧洲，自私的球员可以多投。相同的是，这两套指标内各个指标的比重一样，偷球和封球的机会较少也较难，这两套指标都偏重了攻击，轻视了防守。

还有一些质量是无法量化却举足轻重的，例如品行。一名球员即使在所有指标中都表现超群，但品行可疑，例如：跟队友和教练难以相处，不守合约规定去参加危险运动如赛车和滑雪，偷窃、服用毒品和暴力侵犯妻儿，这些行为都可能导致长期停赛，损害球队。有时一项定性因素，便可否决定量数据的作用。可见指标数目和选择不同、比重不同，定义的性质自然有区别（本书第6和7章有进一步讨论），这便不能奢望单凭一两个定量因素便可定性，何况不少因素尚难定量。即使绝大部分指标都可量化，球员素质的总体判断，仍属定性求知。

3.3.2　重视定性资料的定性求知研究

所有定量求知研究方法，无论表格还是问卷，都假设了研究者和响应者对话题有相当共通的认识，否则，看似权威的数字只是笼统的印象、单一角度的伸张，甚至会带来误导。警觉到这些可能性，便不宜单靠定量求知。单一角度的局限性，在定性研究中更易显现。

举例说，某小市镇招来几百名外地劳工，整年聚居城镇一角，很少参加当地活动，馆子也不上，当地人每每以戒备的眼光看他们，稍有争执，他们便立刻纠集成群。为了避免集体冲突而进行的研究，不能一开始便做抽样调查。当地人多，大多数样本都会说外地劳工的不是。慎重的做法，是先从多个角度观察：餐馆有没有外地劳工的地方菜？餐馆老板和服务员欢迎这批顾客吗？他们在当地有什么消费？他们住的地方偏僻吗？有没有跟当地人一块娱乐的场合？他们的雇主在当地人际关系如何？当地媒体怎样报道他们？有没有发生过不愉快的事件？有没有和解的努力，等等。这些情况，往往需要多个角度，才可重构发生过什么事，和不同人士的看法。

3.3.3　定性研究的源起

定性社会科学研究始于西方人对外国陌生群体的探讨。他们发现，相似的举动对不同文化背景者可能有不同的意思，而同样意思则可能有不同的表达方法[1]。要理解表面现象，首先须学懂从行事者本身的价值观和视野出发。由于这类研究多从少数民族的田野调查开始，习惯上称为民族志或人类学研究。后来西方学者发现本土社会内的人群也有不少差异，不易受主流想法理解，遂把这种方法引入本地，鼓励研究者长期进驻现场，甚至采用一个当地成员的身份，或明

---

[1]　在巴以坎半岛等地区，摇头和点头的意思与我们中国人的刚刚相反。

或暗地就地观察。这种方式，要求研究者自觉地排除本身或主流的观点，把看到的、听到的、感受到的讯息，都视作对该群行动者有意义的符号，重构这些言行在他们之间的意义。这些"定性"资料，跟研究者在熟悉场合找到的"定量"资料（如人口调查、入学率、毕业率、入狱率）明显不同，但不能否定其资料性，可以双管齐下。

有颇大一批定性方法论者认为：关于社会行为的知识不可能是绝对客观或主观的，而是"主观之间的建构"。研究对象的思行不能抛开他们本身赋予这些言行的意义去理解，也不能抛开研究员本身赋予这些言行的意义去理解。这批学者认为抽查就像根据一帧硬照中的姿态来认识一个人，从问卷搜集到的资料就像把主角以外的人物和背景剪掉，只凭多帧孤立的人像去解释社会行为那样。但实际上，每一个人的行为都受不断变迁的环境的影响，每次言行都有特殊的时空背景，因此，他们的搜集和报道方法，是不厌其烦地以浓墨细笔去描述行动者对本身和当时环境的了解。他们的分析集中于独特时空内的思行，不轻易推论到行动者在其他时空下的表现，更不愿推论到其他行动者去。因此，定性研究者若作推论，只是止于社会行动中一些共同模式（例如在丧礼、球场或酒馆中人们的举动和意义），而非在某一群体中有多少成员带有某种思行。

这种思路，不约而同地跟孔子因材施教的做法和因时而异的评论标准一致。孔子就每一个人在每一个特定情境下的应有言行订出特殊的认可标准。不同之处在于孔子预设了一套宗法礼制观，来判断行为的正确性；而定性研究者，只图揣摩行动者的态度和想法，不预设任何价值观，也不判断。资料的搜集范围和分析皆围绕行动者各方面的生活方式，尽量罗列多种有关角度下的信息（尤其是常被忽略的角度），互相对比，以打算找出多种思行之间、可能的同类行动者之间、过去和将来之间有没有共同模式。

由于研究者自觉认识不足，便尽量采用所有资料源：文献、直接观察、参与观察、统计数字、结构化访问、闲谈等。许多工作都需要亲力亲为：搜集有关当地/某个群体的资料，认识一些相关人事，安排以什么身份如何进入现场，维持人际关系，制订各种访问大纲，尽速填写田野笔记，引证不同资料，警惕新假设出现的可能，等等。

　　定性研究跟定量研究的最大不同，在于后者假定了较多的理论、未验假设或共识（例如，当地经济持续发展，便有很多人有能力和意愿搬入）。有了共同概念，然后才开始搜集和分析资料，步骤明确。定性研究虽可能也有些理论或共识作初步假设，但不会通盘接受所有既存认识，而是打算重新搜集资料，找出新概念的定义，所有概念都容许甚至鼓励被新资料修改。定性研究也不像定量方法有预先订出的次序可循，而是在概念化、资料搜集、资料分析和理论/经验对照之间同步和反复进行，每个步骤可以互为影响，以探索新视野、捕捉成见以外的理解。

　　捕捉新理解的步骤不能天马行空擅自创作，而是扎根于资料的整理、分类、重组或建构。研究者把各种表面上不同的言行分类、编码（coding），然后从各类别中归纳出言行事象之间的共性。举一个例子：在一项对驻院护士的研究中，研究人员收集了大量护士关于病逝者的观感，例如"他还这么年轻""她过了充实的一生""他会有很好的前途""孩子还那么小，没了她怎么办"，等等。从这些观感中，研究者提取出"社会价值的丧失"这个概念，推论出社会服务从业人员会估计病逝者的社会价值，并对价值高者的英年早逝更加感伤。这种新发现可以帮助院方辅导员开解护士的情绪，避免员工流失。

3.3.4　个案研究

　　所有涉及多个定性或/和定量因素的社会事象，都可以用个案研究（Case Study）来整合。美欧篮联对球员素质指标的制订，便是一件个案研究的成果。哈佛大学商学院以个案研究作为主要教学工具，商场以外个案研究也都广泛应用。任何社会事象皆可视作一件广义的个案，研究者动用所有方法，尽力搜罗所有资料，以求把这件个案通透地认识。

个案研究可以说是定性研究的一个典型模式。它要求广罗所有有关资料，综括多种分析方法，来透彻地认识一个社会事象。称作定性并不表示摒弃定量数据，定量数据越多越好，但定量数据本身不足以理解整个事象，需要结合定性资料才可解全相。

个案研究不单用作分析一般机构的表现或某门生意的运作，也特别适宜用来全面探索一些复杂的、不易量化的、新出现的事象。例如小至"驻院护士对新型传染病者的照顾""原居民跟外来工的关系""某类电子游戏对儿童学业的正负作用"，大至"农村转型期遭遇的问题"和"新经济政策的成败"等。这些个案，规模可以很大。一项著名的大型个案研究，是从多种角度和数据分析日本战后在美苏两条路线以外，凭借国家主义、长远视野、相对平等的社会结构，加之通产省以高效率协调国际贸易和工业生产，闯出了一条新路线，迅速把经济发展起来，经验可供各国借鉴。

一个或为数不多的案例不能进行统计推广，但可作为特例来打破单凭数字得出的印象。有一项从日本社会提取出来的政府效率研究，以最高学府毕业生投考公职的意愿作指标。据此经验，加上政府吸收到很多优秀毕业生的定量数据，可以推论出南美政府效率也会较高。但实地研究的个案资料却反映出正好相反的情况：南美政府效率不高，很多优秀毕业生希望当公务员，并非为了国家，而是正因为政府效率不高，个人较易敛财。

个案研究纵使不作统计推广用，也不能把视野局限于个案内部，而应留意其他有关的案例以提高本案的说服力。最好采取多个案例以衬托本案，至少也要有另一个相关的案例，以供比较。例如陈列类似的成功企业，可以对比本案的成功程度和特色；找出另一份立场不同的报纸对同一事件的持续报道，可以反映本案的倾向。

决定采用个案研究前，首先要决定个案的初步范围。即使是只研究一所机构，也须决定时间跨度。若是一项决策的影响，则可能牵连甚广，不宜固守初步范围。比如明初郑和下西洋行动的终止，很多史学评析都集中于政治因素，出现了经济因素的资料后，这个个案的研究范围便须扩展到经济层面去（12.2.3 节有更多讨论）。有些个案几乎无所不包，研究者便须以选择这个个案的目的为依归去伸缩研究范围。

决定采用个案研究前，也须估计有没有足够的现成资料或可以搜集到多少资料。估计可得资料的质量时，最简便的方法是看看哪类证据最适宜且容易搜集。容易搜集到的资料未必适宜，适宜的资料未必可以搜集得到，什么证据最适宜？优先的是最适宜的资料，而非最易得的资料（请参看6.4 节）。

如果无法找到足够资料，便只能从其他有关资料去推敲，结果不算是个案研究。即使有相当资料，也不妨搜集、准备强化个案的证据，不必拘于运用同样的资料搜集法或来自当地现存的资料。定量数据和其他定性资料也能提供补充、参照、比较。

3.4　定性求解研究的两种模式：行动研究和焦点小组

有些问题颇复杂而且正在发展状态之中，即使找得到一些甚至很多资料，亦未必能够在短期内甚至长时间内，提供出解决问题的方法。在急需行动的场合，有两类求解研究模式被越来越多地采用。

3.4.1　行动研究

一些关心事态发展的研究者认为以往先研究后行动的做法，会导致解决问题的时机被延误，提出要在保持研究者身份之际，采取当事者的利益立场，介入行动。一方面严守客观研究的标准，一方面投入主观上认可的改善行动中去。西方多国近年出现的"行动研究"（action research），便是这种打通象牙塔和社会之间鸿沟的实践，使定性求解研究可以迅速结合行动来发现、发展具体解决问题的方法。

定性求解研究还可以用来辨析复杂思行的个别特性和整体结合，以寻求最能整合局部和全局的能力与目标的发展方向。例如一个团体要制订或修改组织章程里的宗旨，希望在多种业务中，找出结合个别业务特性和整体目标的标准和次序。定性求解研究可以在制订影响广泛的政策时，照顾到各方人群的利益。修订章程和制订政策虽然在许多政府和非政府机构都有过若干经验，一些顾问公司还以"管理"的名目提供出形形色色的理性化的步骤，但尚欠系统化的处理方法。我发现从马克斯·韦伯的"理念型"构想，可以提取出一套系统化地辨析和整合个体和整体总目标和行事标准的方法（详见第16章），本节只介绍结合行动来发展具体问题解决方案的方法。

行动研究开始被学术界接受，起源于1940年一项少年帮派跟少数民族关系的研究。研究者邀请帮派成员一同分析他们歧视别人的原因和改善方法，帮助他们进行自我反省和对环境作理性分析，培养其理性行为和正义感。一年后，恶意行为的出现率降低。专业研究员开始从学院走入社会，成为各方各派解决问题的桥梁，既有很强的草根性，又能沟通上层。

这种研究针对的有美国激进小区的活动，也包括挪威的工业民主计划、英美和日本种种提升企业产品质量的制度。行动参与研究员来自大学各个学科，采用行动参与研究的机构包括政府部门、企业、医疗、环保、师资训练、社会工作、小区发展和国际合作等相关机构。美国国家健康所挑选医疗卫生研究项目时，还把发动研究对象和当地群众参与研究列为重要考虑条件。

行动研究的倡议者既批评理论研究者置身事外，也不满意应用研究者为了资助者而做研究。他们要求广泛发动各种当事者参与，专业研究者本身也置身其内，跟当事者一同澄清问题和利害关系、学习和实践一些定性研究方法（详见第14至16章）、分析和理解资料，以求尽量达到所有当事人都能接受的公平、满意和可持久的行动结果。这种方法企图改变科学过程的不介入原则，要求事先声明立场，一面研究一面改革，以合理地争取基层当事者的利益。行动研究和参与观察法（第 15 章）的不同在于，后者只图借一个不大影响事态的角色进入现场，避免让研究行为干扰事态，行动研究则预先公开行动研究者的动机。

行动研究鼓吹容纳各种不同意见者参与界定、辩论问题，并一同提出求知和求解的种种方法，反对定性或定量研究各自独行。行动研究者并不讳言改良的动机，他们主张民主协商的改革。他们坚持追寻可以长期持续的发展方略，而非只是短期见效的模式。因为行动研究既是一种研究策略，又是具有改良目标的实践。他们认为这样的研究不但更合用，质量也更高。

行动参与研究虽然倡导跟当事者团结，并不要求研究者完全变成当地一分子。保持"外人"身份，尤其是专业行动参与研究员的身份，较易辨识多种局内人士间的差异性，也更方便和多方合作、协调各方资源。研究者虽然同情甚至介入对当事者利益的争取，但不能忘记本身的特殊技能和角色。他们必须不怕提出尖锐问题，客观地澄清对事情的理解，搜罗所有信息，梳理各方推论的逻辑，协助一起进行研究，并向各界解释各方利害的结论。这些角色都有助于提升当事者改善问题的能力。

3.4.2　焦点小组研究

另一种定性求解研究是焦点小组（focus group）。它既不能提供定量推论所需的资料，也不对个人或组别进行详尽描述，但可以很快找出有助应用的分歧类别和背景。

自 20 世纪末以来，焦点小组研究在政、商、社、传播等各界日渐普遍。许多研究者喜欢它的简便快捷，通过此种方法可以较快地揣测出多类社会成员意见的动向。最有效的组合是六至十二位组员，叙谈 90 至 150 分钟。开会可采用多种形式，形式随和，可以是一帮街坊共聚一堂，也可以通过远程会议软件召集分隔各地的专家或高层人士，跨省越洋地同时讨论。开始时可以由主持人提出一些预定的问题，也可以让组员观看一部短片、阅读一页文字、讨论一个题目、参与一种游戏，然后进行讨论。

组员间的互相激发，有时会带出在个别访问中不会出现的内容。几个人在公共场所交谈，内容和气氛与两个人在办公室交谈或个人独处时想到的东西是不同的，留意到的东西也不一样。成员组合会对意见有重大影响，例如组内有女生，男生对某些话题的态度会不一样。组员相互的陌生程度、社会背景和意见的差异大小、歧见者的声浪强弱、讨论的程序等皆足以左右意见。对不同方法的选择，可以得到不同性质和内容的资料。严格而言，这种方法以"组"而不是"个人"为分析单位。个人和小组两层资料之间的分析如何结合，还没有太多共识。但两层资料的不同很容易开阔研究者的视野。

跟问卷调查的答案不同，焦点小组讨论的内容弹性颇大，各人的发言不以对错为准则，但不应离题忘记"焦点"。研究者需要准备十至二十条问题，并需保留时间让组员深化或扩展一些题内的内容，问题的内容由宽至狭，由对事实的对照到感性的抒发。有些问题可以直接提出，有些则需引导。例如对一些敏感题材，可以先让组员观看有关的报道、评论或电影片段，方便大家借题发挥。引导者不宜发表自己的意见。

焦点小组的引导者未必由研究者亲任，但必须充分了解研究的目的和方向。引导者须在有限时间内鼓励组员发言互动，不让个别组员独领风骚而其他人沉默不语，避免发言重复但也不让讨论离题，不宜催促组员但也要保证各个话题都得到足够的注意。

焦点小组开始时都要求成员保密，组内的发言不向外泄露，但研究者无法保证所有成员都遵守这一规条。在讨论一些敏感题目时，组内的气氛会紧张起来，这种情况本身便反映出一些重要事象，值得继续讨论，但应避免损害组员心理和名声。研究者若无把握避免某些讨论损害参与者，应该早点转入另一话题。

除非组员反对，否则讨论可以录音或录像，至少要有人做详细记录。研究员观察的不单是交谈的内容（不论是非对错、相同相异，所有意念都在分析之列），还包括发言者之间的互相影响、组员对话题的理解。一些常用字眼在组里或个别组员间传达的意义可能异于约定俗成的意义，整理讨论内容时，应保留原来的语句和语气，文法错误、市井俚语或文绉绉的表达，都反映当事人的背景和态度。

一些人平时在个别对象面前不说话，在一组人之间可能变得多言。另一些人在个别对象前可以滔滔不绝，在一组人面前却噤若寒蝉。组员成分和关系都可以影响发言的内容。因此要留意，讨论进行顺利的小组，其成员未必能充分代表到研究对象群间的差异性。带领讨论者必须适时调节发言机会，鼓励不同意见者充分交流。

焦点小组是初步了解新事象的一种快捷方式，由于概念本身仍待界定，焦点小组讨论带来的资料本身不宜急求量化。焦点小组跟其他方法结合，有助于建构起多个角度下皆可接受的概念，然后量化推算。焦点小组被视为界乎定性和定量之间的方法，有人认为两面不讨好，既难找齐有代表性的样本，又不足以独当一面；也有人认为它提供一种独特的资料来源或是一种方便的资料搜集法。很多时候它会跟其他方法一起运用。焦点小组很方便与参与性研究结合，这两种模式都强调时间对解决问题的重要性，思路都容易受其他在场者激发。

3.5 定量求解研究模式一：试点研究

在一个具有相当自觉和已经接受科学管理态度的社会系统（大至国家、小至小企业或非营利机构）中，为了解决一些公认的问题，社会上对这类问题也有相对标准的解决方法时，定量求解研究便大有用武之地了。例如某市内诊所突然涌现大批来自一个郊区的病人，那是应该开设分所还是延长运营时间？某零售店想大量推销一种新商品，不知道把这商品摆在进门处、同类货品之间还是店里最销畅的货品之间，哪一种效果最好？

每一种方式都有人支持。由于任何方式一经选用，便得花上大量资源和时间，不易更改，稳妥的做法就是将每一种方式的损益量化，以便进行具体分析比较。但即使有电脑帮助计算分析，仍难免出现一些未知因素，某些因素之间也可能有相生相克的影响。造成对成本或效率的干扰，这时做一个真实的试验，既可望证明可行性，还可提供细致的数据供大规模推广时参考，这时试点研究（demonstration research），便大派用场。

举一个具体的例子。照顾老人以往在华人社会中不成问题，孝道的提倡固然有帮助，"七十古来稀"的老年观点、众多子女的分担、居所的接近，都有助于照顾。今天越来越多人活到八十以上，子女数目减少，且即使住在附近，也不易遇事时可以立即照顾。老年人如果行动不便，即使不需要经常性的医疗服务，对家庭和社会仍会形成重担。"久病床前无孝子"这句古谚提示了即使提倡孝道也不足以解决问题。政府若介入，大笔资源首先须用于行动不便者身上，但社会中还有大批不须人帮助而仍可行动者，若让他们长期在白天独处家中，容易滋生抑郁或智力衰退，一旦摔跤，跌断骨头，医疗费用大增，即使不住院，子女被迫请假照顾，也会影响生产力，因此现代工业化国家便开始发展各式各样的社区照顾。

是派人到户照顾，还是集合他们到日间文娱中心，还是两者并用？哪种方法最有效果、最令老人满意、最令子女放心？怎样估计效力？是摔跤次数减少和抑郁或智力衰退的发病率下降吗？怎样估计效率？是比较住院率和各种照顾方式的成本？各照顾方式的组合是怎样的？日间文娱中心内每多少老人应设一位护士？到户照顾员能够提供哪种服务？需要什么训练？怎样衡量老人的满意程度？这些问题，都可以收集量化数据，而不限于笼统地争辩。

任职美国马萨诸塞州老人部研究主任期间，我曾经参与过一项试点研究。该项目研究首先成立了一个研究小组，成员除了专业研究员，还有护理人员、财务人员、老人组织的代表和律师。第一个要解决的问题，是到户照顾员能够提供哪种服务？律师指出：现存条例为了保障老人安全和保障社区护士的业务范围，不容许训练不足者接触老人身体，帮助他们洗澡或更衣。如何让社康护士协会接受一门新的工种，失去原有的一些生意？有责任回答这些问题的不单是专业社会研究员，还包括社康护士协会的律师和马萨诸塞州立法院。同样重要的问题是：每位老人的到户照顾如何量度？整个州有多少老人每个月需要多少钟点的到户照顾。更加实际的问题是：哪里找钱来进行这项试点研究。根据研究结论给出的建议，有没有资金和人员去执行？研究人员认识到这些问题后，设计出研究题目、抽样方法、时间表和预算，老人组织拿这个方案到立法院、社康护士协会和其他有关机构达成协议（例如同意到户照顾员受过某些训练后，在护士的指导和监督下，可以替老人洗澡和更衣，但不能敷药）。经过辩论，立法院公正地整合各方争辩，用一年多时间做了个试点研究，在两年内找出了细致有效的解决问题方法，最终科学地制订出一套先进的社康照顾服务，在 351 个城镇中推行，成为别州和外国的参考对象。

3.6　多方求解研究模式一：评估研究

现代社会变迁迅猛，一些行之有效的政策可能因为一场天灾或新领袖当选而须重新检讨，大大小小的企业可能在短期内因科技改变、经营方式落伍、国内外政策改变而倒闭。越来越多公私机构开始定期设置内部人员或招聘外来专家进行评估研究（evaluation research）。

评估研究是机构或政策负责人为了防避或改善问题而进行的。问题看来可能很严重很复杂，性质却不太清楚（即使当事人认为已经清楚），此时可从检讨最终目的出发，筹备评估。评估研究可以对现行政策产生立竿见影的作用，可以帮助决策者趋避危险、重估目标、调整策略、降低成本、发现新需要。有些新政策或计划，在筹划阶段已经把评估研究列入必须进行的步骤。有些评估研究的设计侧重于设准核实（定下标准和追探实务的发展），有些侧重于成本效益分析，还有一些侧重于实施影响（评量策略执行后产生的实际影响）。

在科学态度普及以前，很多新事物未经充分考验和改善便出炉或是有些旧规章过了时而不自觉。即使研究出当时先进的产品制法，仍可能是产品既欠完美，制作过程又欠标准化，很易失传。中国人在公元七世纪已经发明了火药，唐末把火药用到战场上，宋代发展出了多种火器雏形，元明已经多次使用火炮，可是火炮制法到了清代竟然失传。早期火管易爆，士兵射击时都让枪远离身边，经常打不中。欧洲人在 14 世纪引入火炮后则不断做出系统性的改进（诺贝尔之所以能致富传世，便是因为科学地改进了火药）。中国人在清末引回西方改良了的火炮，工匠去世后火炮制法再度失传，再传入后再失传，政府失策固属主因，更根本的原因却是工艺欠缺科学理论支持。

就像许多中医的家传秘方一样，因为没有严谨系统化的理论传授，极难普及。西医也是在大量接受了科学方法后才突飞猛进的。现代的工程师和建筑师，都至少从中学开始便学习科学理论，现代西方的政策和管理，也越来越建基于客观资料和科学调查之上。相对而言，海内外华人在为管理、政策、家务、投资作决定时，往往还偏重于个人经验和聪明。海外华人餐馆往往一鸡死一鸡鸣，便是不进行市场调查便投资的结果。西方许多连锁店不但先做市场调查，还会坚持定期做评估研究。

评估研究者不是人事部经理，评估的对象不限于人事，但可以包括人事部；不限于结构和过程，还应该包括未成制度的文化和气氛。评估研究主要是为了替决策者厘清机构/政策的目的，分析整个环境和大势（例如法规、科技和竞争者），收集当时当地和对象本身的独特资料，而非仅凭理论或少数人的经验去提供意见。

在搜集资料之前，要先订立评估的标准，以免面对资料时难下判断，例如大家都看到半杯水，但属半满还是半空？那便须参照历史数据（早时杯内水的高度）和横向数据（其他杯里水的高度）。这些标准不能出于当事者或研究者的主观意见，还须参考法制、行规、当地道德标准、同业表现、员工能力和表现、改善计划的时间表等。标准不清楚，会助长管理层的擅断、会令执行者无所适从、会淆乱业绩的优劣、策略的轻重、步骤的先后，不但会带来不切实际的建议，还会找错病源、误导方向、挫伤士气。

定量数据通常可以坐实事态，却不常能解释为什么事态会出现。定性资料有助于观察因果关系，却往往失之粗略。定性和定量研究可以说是个重复互补的过程，归纳与演绎交替，有时较倚仗定量资料，有时较倚仗定性资料。超越当事者成见的发现，往往需要综合多种研究方法。若有机会进行大样本和复杂的统计分析，研究结果当然更具说服力，但那需要大量资源和较长时期，不宜过分追求。收集和分析资料要根据时间，过大和过于复杂的研究范围、过于琐碎的设计会导致夜长梦多。过了时机，再好的建议也回天乏术。如果时间和资源许可，开始时可先做小规模定性研究，以便捕捉方向和提炼主题。许多西方企业已经采用民族志的定性方法，作为定量市场调查的前奏。目前社会科学研究的倾向，已经摆脱坚持个别方法一贯到底，而是根据题目的性质，采用多种方法，分头并进，因而出现了多种名目：综合式、多元式、混合式、多科式、跨科式、整合式的研究，目的不外乎是兼采多种方法和资料，以达致最具说服力的结论。

弄清评估的目的和标准后，评估研究还必须明白决策者和有关人士需要什么样的资料来改善他们的运作，研究的范围应涉及可能改变或不须改变的范围、权责、利害和人际关系。研究设计的目标是最好能得到所有有关人士都接受的论据，要检查有没有遗漏重要因素，有没有不公平的方法或程序，以避免在研究完成时被反对者抓住把柄。

因此，要提出的问题包括：目前工作符合目的吗？目前工作产生了什么实际的正面和负面影响？哪些任务尚未达成？哪些地方已见改善？哪些有关人等由于这些工作而得益？哪些未有得益？未有得益者有无共同特性（如最低薪者、不同籍贯者）？哪些成功有多少是由外来因素所致，而非出于所评估项目的努力？这些成功能够持续吗？适宜推广到别的地方吗？有什么难以改变的内外因素影响所评估项目的成败？

评估工作不是在实验室内进行，研究的场地、环境和过程并不能刻意摆布，评估研究者须认识当地的人事关系。政治影响是无处不在的，各派人士各有所需，全无所需便无须做评估。有评估便会影响当前利害，各派人士关心评估是很自然的事，不认识有关人等的态度和关系，不小心处理这些态度和关系，便会增加对研究的干扰，降低研究结果的应用效能。即使所有成员都同意须作改变，他们对在哪些地方改和改到什么程度，也会在不同阶段产生不同意见。评估过程中一方面要不断接触有关人士，一方面要保持评估过程的独立性和公正性。因此，研究人员必须摸清楚机构内哪些人士做出表面上和实际上的决定，他们的目标何在、对实情掌握多少、希望改善的范围有多大？受研究影响的各方面人士能否和愿否合作？研究人员既不能和他们弄僵关系，也不宜太亲近，两者皆会影响观察角度。同时要避免研究者个人价值主观或方法偏好，须以研究的最终目的和具体情境为依归。人事关系很难量化，影响却可以极大，有时一项人事调动便可左右全局。

评估报告除了要辨认出问题的正确根源和对全局的影响，还须在多种问题之间选出要点，不能不分轻重地一一罗列，否则会替某些当事人制造避重就轻的机会。有些旁枝细节在主干得到修改后便不再成为问题，无须多费唇舌。报告里当然要提供善后计划，协助需要评估者依据研究结果去推动改良措施，若无行动建议，再好的评估工作也不受欣赏。

3.7　科学地求知求解，是全社会的责任

以上介绍的应用社会科学研究，绝大部分都是通过某个社会机构，以个别或某组人群的福利为前提去认识和解决问题。有能力和远见去做研究的机构和人群，借此获取有利的信息，以图进一步增加他们的优势。而标榜或可能有利于整体人群的研究尚不多见。全球性研究虽然已在启幕，却基本上只能集焦于个别事象，例如气候、环保等。这些研究迄今所得数据极之有限，加上各方利害分歧极大，一般人不太感觉到其存在或意义。

但过去几十年间，的确出现了一大批科学研究结果，数量大、式样多、结论严谨、效果显著。虽然令某些群体获利特厚，但也的确能够普遍地造福世人。最明显的便是医药研究。就以糖尿病的研究为例，一批动机不同的人在科学态度的匡扶之下，不约而同地参与研究，让有兴趣认识和采用应用者，看到这类研究的发展和后果。

糖尿病在世界各地古老的医书中都有叙述。患者主要是较能丰衣足食的老人。近四十年，富裕国家的发病率倍增，发展中国家的发病率亦紧跟其后，不仅直接和间接因糖尿病致死的比率急升，还因为难以根治，又得不断照顾，对个人、家庭和社会的长期负担很重。

中医把糖尿病分为"阴虚火旺""气阴两虚"和"阴阳两虚"等类型，跟今天胰岛功能受损的表征相似。中医强调饮食和运动的治疗作用，历代方书记载的大量方药，在一定程度上能控制糖尿病及其并发症。不过从用药的不同，可以看出中医对糖尿病早晚期的认识并不一致。诊断和治疗离标准化很远，普遍疗效仍很参差。以"糖尿"名病，代表了辨症水平落后，因为病情发展到尿中见糖，已经是很晚期。西方用狗闻尿的情况，亦是掌握不到病源，只凭望闻问切得到的表征断症，也只能凭笼统的观念下药。

直至 20 世纪中期，医学接受了科学研究的指导，才把糖尿病判断为一种代谢内分泌失调病。生理学和病理学的研究发现：食物中的碳水化合物消化后，被转化为葡萄糖由血液送到各器官和细胞去补充能量[1]，若有剩余，被转换成脂肪贮存起来。胰脏预测到血液中的糖分浓度升高时，会释放胰岛素来调节细胞对葡萄糖的吸收量，胰岛素分泌不足或被细胞抗拒时，糖分留在大小血管内，造成种种创伤和并发症。目前大部分西药便是根据这些科学理论发展出来的。然而相关研究不以目前疗效而故步自封，不断进一步求知求解，再接再厉，从新陈代谢、免疫、激素作用、循环系统、心理、生活方式和文化模式，一直追溯到胰、肝、肠、脑等器官和遗传因子。逐步为发展新药、外科手术和平时防治奠下了坚实的科学基础，随着对新药和新疗法的不断评估和改进，糖尿病的根治终于出现曙光。

生理学和病理学与更基础性的生物学和化学一样，都是理论科学，并无具体的应用目的，主要由政府资助，在大学里进行。新药的研制则以特殊疾病为目标，根据理论科学指引的方向，由政府、医疗组织或药厂进行。药厂或国家卫生机构在选择研发哪种药前，会先研究多少人受益、成本多大、有没有别的机构早着先鞭。目前大部分国家还未有独力大规模研发新药的能力[2]。

美国虽然奉行市场经济，对新药研制却评审极严。理论科研已让科学界自律，政府介入也颇为自制。任何科学工作者都可提出新理论或批评现存的理论，但必须言之有据。证据必须在学术期刊或会议公开，接受批评，不能像风水师或江湖术士那样私藏秘方。连怎样找到证据的方法也得说出来，让别人采用同样方法也能得到同样结果，才

---

[1] 由于以往一些医生建议病人在外科手术后喝葡萄糖水，很多人误把葡萄糖认作高营养之药，平时也拿来"补身"，其实葡萄糖只是成分简单，容易吸收，营养价值并不特别高。

[2] 由于研发哪种药、以什么价格出售、培养多少医生、提供多少医药服务，对民生影响甚大，不少专家认为医学也是一门社会科学。

可被接受为众多证据中的一种。

　　根据某种理论研发出来的新药是否有效，就是一种待验假设（详见第 8 章），无论是人工合成还是从自然提炼出的成分，都得先在动物身上测试。即使是商营药厂的测试，也须避免让测试动物受到不必要的痛苦，要保障研究过程不会产生对当地有害的物体（如毒气或病毒外泄）。在动物身上试验成功以后才可进行人体试验，接受试验者必须事前获知试验的危险性、自愿参加、有权随时自由退出，预先制订好有不良反应时的应变办法。研究报告需要包括对多少人的生效程度、对多少人无效、有何副作用。在一小撮病人中进行初步的人体试验，发现疗效远过于缺点后，才可在较大的样本中测试。测试样本中须有各大类病人的代表（例如性别和种族，女性心脏病者的症状和用药量与男性的便很不同）。这些研究动用多种定量和定性资料：用药量、生效时间、药排出体外的时间、各种反应的统计和比较、病人的感觉、商标的选择等，分别由多方面专家搜集。

　　上市以后，药厂本身会收集病人对新药的反应，医生发现异状时会向药厂和医院反应或向医学期刊投稿，各所医学院会在定期研讨会上提出疑难杂症或意外反应，病人或家人不满善后时会投信媒体或到法庭起诉。这些都是广义的评估研究的一部分。这么多方面的人群参与，虽无协调之利，却有互督之效。药厂在成功的新药上固然获得暴利，却也为不成功的新药付出代价。政府法规和专业准则提供了评估新药的标准，提高了研制新药的成本，却也保障了新药的安全和效果。

　　这种根据严谨定义和逻辑进行透明验证的科学过程，正是令科学医学在一个世纪内从全球各种传统医术中脱颖而出的倚仗。家传秘方中即使有些对某类病情有特效，未必对所有病人有效，无效的情况很少公开，公开了也少有人理解。笃信中医者常常随口便说"中医治本，西医只能治标"。在一百年前，西医的疗效的确比不上中医，今天则刚刚相反。中医对一些病的病源和原理的认识无法以科学的方法验证，像其他古老医学一样，其防疗方法看起来有点儿知其然而不知其所以然，几千年来无法突破。接受了科学的西医则在短短几十年间，便找出了越来越多可靠的治本方法。在短期内突飞猛进的原因就在于研究的科学化。

就像从生物和化学发展出药物学和医学，从物理学发展出土木工程和电子工程等应用科目一样，社会科学也可以发展出评估研究、需求预测和行动研究等应用方法，人们可以根据要研究的题目自行选择。在下一章，我们将讨论如何进行社会科学研究题目的议定。

第 4 章

提炼题目的步骤——不慎毫厘谬千里

4.1　题目岂自天上来

　　一般教科书并不多谈研究题目的厘定过程，亦很少提及其他人士在这个过程中的作用。学生的研究习作多数由教授出题，或由教授从旁提点。而理论性和大规模应用性研究的题目要么由专家提出，要么由大机构决定后才遴选研究者，无怪教科书少提，或往往假定了研究者拟定题目的能力。但实际上，题目垂手可得的情况，在应用研究的环境中，尤其是中小型机构内，并不多见。

　　应用研究不是在绝缘环境中进行，利害关系很直接。在决定了要做研究，而具体题目未确定之际，最容易出现疑惑不安甚至逃避的心态，或者是不切实际地以为鸿鹄将至甚至想先发制人的期望。对于前者，需要澄清目的和稳定情绪；对于后者，要认清动机和善导来势。研究者在这阶段必须认清环境，及早采取主动，否则，即使能避免差之毫厘谬以千里的发展，亦会事倍功半。

　　中小型单位的主办者，很少本身是研究专家，他们希望解决的问题，很多时候不能直接发展成为研究题目，有些人对自己真正的期望亦没有弄清楚。这些情况，在大机构中也不少见，只是在中小型机构中，咨询和辩论的机会比较少，研究者因而必须多些解释和引导。

4.2　利害关系离不开

应用研究相比理论研究的一个显著不同之处，是它的题目大都比较具体，"研究什么和不研究什么"的决定往往本身便反映了当时的利害关系，对甲有利的研究，对乙或丙未必有利，对甲、乙、丙及其他人士组成的整体亦未必有利。举一个例子来说，某机构希望改善经营，从哪儿着手研究，选择有很多：管理制度、管理人员的态度、基层职员的态度、基层职员的待遇、同类或同地机构的经营情况，等等。如果选材只限于基层职员的态度，而毫不涉及他们的待遇、管理制度和管理人员的态度，则这项研究的目标可能只是为了保持管理现状，跟"改善整个机构的经营"这个目标并不一样，导致的后果可能是局部改善，也可能是进一步恶化。

若说只着眼于制度或待遇来研究整个机构，流于片面，那为什么不全面探究？多数情况下，若从现实的环境出发，在一定的时间内、特定的资源条件上和有限的资料搜集可能性下，全面研究的要求并不符合实情，往往只能退而思其次，选择最具影响性的题材。在这种情况下，除了应依据狭义的方法论说明假设了哪些因素不变（这对理论性研究来说可能已经足够），还应具体估计各方面的利害消长：研究过程中什么人须付出什么代价？在不影响研究的情况下可否减免或分担？研究结束后谁会受到什么样的影响？可以及适宜事先作特别澄清或安排吗？

比如说想通过研究基层服务态度来改善某百货公司的经营状况，可以考虑事先声明不会有员工直接因这项研究而遭解雇，以安基层人员之心；并声明改善措施将不限于基层人员的态度，以警惕管理人员就此以为矛头已转。当然，这些考虑和安排，有时会影响研究对象的反应，甚至影响到研究策略本身。可是，除非研究能在员工完全不觉察的情况下进行，否则"不自然的反应"是避免不了的，有时与其完全不知道反应的性质（有些员工可能发觉了，但不知为什么不让他们知道），不如对比较清楚的反应进行一些干预。至于"研究策略会否因过分考虑某方面意见而变"这一点，单从方法论方面来说，其实跟"研究策略会否因不考虑某方面意见而变"的情况一样，没有必然的取舍理由，关键反而在于行政考虑：能否事先否决某类员工的意见对将来决策的影响。这些"非研究性因素"若能事先得到周详考虑和安排，不单可以降低研究过程中的障碍、增加研究报告被各方面接受的机会，还有助于提醒赞助者纵览全局的重要性，这样，研究才能发挥更大的应用意义。

4.3 结论会依范围转

如果说利害关系可以左右研究的大方向，则题材的广度和时间的跨度可看作各种分支或旁路，未必条条通往罗马。比如说，即使在决定了以基层职员为研究对象以后，还须小心选择基层职员这个定义的范围：包括临时工、非全职人员、经常外出者和第一线的管理人员吗？有时问题只出自某一两类人员身上，把他们划出范围以外，便找不出问题所在。这种疏忽，在边缘性类别中最容易出现。

所谓边缘性类别，就是那些性质界乎两个系统之间，可以列入或拨出任何一方的类别。比如说第一线管理人员，如果把他们当作基层人员，则改善经营的注意力会被引往铺面/车间；如果将他们列入管理阶层，则矛头便会改而转向办公室。同理，管理制度这个定义包括非形式化关系和半官方的操作吗？如果想跟同类机构的经营进行比较，这里所谓"同类"，包括其他地区的机构或规模悬殊的竞争者吗？时间跨度也同样重要，可能这家机构的业绩在过去十年一直上升，直至六个月前才开始下降；可能这家机构上个月刚刚推出大规模广告攻势；可能这家机构一早计划了要在下一个月改革年资制度……
不言而喻，不同的时间跨度，像不同的范围一样，都会导致不同的
结论。

4.4　过程要随陷阱改

　　除了辨方向、觅正途，在发展题目的过程中还有其他方面的陷
阱：澄清了题目的意义后，这项研究要求的资料可以找到吗？研究结
果能够直接帮助决策吗？研究结果可能违反你的一些道德信念吗？遇
上这些问题，如果不能解决或绕道而过，那研究可能难以继续进行。
既然影响会那么严重，我们在厘定研究题目时便须严格审查，看看有
没有以下五种陷阱存在。

4.4.1　题目是否太笼统

　　一些初拟的题目，由于拟订者缺乏经验或者对事象认识不清，往
往显得模糊或笼统。如果有充分理由相信问题出在第一线管理人员身
上，当然不需研究全部管理人员或全部基层人员。如果兴趣只在于某
项保健条款，没理由惊动整个保险制度。如果要评价的只是某套电视
片集，犯不着分神去探究同段时间内所有节目。笼统的题目不但会增
加研究成本，还会分散甚至转移注意力。

4.4.2　题目是否太片面

　　另一些题目，有意无意地偏向了个别的方向或范围。例如把管理
制度局限于白纸黑字的条文，忽视了影响力可能更大的不成文习惯或
气氛。又如把医疗设备使用率狭义地界定为病床空置率，把接受服务
的人数为服务效率的唯一标准，等等。采用这类的题目而提不出片面

选材的理由，很容易被人以不公平为借口而否定其结果。

4.4.3　重要资料可以找到吗

澄清了题目的定义以后，未必一定可以找到切合题目需要的资料。找不到资料，除了资源和时间不足以外，还有两个主要原因。一种是恰当的资料实际上存在，研究者却无法获取。比如说不知道竞争机构某种产品的单位成本，便不能仔细比较本机构在这方面的生产效率；搜集不齐市民在中医中药方面的消费，便不能准确估计市民的医疗费用总额。另一种原因是题目所用的定义太抽象或太混乱，研究者和主办者之间无法达成共同的理解或找不到共同接受的指标。比如说甲地生活质量是否优于乙地？如果双方弄不清"生活质量"的意义或量度方法，便难以继续进行探索。又如顾客对某种服务的"满意程度"这个课题，一些人坚持越快越好，另一批人则说太快只会使顾客感到不受重视。如果相持不下而又欠资源，这个题目亦是一个使人难以自拔的陷阱。

4.4.4　预期的结果能够直接帮助决策吗

这是应用研究特有的一层考虑。如果预期中的研究结果，只像远水，救不了近火，便会被人束之高阁。如果以"应用"标榜的研究都不能提供决策者直接的帮助，整个研究界的信誉便难以建立。找出某一群体的消费水平，并不能直接估计出这个群体对某种货品的需求量；证实了病人害怕进医院，并不等于说他们便会求助中医；分析了家长对家庭作业分量的态度，不等于就知道了他们认为孩子应该少看些电视。应用研究者必须找出研究结果与决策之间最直接的驳口，这是能够而且应该做妥的工作。找到研究与应用间的挂钩，好比画龙要点睛，飞不起来的龙，始终只是静物。

4.4.5　预期结果会与道德信念抵触吗

这个问题对一些研究者来说，可能一生都遇不上，也不知道何时会出现。很多科学家会拒绝制造核子弹，研究核子反应堆则是另一回事；有兴趣研究难民如何适应新社会的学者大概不少，难民是否对新社会"忠心"的主题却少人问津了。在复杂而速变的社会里，道德的相对性固然比较明显，却并非说研究者因而可以排除一切道德考虑。在具体环境下，有些判断并不是太难做出的，比如说，如果你有充分理由相信基层职员效率不高是因为工作环境太差，而非基层管理人员监察不力，却又无法改变题目，便应拒绝接办这项研究了。研究者考虑拒绝接办某项研究时，当然应慎重考虑对于主办者的责任。

4.5　逐步提炼毋气馁

在以上几节的讨论中，我解释了为何应用研究题目的拟订，必须结合主办者和受影响者的利害关系和意见。以下我逐步介绍这个结合的过程。

4.5.1　认识背景

搜集所有现成有关的资料，包括主办机构或单位的历史、相似机构或单位的表现和近来发生的重大事件，以便猜度大势、推敲这项研究的特殊背景，并初步估计几种研究方向可能导致的结果。

4.5.2　认识利害关系

尽快辨认所有的有利害关系的群组及其主要代表人物，推测不同题目对各方面利害显在的及潜在的影响。有时同属一个集团的未必都抱持同一态度，公开的说法跟暗中的期望未必一致。比如说校董会接受某些教师意见，决定进行一项研究，校长本身不赞成，却负责全权跟研究者接洽。类似情况并不少见。探不透各方面的利害关系和态度，除了容易触雷，还会影响下一步工作。

4.5.3　重建脉络和题目

认识背景和利害关系，主要是为了让研究者结合不同角度的印象，重新建立这次研究的脉络，以提炼出一个最能兼顾主办者和最大多数人士利益的题目。跟着再问：这个修改过的题目，可以找到必需的资料吗？能够直接帮助解决问题吗？提炼到这一步的题目，虽然已经具备专业水平了，但还须经过下一步处理才能定案。

4.5.4　引证和说服

经历上述步骤发展出来的题目，由于兼顾多个因素，乍看之下，有时不像是最理想或最恰当的题目，因此，研究者必须仔细解释及聆听主办者的询问和批评，如果自己没有误解，而预期的结果不符合主办者的期望，便应说明到底是什么原因导致的，有可能是角度参差、主办者希望找寻的资料与想解决的问题不对口或不足够、资料找不到、资源或时间不足。有时主办者会感激研究者提出周全的考虑，愿意调整角度、资源、时间或接受修订过的题目；有时他们则坚持原来角度，不更改时间或资源，不愿接受修改过的题目。遇到这种情况，研究者应该检讨研究脉络，分析主办者的动机，看看应否重拟题目，如果不应，或者是重拟后双方仍然不能达成一致，研究者便应离开这项研究。

4.6　社会经验必具材

　　研究题目的拟订，本身便是一项初步研究，而且是一项有非专业研究人员参与、专业研究者无法也不宜全力控制的过程。这个过程一般长可达数月，或短不及数天。期间，研究者绝不能闭门造车，不能在应该虚心聆听时卖弄专业知识或先存偏见，不能在认识未深时擅作主张，也不应在应该引导或说服时畏缩被动。研究者在这一阶段中的表现，特别容易铸成深刻的印象，影响别人对研究者、对这项研究的信心。

　　跟研究过程其他阶段比较，拟题阶段的影响虽然最大，却最缺少准则可供依循，因而也是研究者最易受冲击的阶段。这个阶段研究技术所发挥的作用，可能小于研究者的经验、性格或声望带来的影响。因此一个应用研究者，除了能够掌握研究技术，还必须兼具丰富的社会经验和练达的人际手腕。

第 5 章

倒序式的研究筹备工作

应用性研究虽然跟理论性研究一样，必须秉持科学的态度进行，可是，由于读者专业程度及期望的不同，研究成果的发表形式、发表内容和研究过程都会有显著区别，这些区别在筹备阶段便应小心预计和安排。一般教科书多以介绍理论性研究为主，未能照顾应用研究的特殊情况，经验不足的应用研究者若依理论性研究的方式筹备，纵然能在预计时间内从容完成，也难免有扞格不入、终隔一层之感。所以在这一章里，我会强调应用研究的筹备，必须以研究者和主办者对研究产品的共同期望为依归，这份共同期望包括了研究结果的发表形式、内容和时间，整项研究的时间表、预算和其他部署，基本上都须以它为终点来"倒数"。

5.1 弄清楚发表的对象和形式

很多教科书到了最后一章才讨论如何撰写报告，这是因为理论性研究的读者多数是专业研究者，他们有较大的能力、责任和兴趣，因而重视内容多于形式。应用研究的主办者多数不是研究专家，应用研究报告最好是他们能够直接读懂的。很多时候报告的传阅范围不限于主办者本身，还包括主办单位的上级、下级或服务对象，他们各有不同的知识背景、兴趣和时间，如果只能选择一种发表形式，便须弄清楚范围和主次。

对报告形式的考虑包括：是否采用术语和图表，希望详尽还是精简，是一份最终性书面报告还是多份分批提交，需不需要在书面报告外再开报告会解释，多长时期内解释多少次，等等。这些协议内容旨在保障研究人员在提交报告后，免受无休止的额外要求。

特殊情况下，研究的结果甚至其过程，皆须通过多种形式发布。例如人口调查的报告，除了按不同需要提供种种汇总表外（各地、各年龄组、各行业……的教育水平或死亡率……），还须预备详尽的报表以供进一步查询，和详细的技术报告以解释方法论，并派遣专家到各种场合协助别人应用调查结果。

5.2　谈妥发表的内容

有时报告的对象和发表的形式决定了报告的内容甚至研究的策略。有些主办者坚持说简单的描述已足够，不需要研究者作分析或推论，另一些却指明要作多元分析和推论；有些主办者想避免报告上出现具体的数据，另一些却认为没有精确数字便不算研究报告。很显然，对于简单的期望来说，精细的研究策略只是一种浪费，详尽的报告则属画蛇添足，有时还会造成尴尬局面。

还有一种常见的混乱，产生于主办方对建议的期望：需要研究者提出建议吗？一个还是多个角度的建议？建议只需方向性的还是要详细得可以指示具体行动？有些主办者想限制研究者提议的范围，有些主办者则希望研究者对研究题目以外的事物也提出建议。

有时主办者在同意了研究的范围后，还会对个别因素抱有特别兴趣，若不及早言明便可能得不到重视。例如在调查员工生活状况时，主办者中可能有人希望仔细考察一下医疗服务使用习惯，但开会时却缺了席，研究者为了扩大观察面，在医疗方面只考察了费用，未能深入探讨员工用不用中药、需不需要跑很远去求诊等细节。又如有些主办者可能对个别类型的对象兴趣特浓，比如生育年龄的女性员工，如果不早早提出，可能只有很少的这类型员工被抽样选出，难以保证进一步分析。还有一些主办者看重个别的研究方法，例如个案或多元分析。对于这些"额外"的要求，倘若研究开展到半途才发觉必须照顾，可能须大肆修改研究策略，白白增加费用和时间。

5.3　制订倒序式的时间表

理论性研究总希望在策划周全后才行动，宁迟毋滥。应用性研究当然也要求周全策划，亦不愿轻率进行，但是时间的考虑有时得居绝对支配地位。这是因为有些决策和行动，必须在一定时日内开展，研究报告届时提不出，可能从此便变成废品！理论研究者虽然亦须尊重时间表，但逾时通常只影响自己下次拿到研究经费的机会，较少决策或行动会受直接影响。应用研究者若逾时，除了本人声誉，还会连累他人，有时还要赔偿损失。

实际上的情况是，应用性研究不能在万事俱备后才展开，加上做不到步步为营地排除其他干扰因素，为了保证准时完成，最适当的行动准则，是战略上绝对尊重研究报告的提交日期，预订进度，遇到意外时可弹性调整，但每次都必须参照提交日期。因此，各项进度表的制订，应该从这个日子倒数。以下提供一个倒推时间表的例子，读者可以在这个基础上根据自己的具体情况修改扩充。

这个时间表把应用研究的过程分作五个阶段，这里特意把最后那个阶段排列在最前面，以帮助研究者警示自己。我鼓励读者把制订好的时间表倒列，但制订时却不必倒序，虽然有些经验丰富的研究者可以依这种倒序来估计进度，但大部分读者没有那么多经验，因此还是根据时间的先后来介绍一下每一阶段大概所需的时日。研究开始的阶段是整体筹备（第 4 章和本章），包括澄清研究与决策的关系、协商出

表 5.1 研究进度时间表

五阶段		日期	A	B	C	D	E	F	G	H	I	J	K	L	M	N	O
5. 总结	5.4 后续支援	待定															
	5.3 最后报告		A<--														
	5.2 最后编排			B<--													
	5.1 最后讨论				C<--												
4. 分析拟论	4.3 草拟总结					D<--											
	4.2 讨论						E<--										
	4.1 资料分析							F<--									
3. 资料整集	3.3 资料整理								G<--								
	3.2 资料收集									H<--							
	3.1 通知有关资料收集人士										I<--						
2. 具体筹备	2.3 预备收集资料的工具											J<--					
	2.2 抽样												K<--				
	2.1 研究设计													L<--			
1. 整体筹备	1.3 制订计划预算														M<--		
	1.2 确立题目															N<--	
	1.1 初步磋商																O<--

可行和可用的题目、编制预算和时间表，一般需要几个星期。如果研究者经验丰富，对主办机构早有认识，跟主办者又有很多共识，则可望在几天内完成。而在没有共识的情况下，这个阶段会经年累月，有时研究计划甚至会"胎死腹中"。

接着是具体筹备，这是受研究者专业水平影响最大的阶段，因此在时间上较易受控制。如果已熟谙文献（第 12 章）、概念和研究设计简单（第 6、7、8 和 10 章）、样本易求也不太大（第 9 章）、搜集资料的工具不太难制订，资深研究者可在一两个星期内完成，在有的情况下也可以长达数月。

资料的收集和整理阶段的长短伸缩最大。样本小、资料易得、内容简单且可以借助电脑来整理时，在一两个月内可以完成。较具规模的量化研究，在资源充足而又没遇上严重障碍的情况下，需数星期至数月不等。靠少量人员探索复杂对象、资料使用电脑整理不方便、要求多种研究方法但不能同时进行时，会花费数月以上时间（第 11 至 17 章）。

分析所需的时间视乎研究焦点的广狭、研究设计的策略、资料的质量、研究者对分析技术的掌握程度而定（第 16 至 19 章），需时在数周至数月之间。跟主办人讨论的时间视乎以上过程中的沟通和共识程度而异，没问题时数小时内可以交代清楚，有分歧则可能拖延至原定提交日期依然得不到解决。草拟总结和报告（第 20 章）大概要数周至数月，如果平时对每一项过程记录清楚，自然可以快些。

最后讨论若分歧少，也可以在数小时内解决，若分歧严重，正式报告可能被无限期搁置。最后编辑如无大更改数天内可完事。排印工作有些主办者愿意负责，有了个人电脑，研究者自己动手也可以有精美的制作，数天至数星期内应该可以完成最后版本，当然须在预订的正式报告发表日期之前完成。正式报告是否需要向主办者的最高机构面交、是否需要向媒体公布，都应事先安排。有些应用研究合约，还包括训练员工、代表主办者向有关方面解释等后续支持工作。

5.4 预算要充分而有效率

任何研究都要求预算要充分而有效率，尤其在研究者需要投标竞争时。应用研究在这方面的要求会更精打细算，这是因为主办应用性研究的机构往往与主办理论性研究的机构不同，后者多由政府或大型机构主持，资源和经验充足。而除了常作应用研究的大型机构外，一般的应用性研究主办者对审核研究预算的经验都不足，而且经常性研究经费不多。如果研究开始后才发觉预算不足，申请追加预算，主办者就算同情亦须多番周折，即使可以追加也会延阻研究的进度。

一个对应用研究预算影响很大的考虑因素是：现存的资料和人力可靠吗？若可用，当然可以大量节省资源和时间。基于时间或资源的考虑，应用研究者需要留意借助他人或采用代用品的可能性。本来研究者并非个个都对所有研究环节皆精，有些工作借助于别的专家也许更有效率，例如统计和电脑；有些只能让别人代劳，例如访问不在当地居住的人士；有些是研究者无暇亲力亲为的或者是找人代劳而影响不大的，例如整理简单的数据和图表等。找人代劳时当然须交代或训练妥当，如果研究人员的理解不一致，资料的可靠性便大打折扣。有些人力可以用科技来代替，比如说大量标准化了的数据整理和统计数字的运算。

5.5 建立专业化的人际关系

理论研究的主办者通常在决定了主办以后，便不再干涉研究的进行。应用研究的主办者则可能经常身处现场，有意无意之间影响到研究的进行。因此在应用研究开展之前，必须清楚界定彼此间的关系。

这种关系，无论在研究筹备之前双方有没有来往，都应该朝着研究的预期目标按照彼此的专业角色来调整，既要合作，又不能越俎代庖。可惜这种"纯专业化的关系"并不常见。

　　每项研究的主办人都有其特性：有的积极，有的过度干预，有的被动，有的暗中抵制，有的可以长期支持，有的态度动摇，有的地位不稳，有的对主办研究素有经验，有的怀着疑惑或奢望。无论研究者是否欣赏主办者的态度，一旦接受了责任，便应尽量帮助他们消除疑问、解决困惑。这里一定要强调一点：了解和帮助主办者，并不等于苟同，投其所好只会使研究流于表面和形式，并非真正帮忙。为了避免在研究开始时接触主办者过多而无形中受到过度影响，研究者应该经常提醒自己从其他角度观察的必要。与此同时，研究者亦不宜夸大研究的作用，引起过度期望。有些主办人，即使没有太大的利害关系，却习惯了掣肘，在特殊情况下，为了避免主办者过度干扰，还得以书面约定双方权责范围，这在研究者与主办者隶属于同一机构时可能特别有用。

5.6　结　语

　　应用研究的筹备工作，从题目的拟订开始，到进行具体设计以前，都大异其趣。由于应用研究通常在比较接近现实的、利害比较直接的环境下进行，很难避开当事人的影响。如果在开始时未能确立自己和主办者间适当的关系，研究开始后难免会随波逐流、身不由己，失去结合各种角度的良好机会。

　　对研究结果的共同预期，是指导角色和关系调整的最佳信号，因此必须尽早弄清楚这个预期产品的内容和形式。工作进度表的制订和各类资源的预算，亦须以预定完成日期为指导原则。换言之，一切筹备工作，都可以从预期产品倒序推演。这是学院训练影响过深的研究者最容易忽略的地方，往往也是经验不足的研究者摔跟头的原因。

概念的形成和评价

前面的章节强调题目的拟订举足轻重，我指出拟订题目不单受选材左右，题材如何界定亦有很大的影响。在第 2 章里，我亦谈及科学方法要求把研究对象概念化，至少要有清楚的定义。概念和定义是科学方法的基本元素，但却也是一般人很容易忽略的环节，在第 6 章和第 7 章中我将进行详尽的说明。

"概念"可以说是"概而推之"的"意念凭借"，是一种经过界定的名词，用来指示具有共同特性的事象。科学方法倚重概念，其中绝大部分是经得起验证的概念。这一章让我先提示"概推"的普遍性、失效的原因和适当意念凭据的形成。下一章专门介绍如何检验和量度概念。

6.1　概推的普遍性

依据意念（未必是概念）从纷纭的事象中"抽象"，在科学以外也是一项很常用的辨认和认知方法。"抽象"就是抽取共同之象，是常人都具有的能力，亦是一项常常使用却不常自觉的过程。抽象并非都属令人莫名其妙的过程或后果，我们有时说一些难懂的理论或艺术品"太抽象了"，那只是一种对不明白、未熟悉或不接受的事物的表达方式而已。

有一个名为"大风吹"的集体游戏最能够形象地显示抽象的过程。主持人说"吹起所有戴眼镜的"，戴眼镜者便须起身换位。主持人也可以抽起所有高年级的同学、抽起所有穿蓝衣服的、抽起所有戴表的、抽起戴表及戴眼镜的、抽起戴表或戴眼镜的……每一次被抽出来的游戏参与者，都具有一个同样的特性，每一个特性都是主持人抽象的凭据，每个游戏参与者都明白主持人表达的概念。

小学算术学习了公约数和公倍数的概念后，我们便知道 24，333，7878789 和 87654 这几个表面上不同的数字，至少有"能被 3 除尽"这一共同特点。在百货商店里堆着很多衣物，它们有不同的用途、颜色、款式、材料……如果我们事先不明确购买目标，这些衣物只会令人眼花缭乱、印象混乱，不知取舍。如果事先有个目标，比如说帽子，或者具体的雨帽，或者更具体的男装雨帽、八号男装雨帽……蓝色八号有透风洞的男装雨帽，我们便可以比较快速地进行辨认和分类，比较容易决定哪些衣物不在关注范围内，哪些须进一步考虑[1]。大家稍加留意，不难发觉在日常生活中，抽象概推的行为几乎无处不在：亲戚的称谓、课程的分类、法律的引申、外销货物的限额……多得就像空气一样，简直使我们忘记了它的存在。

6.2 意念不清的抽象

抽象概推虽然普遍，其意念凭据却经常不清楚，这样的例子很多：中等阶层、有意义的生活、清冷的色调、购买良机……有些表面上清楚的意念，在不同的时空或文化背景下，会成为混乱的起源。例如在日常生活中，我们对"蓝色"和"帽子"这些抽象标准，大体上有相当一致的共识，可是环境若改变，原有的默契反而会造成误会。"蓝色"平时是指在日光或一般照明下的色泽，如果游戏场地

---

[1] 这可以解释为什么有些人买东西很快，有些人进店后一整天都跑不出来。

改由蓝灯照射，穿"蓝色"衣服的应该起身吗？有时这种混乱也许可以增加气氛，另一些场合却会制造纠纷。比如白色，在某些社会是喜庆之色，在另一些社会却属丧服之色。至于"帽子"，大概不致错认吧？但假如有间帽子店为了宣传，造了一顶两层楼高的"帽子"，这真的是"帽子"吗？概念不事先交代清楚，小则费时失事，大则为害生祸。例如中等阶层这个名词看似清楚，却非原意，它最初出现于中世纪欧洲，指的是有钱而无贵族地位的一小撮人士。今天在各地皆泛指收入中等的那一大层人士，"中层阶级"在政治经济策略里频频出现。但什么是中等？是 20% ~ 80% 还是 20% ~ 65%，又或者是 40% ~ 90%、5% ~ 20%？而且有些社会高低收入之间颇悬殊，工业国的低收入者比发展中国家中上收入者高。何况除了以收入来划分，还可以用消费方式来划分。是以严格的认知和沟通方式，都须小心界定抽象的凭据。这种努力的方向，我们称之为"概念化"。

6.3　概念的发展、定义和修订

以上所谈的抽象或概推活动，侧重在有了意念后去引申、演绎的那一阶段，并未提及帽子和公约数这些概念如何形成。概念可以纯粹由个人经验归纳出来。但这样形成的概念，适用范围当然很有限。有位刚进幼儿园的小朋友，每次画鸡蛋都画成两个同心圆的样子，并且拒绝接受鸡蛋是椭圆形的观点。原来这位小朋友出生以来所见到的鸡蛋，都是在他妈妈煎得黄白分明的情况下的形状。

如果只信任个人经验，我们学习一定慢得多。对于没有接受数学训练的人来说，在他们面前排列再多的数字，也悟不出公约数这个概念来，但经过老师的解释，即使小学生亦不难掌握。很明显，单凭个人领悟力，人类社会不会有今天的成就。通过教育、文字和日常交谈，我们接触到、接收到，也应用到了很多概念。

　　从间接经验归纳演绎出来的概念，是否有脱胎换骨的洞识力，也许跟个人经验只是五十步与一百步的区别，往往受当时的知识、理论水平、当事者主观倾向或需要等影响。比如说某位小食店的店主很羡慕另一位开办了多间同类店的店主，由于不读书不问人，没有连锁店经营的概念，又惯于事事亲自指挥，想到子侄仅四名，便感叹一生无法开店五间以上。

　　概念化的途径，即使不纯粹出于个人经验，也难免受当事者的主观倾向影响（例如动机、训练或兴趣）。当事者的倾向，有时会随需要而转移，比如说某校打算在下学期中，加强照顾一些"有特别需要的学生"，怎样才算"有特别需要"呢？若在平时，这大概是指学业成绩低落的学生，倘若当时整个社会正在推行反击黑社会势力运动，"有特别需要的学生"很容易便变成"跟黑社会有来往的学生"了。倘若某校学生课余兼职人数突增，学业成绩猛降，有兼职而成绩低的似乎便需要特别照顾了。可是，如果让一位重视少年心理的教育人员来看，又未必尽然：有兼职而无心向学的，成绩虽低，却不苛求自己；苦心向学却须兼职的，成绩不会低于前者，心理负担却可能极重。如果资源不足以兼顾两者，那么哪一批学生更需要照顾？同样一番春风化雨的怀抱、同样一个名词，在不同的倾向或需要引导下，会是不同的孩子得到特别照顾。有时当事者自己也弄不清楚到底哪一批学生需要特别照顾，或者有意无意之间拒绝选择。研究者的责任，便在于通过定义来落实概念。这里所谓的"定义化"，当然不止于从字面上考究何谓"特别需要"，还应提出从不同层次和角度观察的可能性，指出每个重要的可能性跟个别的倾向和需要有何关系，综观全局后再做出最恰当的选择。可以说，概念的定义化是一个慎重的选择过程，可能也是一个痛苦的过程，因为它一方面澄清，另一方面也扬弃一些值得关注的事象。

　　概念经过了界定后，仍须小心留意它所指谓的事象有没有"变质"。现代社会变化很快，去年的教育重点、上届的选民心理、上月的市场倾向，今后未必保留原样。应用研究者还须留意的是：有时主办者的倾向或需要变得比事象更快。上学期原本决定了把"有特殊需要的学生"界定为"有兼职且因成绩下跌而忧心者"，可是，由于某些原因研究尚未开展，这个学期刚开始，黑社会渗入学校的现象突然严重起来，若坚持原来定义，即使研究资源不断，改善问题的资源却消失了，而新问题的对策则得不到研究的支持，研究是完成了，应用却谈不上。为了全局而因时制宜，与无原则地迁就主办者，考虑的准则和过程大有不同。除非有特别原因，一旦发现概念"过时"，便得重新修订，尽量完善地把期望和事象驳接起来。事象有发展，期望会改变，观察角度要修订，才能方便对照和引证，"适用概念"的发展，便成了一个不断追求的过程。

6.4 评价概念的标准

概念虽然很容易产生，其质量却不容易鉴别。如果不设评价标准，不但无法客观评价，亦难发展。

概念不宜用"对错"或"好坏"这类笼统的二分法来评鉴。要估量一个概念的作用大小，应该从清晰性、针对性、关键性来考虑。至于对"科学概念"的评价，还须加上客观性和可验性。这一节先谈评价一般概念的三个标准，评价科学概念的后两个标准，将在下一节讨论。

6.4.1 概念的清晰性

评价概念，首先看其定义是否清楚：有没有鲜明的凭据让人决定哪些事象应该列入关注范围内，哪些可以放弃。模棱两可的概念，不单让人浪费时间琢磨，亦不能提供坚实的推论基础。

　　清晰性涉及两方面。第一是内容清晰，精简恰到地列出辨认共同特性的标准，可防任意解释之弊。比如说"成绩低落"，到底指成绩"低的"还是"落的"？多少分数才算低？从多高降到多低才算落？降的幅度或速度达到多少才算降？如果希望指谓的事象是公约数，就不能过窄地说成是最大公约数，也不能过宽地说成是部分数字的约数。如果要符合至少五项标准才算"合理的管理制度"，便不能只举四项。

　　第二是外在条件清晰，应精简恰当地列出是哪些环境或情况下的现象，以免刻舟求剑。如果玩"大风吹"时场内灯色会转变，以颜色来抽象便须小心。如果"一般居住条件"在研究者心目中只是指"中型城镇里中产人家的居住条件"，"以往业绩"只追溯到五年以内，那么这些背景情况都应清楚说明。有些人喜欢引经据典来考究名词的定义，如果目的是用来澄清符号的含义，那当然有所帮助。可是，如果不去比较现况而直接引用，则无论引用的是《礼记》还是《韦氏词典》，无论是英国《经济学人》还是美国《社会学学报》，都极容易穿凿附会。

6.4.2　概念的针对性

　　清晰性虽然方便我们辨认指涉的特性和范围，却不保证所选特性切合当事者的需要。每一事象都有多种特性或特性组合可用作抽象的凭据。比如说一项绿色的钢帽，在不同场合会带来不同的意义，在帽子的颜色具有象征意义的场合，它带来"绿头巾"的讥讽；在露营的旅程中，它可以防雨或盛水；在化妆晚会中，它是粗犷风格的饰物；在军事博物馆中，它可能是烈士遗物；在熔铸厂里，它只是破铜烂铁；在研究金属硬度和延展性的实验室中，它是被反复试验的对象……显然，每个概念跟事象间的参照关系，既非唯一的也非固定的。根据不同特殊需要，任何概念都可以成为一个观察的角度：当事者若有防雨的需要，这便是一顶雨帽；若有盛水的需要，这便是一件容器[1]。如果当事者自己对需要不清楚，或者当事者是一群需要不同的人士，则无论概念怎样改，依然很难准确针对。犹如顾客进饭店，不能决定自己当晚想吃什么时，能干的侍应生会先帮助顾客弄清楚自己的需要，否则，纵有大厨出佳肴，客人不懂欣赏，亦枉费侍候。

如果当事者的几种需要之间有明显的性质上的不同，即使研究者提供了帮助，当事者仍须当仁不让负上最后选择的责任。另外有一些情况是，在确定了需要的性质后，还须进一步根据数量上的不同来进行更细致的区别，这时研究者的作用便更大了。比如说，帽子若是作头盔用的，便必须够"坚硬"，以前抵挡得住刀棍便可，如今要挨得住子弹。枪械的火力加强，头盔的硬度亦须相应增加，落伍的便不能再算是头盔。有些表面上微小的差异，在多数演习情况下效果难分，一旦作战，遇上稍强的火力，结果却有生死之别。在现代社会中，事象越来越复杂精巧，一种东西适用与否，往往不单取决于其"是否"迎合到需要，还要看"在何程度下"能迎合需要。是以衡量概念的针对性时，不单要注意特性的选择，亦须从数量上划出范围。这便要求研究者在制订和运用概念时，大步迈出常识的范围，进入一个量化的领域。

6.4.3　概念的关键性

如果只有一个特性可满足需要，或者只有一个因素对于解释整体事象产生决定性作用，这个概念的关键性便很清楚。但很多社会现象并不能单靠个别因素来解释。有时即使找到了针对性最强的因素来作为概推的标准，仍然不能忽略事象中其他因素的作用。比如说，某批

---

[1]　当然，如果是为了防雨，当事者可能会先找一把雨伞，而其他更适合盛水的容器也很多。

头盔在硬度上过了关，不巧作战地区万里冰封，绿色的头盔成了明显的目标，头盔不怕子弹，子弹却会尽朝颈下飞来！这种情况不难预见，也不难解决。另外有些情况则盘根错节，或至少是缠绕不清，一时之间难以全盘解决，想抓重点、理头绪，便应当比较概念与概念之间的关系，以及概念在整体解释范围内或全盘解决方案中的作用。在帮助成绩下降的学生时，至少发现有几个重要因素：黑社会的渗入、兼职的增加、电视的吸引力、师生比例失调、家长在家时间减少，等等。以当时资源估计，不可能同时多管齐下，也不可能一并研究，那么至少应选择比较重要的或比较可能生效的入手，同时指出未能兼顾的因素可能发生的作用。应该留意的是，有些明显重要的因素，效果可能跟别的因素重复，比如说长长的看电视时间和短短的家长沟通时间；有些初看不觉其重要，但跟多种其他因素都有相当程度的关联，例如学校放学即清场。若能及早发现这类因素的关系和关键，应当会有助于研究和决策的资源分配。

6.5 评价科学概念的标准

以上所举的评价标准，基本上亦适用于哲学、神学和日常生活中的概念。至于科学研究中用的概念，则还须加上两个要求：客观性和验证性。科学的首要任务在于提供客观的描述，描述后的见解尽可商榷，描述本身则希望尽量达到彼此可以接受的境界。关于客观，我已经在第 2 章阐释过，在这里打算进一步提出的，是概念和客观间的相互关系。个人初步形成的概念，主观成分比较多。越能综合其他角度，则概念越客观，为了提高客观性，为了鼓励和方便别人参与讨论和比照，概念应该简明和朴素。为了避免不必要的情绪扰乱或杂色掩盖，概念应该摒弃感性的辞藻，减低价值判断。概念的目的在描述，不在煽情。越多人参与考究、辩论和应用的概念，有越多的修正机会，因而可望得到更坚实的角度和论据。科学要求概念必须能被验证。客观的、多人用的概念，未必可以验证出来，例如很多教徒都同意"神"的存在。主观的、少人用的概念亦未必验证不到，科学史早期不乏后来获证的异端。具体的名词未必就容易找到可验参照，比如说：某人死了以后变成"某鬼"。抽象的未必就难验证出来，例如"对货币的信心"和"士气"，等等。在下一章，我会详细介绍如何把概念转化为可以接受验证的变量。

6.6 结 语

不当的抽象，是对事象的粗暴割裂。概念不清晰，后果是事倍功半；针对错误，会导致以偏概全；关键性不清楚，会顾此失彼。一个清晰的、针对性强的、关键性足够的概念，可以使我们有效地透视和整合表面上不同的事象。概念化是一个带选择性的、相对的、有限的、可以变动不居的过程。概念的定义蕴含着时空和角度上的选择。唯有时时留意到概念的局限，才可避免"拿着鸡毛当令箭"那种轻率态度。

第 7 章

概念的量度和操作化

在日常生活中，很多沟通的内容不必太细致，除了那些量词清楚的事物（如身高、金额），一般形容词都颇为笼统（甜、辣、讨厌、聪明、凉、热、肥胖……）。日常交流中很多概念不常须量化，那是因为期望有限，杀鸡不用牛刀。可是，牛刀自有用武之地：连锁餐厅希望整顿食谱时，必须在所有分店之间建立共同标准，让顾客确信在不同地区的分店会尝到同样味道，此时便须分析每道菜的成分。比如其中的辣味，太辣还是不够辣，便须树立量度辣味的客观标准。以往靠个人经验，大体上可分辨出几种辣椒之间的辣度，沟通时须费一番唇舌，支店之间的辣度难以标准化。现代烹饪学追求量化，发现不同辣料间差异颇大：香蕉辣椒的辣度是 1000 ~ 2500 史高维尔单位（Scoville Heat Unit），雅拉偏奴辣椒的辣度是 3500 ~ 8000 单位，哈班那辣椒的辣度是 100000 ~ 530000 单位。市场研究者可以造出多款辣菜，看看最多顾客喜观的辣度或能下咽的最辣度。按各种口味和不同辣椒的稀释度定下多种公式，订货时省钱，厨师不怕一时不慎下手过重，还可鼓励顾客试尝不同辣度的菜式。

7.1 概念、变量和变值

当我们说概念是指存在于多项事象间的共同特性时，我们是在强调这些特性之间的共通点，但这些特性其实同中有异。在每一具体事象中，这些特性的强弱、隐显、高低、频疏、大小、快慢、浓淡……

皆有不同。例如在大风吹游戏中，被"穿蓝色衣着"这条标准吹起的各人虽皆衣蓝，但有些是衣裤皆蓝、有些仅穿了双蓝鞋子；有些蓝深、有些蓝浅……这些"不同"之间的差距或大或小，状态有稳有荡。可见"概念"这个表面上界定了的、严谨的、恒常的名词，其实指谓着的是一组参差的、振动着的、不断延伸着的内涵。为了方便照顾这些"同中之异"，在科学活动中，我们常常把概念（concept）转换为"变量"（variable）来处理。"变量"就是具有不同"变值"（values）的概念，共同特性在各个事象之间的强弱、隐显、高低……都通过变值的同异或大小，呈现出其独特性。

举例说，"教育"这个概念，如果我们沿着正规教育的线索去界定，可以转换为"教育程度"这个变量，其变值大体上为 0 至 20 年，或归为"从没进校""小学程度""中学程度""大学程度"及"硕士及以上"五类。"教育"这个词把我们的注意力带往每个人以往所接受过的正规训练这方面去。"程度"这个词，则提醒我们人们在学历方面的不同，而其间差别，则依循"在校时间长短"来指示。

每次概念的定义变动时，变量和变值亦会变动。若沿学制种类而非在校年数去界定，教育可以转换为"学制种类"这一变量，其变值包括"正规学校""电视课程""职业学校""在职训练"等。若沿"专业教育"的线索去界定教育，则可以"专业训练种类"为变量，以戏剧、会计、程序设计、护理等为变值。

如果说概念通过定义来贯通事象，则变量便是全凭量度（measurement）来辨认差别。概念或变量的精细程度，须通过变值的量度来表现。所谓量度，就是把变值归类：把区别微小的合并，或把粗糙的再细分。换言之，就是在我们心目中先造一副尺度，预计变值到底适宜用掌量、尺量还是用精密仪器去量。当然，如果这变量该用秤称量时，量度的考虑便转移到大秤、小秤或天平的选择。为什么需要把变值归类呢？怎样归类才适当呢？在解答这两个问题之前，必须先认识变值之间差别的性质。

7.2　变值的量度层次

变值可以千变万化，但变值间差别的性质只有四层，量度层次（scale of measurement）的区别影响颇大，变量变值的量度层次不同，不单会给人粗细不同的印象，还决定了分析时可以采用哪些统计工具。（详见第 18 至 19 章）

7.2.1　**定类层**（ nominal level ）

这是最"粗糙"一层的变量，其变值间的差别只可以分辨异同，不能判别哪一变值较大较高、哪一变值较小较低。例如颜色、性别、籍贯、职业、居住地区等，我们只可以辨别某一事象中或某一人物在某变量上的变值，跟另一事象或人物同一变量上的变值是否相同：如有多少件红色衣物、多少位男学生、多少名外籍人士，也可以比较教员与会计的人数或城东跟城西的居民数目，但不能假设"红美于白""男胜于女"或"广东优于广西"。

7.2.2　**定序层**（ ordinal level ）

这一层变量的变值都隶属于同一序列，因而可以互较长短，但彼此间高下虽分，却因高下之间距离的量度没有准则，没法对差距进行加减处理。比如说我喜欢体育老师，更喜欢中文老师，而最喜欢历史教师。三位老师都不同，本来不必分高下，但一旦放在"我喜欢的程度"这序列来看，便可以依我的喜好来排高下。可也就到此而止，我无法进一步弄清楚自己对历史和中文老师之间的喜欢程度差距，是否大于对中文和体育老师的喜欢程度之间的差距。别的同学可能有其他的喜欢次序，我们虽然可以点数有多少学生把某位老师列为最喜欢

的，多少学生列她为第二或第三位喜欢的，但不知道每个学生心目中
"最喜欢"和"次喜欢"之间的区别。

7.2.3　**定距层**（ interval level ）

变值间差距是可以用若干固定单位来显示的变量，不单可以区别
异同、排高下，还可以相加减。比如说三类饮品的适当储存温度分别
为华氏 60、50 和 30 度，由于每一华氏度都有定距，三者间温差是很
清楚的，但比例却不然。定距层的变量可以相加减，不能相乘除，我
们不能说第一种的适当储存温度是第二种的 1.2 倍或第三种的 2 倍。
这是因为华氏的"零度"只是一个权宜的标记，同体积物质在华氏
60 度时所含热量并非在华氏 30 度时的两倍。定距的差别未必定比，
要知道两者间真正的比距，还须有个绝对的、有真正意义的零点。

7.2.4　**定比层**（ ratio level ）

变值间定距且具有有意义的零点的变量，可以给概念带来最精细
的描述，也可以施行加减乘除各种运算。社会科学研究中能够符合定
比要求的变量乍一看不多，可如果小心处理，依然有很多概念可以提
炼出定比变量来，如"告假次数""每周服务人数""收视率"等。
一些表面上仅属定类层的变量，若能把观察角度略为转变，常可找到
多串定比层的变值，可供选择。例如两地仅就地名来说，固然无从论
高下，但若转为"甲地的工业总产值"或"乙地的高中毕业生占总
就业人口比例"来看，不仅可以比较，对两地差别还可以进行更细
致的量度。

7.3　变值的归类和层次考虑

一个变值所属的变量属于哪一个量度层次，变值本身并不是决定

性因素，还得看它如何被归类。例如"读了四年中学"这个教育程度变值，是个定比层变量。但如果分类架构把年数合并，只分"大、中、小学程度"，便会被归入定序层中的中层；如果分类架构被缩为"是否受过学校教育"，而研究目的在于分辨学校教育跟体能的关系，不考虑各所学校的差别，则"读了四年中学"便归入定类层处理。

　　一个变量该有多少个变值呢？初步看来，似乎变值越多越准确。可是，在变值数量多而量度层次要求不高的情况下，数值花多眼乱，就不如合并为较少的类别来处理更简洁有效。例如十二年学校教育以下的，通称中学毕业以下，硕士或更高的并入大学以上程度。

　　差别层次是否越高越好呢？也不能一概而论。层次高的虽然较详细，但若非所需，那便只是琐碎和浪费，犹如拿称药的天平去称喂猪的口粮。差别归类的目的离不开需要，量度的需要若是为了裁衣，当然要分寸不差；若是为了形容少年憧憬中的异性对象，"高的"或"略矮"亦无妨。

　　变值差别的归类并非一定下来就不变了，除了研究的需要，有时还须根据事象的实际分布而重新分类。例如某机构收集员工教育资料，原定分为从未进校、小学、中学、大学、硕士及以上五类，收集到资料后，发现只有很少是硕士及以上的，而中学程度的则占极大比例，前者不妨并入大学程度，后者可以再分作初中和高中。变值的重新分类，在社会研究、管理和政策的制订上，都是常见的措施：收入多少才算低收入家庭？多大年纪才算老龄？一年迟到多少次才算士气低落？变值差别的重新分类可以在同层次上进行，例如把中学程度再分为初中和高中，都属定序层。重新分类有时也可以是层次的更动，例如为了把学历和薪酬挂钩，中学毕业可改为 12 年教育，大学毕业改为 16 年教育，这样一来，教育程度这个变量，便由定序变成定比了。

　　合并类别和细分类别，会受预期的应用需要和统计分析决定。如果研究是为了向所有中学未毕业的人士提供职业辅导，或是统计分析只打算将教育程度作为定类变量来分析（第 18 章），则未必需要分辨 0 至 12 年的区别。

7.4　概念的操作化

变值的归类，大体上可以在我们心目中进行，有没有实物参照，还在未知之列。某甲可以把漫天神佛分类，依靠传说或想象力，比较他们之间谁的法力较大，神灵若不合作现身显灵，这次分类便无法验证。某乙可以依个人喜好来把花种分类，玫瑰花优于牡丹花、郁金香优于水仙花，再后面是兰花和菊花，秩序井然，却不是科学。

要证明我们心目中的事象的确存在，主观的量度必须能用外部公认的工具检验出来。要从事这层工作，必须先把概念（或从概念中抽取的具有代表性的事象）转化为变量，谱出适当的量度，然后选择或创制准确的外在工具，进行引证。这个过程叫作"操作化"（operationalization）。就像自然科学一样，发展出新的理论或概念后，还须到实验室或者真实世界中去检视。从事这个过程的第一步工序，是构造"操作化定义"（operational definition）。

操作化定义的作用，简单地说，在于带引我们在"概念定义"（conceptual definition，就是上述所沿每一线索所下的抽象定义）范围内确定观察什么事象，怎样以公认方法量度出来。操作化定义与概念定义不同之处，在于前者展示的范围可以小些，但必须保证能够检验。就像一组现象可以沿不同线索订出不同的概念定义一样，每一个概念定义也可以沿着不同观察范围或方法来发展出不同的操作化定义。举例说"正规学校教育程度"这个概念性定义的操作化定义，可以是"员工自己填报的最高程度"，可以是"书面证明的最高程度"，也可以是"本机构专门测试的结果"。

7.5　操作化指标

操作化定义中的一个重要元素，也是操作化的第二个步骤，就是辨认一个最能代表概念性定义且又可以用外界同意的方法来显示的事象——指标。指标的选择是通向科学的重要环节，不当的指标可能令人被误导，或有"虽中而不致焉"的感觉。有些指标是随手可得、立竿见影的；另一些则须经过小心处理才能生效；还有一些情况，是无论如何努力，似乎总是没法找到大家都很满意的指标。以下让我把它们分类概要地介绍一下。

7.5.1　单项直接指标

有些变量本身便是现成、充分而又直接的指标，例如"身高"，测量方式和工具是公认的，只须在操作化定义中说明用目测、尺量、身高仪量，或者根本不量，接受档案上所登记的便算了。若采用间接资料，当然需要了解这些资料是怎样弄出来的。有些身高，量度时要求脱鞋挺胸直膝；有些则随眼望望、顺手填填，例如清代邮驿员的"身份证"，可以仅仅是"面黄无须"那么简单，完全不提身高（除非是特高或奇矮）。如果操作化定义要靠这样的资料来估计当时邮驿员的体格，结论可想而知，不但粗糙还可能出错。因此，在界定操作化定义时，纵使遇上好像有现成的指标时，也不宜见猎心喜，草率从事。

7.5.2　单项间接指标

社会科学中颇多变量因直接观察不到，必须依靠间接的指标，例如智力通过 IQ 测试、储蓄意愿通过银行存款额、收入通过报税表、某工业的先进程度通过机器人使用量、售货表现通过营业额，等等。严格来说，这些指标并不能直接地，也不能充分地显示整个概念性定义的内涵，但除非动员庞大的资源，舍此别无更可靠、更接近的方法来显示。对于这类的指标，要特别留意操作化定义和概念性定义间的差距，以及可能导致失准的原因，例如某企业经理若因私德下台，不一定反映其经营策略无效。认识到这类指标的缺陷后，研究者除了自己分析时小心，还须在论文或报告中介绍方法论时提醒读者。

7.5.3　累加指标

有些概念同时涉及几个事象，抽取任何一个单项都不能代表整体。一般的做法，是把各项变值累加成为一个总值。例如：学业总成绩是中、英、数、理、化、音乐、美术、体育的总和，国民总收入是农、工和服务业产值之和。有时在累加前，还会给某些变值乘以不同比值。例如田径运动会团体总冠军的计算法，首先列出各单位运动员在各项目中取得的名次，再把每个名次乘以一定的比值，如第一名乘以九分，第二名乘以七分……最后累加得出总分。

应用这类指标时遇上的问题是：如果概念涉及的事象或层面很广，量度时能否全部囊括？若不能，如何取舍？事象或层面间的比重如何决定：语文跟音乐的重要性是一样的吗？事象或层面间有没有重复：农产品加工到底该划入农业还是轻工业？是否两边都被算入了？是否不同地区入了不同的类别？不同层面间变值的方向一致性：合适的工作间不能太冷，也不宜过湿，可是在冬天，为了节省能源，在工作间保持一定的湿度却能使人在较低的温度下感到舒服，在这种情况下，温度和湿度便不能进行简单的累加。

现代人越来越长寿，子女数目少了，分居情况普遍，家庭越来越难以胜任长期照顾体弱老人，而送医院照顾费用高昂，家庭经济和政府保障都无法持久，到户照顾渐成可行之法。如何估计某地老人到户照顾的需求？老年体弱不是疾病，老人的体能不受个别疾病决定，往往是多种慢性病全体作用的结果，医疗界资料无法直接引用，社区服务和护理界便摸索出一套估计体弱程度的量度标度，从多种日常生活能力指标中挑出几项来反映，例如穿衣、洗澡、进食、起身、买菜、结算、轻重家务等，看看老人家是否"自己毫无困难地做""有困难但不须别人帮忙做""必须别人帮忙""完全不能自己做"等。挑出几个指标后，根据不同能力的程度给分，以总分数多少来决定需否派人到户照顾，以及每周需要多少小时？

这些指标的选择，应该经过系统化的测试：实地观察，以及和老人、家人、社工、护士、医生等人士深谈以后，初选出一批指标，进行相当规模的抽样调查，利用统计方法找出每个指标对"日常生活能力综合指标"的个别作用，以及跟其他指标在一起的相对作用（有些指标会跟另一些指标产生相消或相促的作用），选择综合解释能力最强的几个指标制成"日常生活能力综合指标"，可作为定量求知抽查问卷中的问题，也可作为社康护士、到户照顾个案经理或社会工作者的共同测量工具。搜集资料后，为每一名老人整理出累加积分，以判断其到户照顾的需要。

7.5.4　自评指标

有些复杂的事象难以分拆为个别层面，分拆后有些单项可能更难量度，或区别量度后并无妥善方法再并回原状（例如对各层面间比重起争议），与其弄巧反拙，不如索性请当事人自己来评估，例如"自评的健康状况"[1]"对某制度的信心""对某服务的满意程度""对某节目的喜欢程度""投票给某候选人的意愿""对本单位士气或团结程度的估计"，等等。与其凭空猜测某种新货物能否被接受，不如选个地点展览，看看有多少游人视若无睹、驻足观察、询问或立刻

---

[1]　这在现代医学依然是个很受重视的指标。

购买。与其根据个人意向擅断民意，不如问问大家对性教育、外货进口加税、父亲分娩假期、让患上艾滋病的孩子跟自己孩子同校等有争议决策的态度。这类指标，基本上的作用是把多种感情、价值判断共冶一炉，压缩进同一层面去比较，其变值间的差距只能带有相对意义，并无划一差距，更谈不上绝对零点。以下是比较常见的变值归类形式：

有进步、没改变、退步；

绝对信任、相当信任、不大信任、完全不相信；

很满意、还算满意、没意见、不满意、很不满意；

一定投某人票、可能投某人票、未决、可能不投某人票、一定不投某人票；

我觉得士气是高的、我觉得士气是低的，等等。

这里举的例子多是两类至五类差别，这并不是说不可以分为更多的类别，但当然那是要基于自评者内心差别可以达到那么细致的程度。

自评指标无法回避的诘难是，自评者的主观认知和客观事象之间存在的鸿沟。讳疾忌医者会否认自己的健康有问题，目的可以是欺人，也可能是自欺。具有同样特征的人士，对个别问题可能作出相当一致的掩饰或夸耀。例如军警倾向于强调暴力的作用；年轻男士较可能夸多性行为的次数。还有，自评者对变值间的差别的想法是不一致的。两个人都看一部电影，一向言行拘谨的某甲的评语是"喜欢"，一贯快言快语的某乙说"很喜欢"，这两个评语代表的分量是一致的吗？可能这部电影在甲心目中是无与伦比的，而在乙心目中，其实还有好几部与之不相伯仲。

自评指标问题虽多，运用得当时却能事半功倍。有些情况，自评比其他观察方法更可靠。例如长途运输驾驶员工作途中有没有精神松懈或打瞌睡，靠事故次数来估计必然低估，即使有能力派人员沿途观察，有随行者存在，跟驾驶员长途孤独驾车的环境根本不一样。对于这类情况，在不记名条件下请驾驶员自报，是个有效的操作方法。

7.5.5　复合投射指标

随着科学研究的普及，以往不求或不能显示的概念、复杂且难以直接观察的事象，或是当事者不愿、不能自评或自评不足信的时候，资深的研究者会尝试构造复合投射指标。经过反复测试以后，研究者抽取一组能够反映事象本质（即概念性定义）的、可以直接观察的、能够放入同一层面的、可以适当分辨差别的事项，依据研究对象在这组事项中的表现来反映其变值。举例说，怎样去辨别不同民族间的感情呢？即使那些有较强烈好恶的人士，大概也没想过自己的好恶程度。一个测量的办法是向他们展示一组疏密不同的关系，请他们选出自己愿意跟某民族成员发生的最接近那一种关系：婚姻、朋友、邻居、同一社会成员。愿作朋友时，当然可以接受对方成为同一社会的成员，但未必愿意通婚；如果连邻居也不愿做，婚姻就更别提了。

老年智力衰退症患者，在不同阶段需要不同照顾。可是，患者虽然会在不同阶段有不同症状：短期记忆消失、记不起姓名地址、不能计算、大小便失禁、拒绝承认自己做不来、无目的游走等，但并非所有患者都呈现这些症状，目前亦没有确定的生物医学指标可以准确地区别所有病人的衰退阶段，有些研究者便从上述可以在日常生活中观察到的症状中梳筛，找出最具分辨能力的症状群来界定衰退阶段。与其笼统地判断幼童的发展速度，不如把他们的某些举动按阶段分类对照；与其含混地忧虑经济衰退，不如从就业率、存款额、外债、国民生产总值等方面的表现来量度衰退的程度。

复合投射指标的构造程序比较繁复，有些程序罗列数十个看来可以反映概念的单项，请数十名专家或数百名经抽样选出的代表作评判，把这些事项视作该概念的变值归类，依高低排列或乘以不同比重（如果是定类性变量就不乘），用种种方法选出最有代表性的事项[1]。初步选出的事项，经过反复测试后才能去芜存菁。这类构造指标的过程，本身便可以是一个独立的研究，在时间和资源上的负担颇重，不是一般应用研究者能轻易从事的。本书在这方面的介绍，到此为止，目的只在帮助大家读到这类型的量度时明白它的作用和局限，借用时知所取舍。

复合投射指标最大的问题，是反映出的现象未能准确对应概念定义。指标制订者同时是研究对象时，难免出现偏差。原本打算量度独立思考倾向的指标，若只看课堂上的状况，那些比较害羞的、听父母教导不愿突出自己的孩子，便会被归类为"欠缺独立思考倾向"了。实则这指标更多量度到的是孩子的性格或父母的作风。传统中国社会的孩子，知晓梁山伯和祝英台，却未必听说过罗密欧与朱丽叶，照搬西方智力测验而不换掉带有文化背景的题项，量度到的只是对外国文化的接触程度，不能作为中国孩子智力低下的证据。原本打算量度智力衰退的指标，若只从对象当时的反应来分析，可能把一些不愿而非不能反应的老人当作智力衰退者，后果是一些精神抑郁者被送进了专门照顾智力衰退的疗养院。由于这种指标比较间接，即使量度对路，依然较难确定是否有虽正而不至、过犹不及的情况。在思考能力尚未完全长成的孩子间施行独立思考能力的测量，自然是揠苗助长；向早期智力衰退者展陈智力衰退晚期的测试，当事者可能视为侮辱；对新产品测试的指标若以游人视若无睹为最差反应，便不能理解用过产品后产生强烈反感者的情绪。

由于社会事象的复杂性和难分解性，许多指标和数学模型的种种先验假设难达共识。不同假设的模型采用不同元素、定义和衡量方法，后果可以很不同（例如在不同的"幸福指标"下，可以得出朝

---

[1]　例如，删去重复的；或各事项依序每隔一个抽出，分成两组，互相比较；或用多元统计方法选取最有代表性、较少重复又有较大可能在同一层面上的事项组合。

鲜、不丹或丹麦人民最幸福的结论）。这些新发展的具体内容虽然不在本书范围之内，它们的基本精神、操作步骤和局限，却离不开本书介绍的科学基础。

7.6　评价量度的标准

怎样来评价量度呢？从科学验证的要求出发，量度必须同时兼顾主观归类和外在工具能配合，以下是几个内外兼顾的标准。

7.6.1　清晰性（clarity）

量度的层面和单位要清楚，选择哪一个层面来反映概念定义是第一步，界定这层面内的量度单位是第二步。例如"酗酒"这个概念，可以选择"过度喝酒"这个层面来反映，用单位时间内喝酒量来量度，然后根据有关文献订下"过度"标准：一晚饮五杯/次以上，一星期喝十四杯……但是，何谓一次/一晚？酒精含量有别，一杯啤酒跟一杯白酒不同，一杯中国白酒跟一杯西方白酒的酒精含量大有不同，"一杯"是指容量相同还是酒精含量相同？还有，通常体重一百公斤的壮汉比五十多公斤的少女较难喝醉。量度复杂的概念很多，如生活质量、快乐程度、学习的用功程度、种族偏见、自尊感、效率、暴力倾向等，都可以选取不同的量度层面和量度单位。

7.6.2　完整性（exhausitveness）

无论主观的变值归类，还是外在的量度工具，都应该能够处理所有变值。如果有批货物中有重逾二百千克的，而秤的最高值仅二百千克，或货物登记表格最重一栏仅二百千克，"逾重"的货物便不能用准确的变值表达出来，这次量度就不算完整。如果没有那么大的秤，又不能把货物拆开或找到别的方法，只能叹一句巧妇难为无米之炊。可是，也有很多情况，完整性是由于大意才遭损害。一个常见的例子是年纪的分组，若仅分作"二十岁以上"和"二十岁以下"两组，刚好二十岁的便被遗漏了。

7.6.3 决断性（exclusiveness）

对于任何一个事项，依据内外尺度，都只能归入一个变值，不容含混。比如，月收入某个值算低收入的家庭，那么比这个值多了一元，还算不算低收入？对于这类问题，研究者宜早作考虑，分析时亦应留意。很多社会事象都不那么黑白分明，量度工具便须更精细。有些错误，是初学者小心一些就可以避免的。还是用年纪分组这个"简单"的变量作例子，如果分类中出现了"15 至 20 岁"和"20 至25 岁"这些变值，那 20 岁的人士到底该列入哪一类？

7.6.4 适度性（appropriateness）

量度的精细度必须与事象的特质和需要的程度相吻合。在研究早期智力衰退时，不能用量度晚期的指标；希望决定在晚间某一钟点找出最适合某类观众的广告时间，不能笼统地问晚间是否比午间好。这些话说起来容易，干起来则不易警觉到。乍一看没问题，分析时才发觉不足的情况，即使是有研究经验的人士也常遇到。例如研究某类老人智力衰退的广泛程度，若问卷上把 60 岁以上的每十年分作一组，分析时才看到一份重要的研究报告，说外国一般 65 岁以上的发病率是 5%、85 岁以上的是 20%，此时若所集到的资料不能重新归类，做分析比较便欠恰当。

7.6.5 可靠性（reliability）

对同样的事象，用同样方法，再次量度时能否得出同样结果。如有一套探测员工满意程度的指标，第一日量度的结果是四成员工满意、两成不满意，次日量度结果是三成五满意、三成不满意。如果这两天间并无要事发生，那么对于这套指标，我们就不满意，因为它的可靠性不高。固然，情绪会随时间而变，反应会因事象而改，可是，恰好是这种认识，提醒了研究者应该对时空特别敏感，如果其他考虑相差不远，比较稳定的事项便应优先选入指标之内。无疑，少许参差振动，即使在自然科学的量度中亦难完全避免，重复量度间的差异要多大才算不可靠，很难一概而论。可是，纵使我们不苛于求同，每次遇上不同的量度结果时，还是不可掉以轻心。

7.6.6　有效性（validity）

这是量度最基本的，有时亦是最难确定的一关。一套量度方法可以看起来足够完整、决断、适度和可靠，却不一定"有效地"量度到原先想量度的特质。比如说各地人士对某新货品踊跃购买，若以此作为"新货品受欢迎"的充分指标，立即决定大量生产，便可能导致生产过剩。踊跃购买可能主要反映了定价、包装或新鲜感，受欢迎程度可能亦包括使用方便和耐用程度。同样情况还可能是以体重来量度智力——很多量度结果都显示 60 公斤及以上的人士比 60 公斤以下的聪明。但问题是 60 公斤及以上的大都是成年人，当然比 60 公斤以下者为优，这个体重分界线反映的不只是体重，而是年龄、文化和教育居多。

怎样避免量度出的是似是而非的目标呢？最基本的工作是考察从概念到量度结果之间的每一段转化过程，从概念的界定、转化为变量，到操作化定义中指标的选择和量度工具的运用。还要考察每一阶段跟原来概念间的差距，至少要审视它们在字面意思上的异同。这个过程中研究者不但要仔细地咬文嚼字，还须穷尽研究对象对用字和语气可能产生的误解或不同的理解方式。评判员和其他专家当然可以帮助研究者排除主观倾向，但是这种相对客观的策略亦不能解决所有问题。上面提及的其他指标技术和统计方法，可以说是从客观事象方面来引证的努力方向，采取这些策略时，须特别留意引证时的样本跟实际量度时的样本是否具备相同的特性。还有一类方法，是拿自己量度的结果跟别人的比较。找不到相同的概念量度作直接比较时，间接的推论亦可。在社会科学研究尚稚的阶段，也许不容易找到接近的比较对象，到了蔚然成风的时候，量度的有效性便会多一层佐证了。

7.7 结 语

概念的量度，可以是一次研究的结束，也可以是一次研究的开端。当我们对杂乱的事象感到无所适从时，可以从事象间找出通性，逐步界定。形成概念后，再回到事象间去检验，概念的存在得到客观量度证实后，这次研究才可以告终。当我们对一些事象产生了相当认识，可以凭借概念去进一步了解这些事象跟别的事象之间的关系时，也可以是另一项研究的开端。在认识个别事象或在解释事象间关系时，除了要问概念是否存在，还得留意把纠缠在一起的事象分离出去，以免在量度时被误导，或在推测关系时拖泥带水。因此，研究开始时的一个重要步骤，就是设计整盘策略，要根据需要、事象的性质、时间和可动用的资源，来选择研究的对象和量度的方法。这套策略的设计，便是下一章的内容。

第 8 章

研究假设和研究设计

8.1 转题目为假设

谦虚地、开放地、民主地去认识事物，这种态度虽然有助于防止闭塞和擅断，却并不能担保不会人云亦云、错上加错。科学地看待事物，还在于要超越单一的理解方式，扎根于验证。言之成理而证据不足的，即使是自己在利害或意趣上乐于接受的见解或估计，也要存疑；持之有据的见解，纵然不合己意，也必须正视。因此，科学研究的第一步，就是把研究题目（或者是待解决的问题、决策或估计）分解为可以检证的概念，把偏好、情绪和期望等因素隔离，以便证明这些概念或其间的关系是否存在。

研究题目可能只涉及一个或多个独立的概念，例如：某个行业是否已经达到现代化的阶段；移民是否以年轻男子居多。也可能涉及两个或以上概念间的关系，例如：学生旷课是否因兼职而致；某种货品的销路是受定价、包装还是广告的影响最大。在一定的时间和资源条件下，每一个可以接受检验的概念或概念间的关系，可以成为一项"待验假设"（hypothesis）。有些题目可以转化为一项而且只有一项待验假设，有些则可以分解为多项或多种可以互相代替的待验假设，遇上题目广泛而时间或资源不足的情况，往往只能选择最重要的或最具代表性的假设来检验。

每一项待验假设内的概念都要转化为变量。根据变量数目和变值的量度层次，待验假设可以分为一元定性假设、一元定量假设和多元定量假设三类。至于"多元定性"的命题，我认为不宜视作待验假设，稍后才作解释。每一类假设，虽然都有比较常用的方式来搜集资料，却也可以相互通用。

倘若研究的对象就是我们打算判断的范围，这次研究可以称为"描述性研究"（descriptive study），如果这批对象只是最终群体的代表，而这些对象是经过慎重考虑后作为样本被选择出来，便可称为"推论性研究"（inferential study）。

8.2 一元定量假设

一元定量假设是最清楚直接的待验假设。研究题目可以直接以清楚的概念来代表，也可以完整地转化为定比或定距变量。例如：某医院门诊部去年的诊症数目已经超过预算数目；某工业的生产操作中依赖电子仪器的已经超过依赖电动仪器的；晚上八时至九时每周平均收视率已逾六成。我们只消事先界定这些概念或特质，然后检查它是否存在于一定时空范围之内，如果数据显示达不到预计的数量，假设便遭推翻。

一元定量假设比较容易检验，因为不用花多少时间在操作化定义上琢磨，而且数据搜集一般也比较容易，有些原始数据甚至已经存在，只待你去整理，例如各种纪录（第 12 章）；有些数据很容易搜集，或者已经有人在搜集，就等着阁下去制订或修改表格（第 13 章）。如果没有现成的数据或不能利用现成的资源，尤其是遇上比较复杂的概念时，便须另行设法，如制订问卷（第 11 章）去搜集。

8.3 一元定性假设

一元定性假设可分两类。一类是待验变量属于定类或定序层次，定义已经很清楚。跟一元定量假设比较，除了搜集资料的方法上有区别，检验的策略和后果都同样利落清楚。例如我们希望估计某行业是否已经开始用电子控制生产阶段，只消看看有没有采用电子仪器来控制操作。另一类一元定性假设，开始研究时概念的定义还在探索阶段，严格来说算不上待验假设。可是，由于研究过程基本上遵循验证精神，我认为可以放在这里一并介绍。

在探索性研究（exploratory research）中，我们希望检验某一特质是否存在于某一范围内，可是，对于这种特质本身，我们尚未有确切而满意的定义，因而须在较多事象性质之间搜索。这往往便需要多花些时间，在较小范围或样本之内进行。特别是在初步探索期间，研究者通常不会期望对它的量度能够达到定序以上的层次，尤其是那些复杂的、抽象层次较高的概念。这种研究，可说是广义式的假设检验。例如某零售店是否兼代了批发功能？我们须先弄清楚要用什么标准来定性：顾客性质（直接还是间接使用）、每次售量和售价，两者综合一起，或者其他更适合的标准。又如某单位看来士气低落，是真的吗？是根据什么标准说它低？必须指出的是：这些待验变量虽然属于定性层次，用来鉴定这特质是否存在的条件之中，却可以包括定距或定比层次的标准。例如：校外考试及格率八成以上是评为优秀中学的必要条件；父或母在家时间每周少于一百小时的学生，可能成为需要特别照顾的学生；迟到率低于百分之五的才算是"管理有成效的单位"，等等。从这个角度来看，定量假设可以看作定性假设的部分指标。

探索性定性假设也可以看作定量假设的准备，在发展出严谨的一元定量假设之前那段过程，因为是依循共同的检证准则，广义地看，也可看作是一波一波的检验过程。很多时候，对于某种特质，我们希望能发展出更精密的量度。可是，开始时我们只有模糊的认识，只能依赖一个或一连串过渡性定义，发展出一连串越来越严谨的假设，然后一面检验，一面摸索，一面再界定。例如我们想判断丙校的表现，初时只有"是否已达优秀中学水平"这类粗糙的命题，而"优秀中学水平"的定义中未必会包括"校外考试及格率"这个想法，遑论"及格率达八成"这么精细的标准了。通过多方面的探索，我们发现有不少特性可以作为表现的指标，例如体育成绩、毕业生出路、参与社会服务次数和校外考试成绩等。也有不少指标，是大家没有共识的，例如学生穿着是否入时、是否人人都有手机。

对于每个特性，我们都可拿丙校的表现跟别的学校比较。比如说，一般人公认优良的学校，校外考试及格率皆达八成，毕业生中有很多都可以进入大学，而丙校亦然，于是我们才可以说，根据这些标准，我们鉴定丙校是一所优良的中学。到了这个阶段，可以说已经完成了对丙校性质评估这个一元定性假设的检验。如果再进一步，我们发现校外考试成绩高的其他方面表现都好，我们甚至可以就以校外考试作为优良中学的充分指标。如果真是这样，"优良中学"便可以通过一元定性假设来检验。而以上这个"寻找"定量指标的定性假设检验过程，可看成准备阶段。要留意的是这个推论过程，是先找到标准才拿去检验丙校，而不是在丙校各项表现中找出可算优良的，然后拿来订为检验标准。

有人认为，这种一面探索一面界定的过程不能算是假设的验证。持这种意见者对验证假设坚持的是一个严格的准则，要求必先有明确定义才验证，这确实是科学验证的不二法门，只不过这扇门，其实是研究进行到较为后期时才面对的。在前期，在未清楚概念性质时，若勉强界定或匆忙攫取指标，不免沦为重形式而轻精神。真正严格的科学精神，要求在没有把握前只能逐步探索。这其中的每一步都蕴含着对一种方向的肯定或否定，因此可以视为广义的假设检验。好比我们找路，如果对环境已有相当认识，我们可以事先决定，如果走了三里后依然看不到某些线索，我们便否定这条路，这种情境下测试的标准是很清楚的。可是，如果我们对前面环境毫无认识，不能想象三五里外可以发现什么指引，却又不愿意毫无头绪地游荡，便须凭自己对其他环境的认识暂订一些标准（例如一里或七里）。这种情况下的标准自然比较弹性，走七里可能会多走冤枉路，好处却是每一步都踏实而且知道当时的方向，不致瞎闯。当然，如果可能，还是尽早找到明确且大家满意的概念，才开始验证假设。

性质有待检验的特质，可以存在于小群体内（街尾那群孩子是否已经变成"不良"少年），也可以存在于庞杂的文化体系内（中国文化是否有"重理轻智"的传统）。检验得到的结论可以是对个别事象的描述（丙校不算优良中学），也可以推论到更大的范围（甲区学校未达优秀水平）。由于对象性质不同，搜集资料的方法亦可能大有不同。一般社会研究方法教材倾向于强调参与观察法，或人类学式的田野调查法来检验一元定性假设。这种方法当然不是论据的唯一来源，很多事象不是研究者可以亲身观察的。例如，某地地震虽有一定的周期，却无法准确预测日期；某彗星下一次重现已经有了准确的预测日期，却是当代天文学家有生之年都看不到的，历史文献对这类假设会有较大的贡献。

8.4　多元定量假设

一元假设只能带来孤单独立的描述或推论，即使罗列出多个维度的数据，最多只能提供多些参考推断，不能直接判断出事象间的关系。然而很多时候，我们对关系的兴趣还超过对个别事象的特性。例如某工厂对于产品原料的成本、门市成本、广告成本、维修服务、行政成本、产品销量和价格、利润等项目的总数，都做了精确的记录。对于分红和缴税，这样的记录大抵足够了。可是，如果出现了竞争，怎样才能继续提升销量呢？降低货价？增加服务？降低利润或薪酬？降低某类成本？还是几种方法同时进行？要知道哪种措施最有效，最好能够找出变量间关系，看看如果改变某一变量，其他的相应变动有多大？我们可能发现该产品销量随广告费用起跌的关系，不及它跟门市部平均薪酬的关系来得密切，而广告费最多的时节，低薪的门市部销量竟然下跌。若能得到这类型的数据，可以启发出很不同的竞争对策。

这些反映变量之间关系的数据，必须能够沿着有关的变量去分析。比如说想了解不同门市部的销售量时，搜集到的数据必须容许我们辨认出各个门市部，而非各大分销区（每区有两个以上的门市部）或各个售货员（售货员来自哪个门市部却不详）的销量。如果研究目的在于找出不同"年级"学生看电视的时间，则以"学校"为单位搜集到的数据（每校平均数）便完全起不了作用。除非这些数据能够拆散回"班级平均值"，否则不能用来检证年级跟看电视时间之间的关系。当然这并不是说这份数据不能用于其他多元假设的验证，如果有兴趣知道"不同类型学校"或"不同地区学校"跟学生看电视时间的关系，仍是可以做的，但是低于学校层次的便不可以了。

这种搜集数据和分析数据时层次的不对称，是初做多元分析的资料搜集时最易大意而铸成大错的。多元定量假设的资料，可以通过多种途径搜集，如果已有档案或文献适用，最好不过，简单表格亦成。当然，采用现成数据时，要特别留意其定义和代表性。充分而又适当的数据，通常是可遇而不可求的。何况还有以下一层顾虑：即使遇到的数据能够充分而又适当地反映待验变量之间的关系，也难保这些关系不受别的因素干扰。例如拿到某地居民"是否有医疗保健"及"看西医次数"的数据后，我们仍不能很有信心地对这两者的关系盖棺定论，除非我们也能找到另一些可能有重要作用的因素的资料，例

如 "是否采用中医中药" 和 "收入" 等。社会科学中单因单果的关系远比自然科学中的少见，为了排除或控制其他因素的影响，多元定量假设的检验，更多时候是通过 "实验"（experiment）或 "抽查"（survey）进行。前者的控制比较紧密，结论比较具有决断性，但在现实社会环境中应用的机会较少（第 10 章）。后者提供了在比较自然的环境下控制干扰的可能，结论的或然意味较重（第 11 章）。两者的效果，都受到其研究对象的代表性的影响（8.6 节及第 9 章）。

8.5　多元定性命题

多元定量假设虽然会涉及复杂的关系，却可通过明确的定义，运用严谨的设计和统计方法，比较踏实地进行检验。在多元定性的命题之中，那些所有变量都有明确定义的，哪怕只属定序或定类层次，也可以运用严谨的设计和定序层以下的统计方法来处理（第 18 章）。例如对不同地区男女学生中学毕业后升学是否有所不同进行预测。至于那些所有名词都未经严谨界定，或难以操作化的命题，则还没有达到可检验阶段，无法进行科学研究，一些谚语便是如此。问题是，很多时候我们会发现有些命题的可检验性，界乎两者之间。例如某老年公寓建成多年以后[1]，公寓的环境和服务是否仍然适合这些老人居住？要检验这个命题，必须能够量度出这批老人目前的生理、心理、亲友照顾情况，以及环境和服务的性质等。为了稳打稳扎，可以先把这命题分解为多个一元或二元命题，找寻适当的指标，量力而为，以免研究和论证成了在沙滩上建城堡，得出经不起推敲和检验的结论。

---

[1]　老年公寓目前在国内尚不多见，在寿命越来越长和子女数目越来越少的社会，由于集中照顾较为方便，将来会越来越多。

8.6 抽 样

　　有些研究对象数目太大（例如全部人口、所有进口的大米等），为了节省时间、资源，降低因为重复和繁琐的工作引发的错漏机会，在严谨定义的指导下，科学研究的对象数目，往往只占整个探索或解释范围中一个微小的比例。怎样才能保证我们选择出来的样本，可以代表我们最终要探索/解释的范围呢？除非研究的对象就等于探索/解释的范围，否则样本的偏差是难免的。那么，有没有方法知道已经选取的样本偏差有多大呢？偏差大到什么程度时，我们便应否定样本的代表性呢？换个角度来理解：当我们根据一个样本去进行推论时，我们知道这些论据因为样本偏误而出错的机会有多大吗？抽样方法有多种，视乎要解释的范围大小、事象的参差程度、搜集数据的方法、愿意容忍多大的偏差、资源和时间的限制等因素而定。抽样方法有很多要求，也有不同的应用场合，在现实情况不容许采用最理想的抽样策略时，或者用不上严格抽样的情况下（例如某机构有六七个分支机构，时间上只容许对两个做仔细的定性研究），该如何选样？这些问题，我将在下一章进一步讨论。

8.7 资料搜集方法的选择

　　资料搜集的方法很多，大体上可以分为六大类（第 10 至 15 章）。有些几乎是任何研究都不能离开的（如文献研究）；有些只在条件最完备的情况下才可以采用（如实验）；有些要在研究对象不知不觉下进行（如参与观察）；有些要求研究对象或其家人直接提供答案（如抽查）；有些重点只在人事（如深度访谈）；有些则需要点算广泛的现象（如系统观察）。每种方法都有独特的用途和条件，具体采用时，视题材、场合和应用目的而定。

8.8　研究设计的整合

研究设计的作用，在于全面地考虑下列各种因素后，选取最佳的组合。

1）研究的应用目的、研究时间和资源的局限何在，哪些无可置喙，哪些还有点弹性？

2）命题分解出的概念数目：有没有其他分解方法能更有效或更精简地代表命题？

3）概念定义的明确程度：是还须探索或是可以直接检验？

4）一元还是多元：概念之间做一元还是多元的检验？

5）概念的操作化策略：如果变动一下概念化和操作化的方法，是否可以增加整个命题的可检验程度？

6）变量量度的层次：更精细的层次是否适合和可能？

7）描述还是推论？预期的适用范围有多大？如何选取样本？

8）资料搜集的方法：哪些方法最适合检验哪类假设？哪些假设的资料可以一并搜集，以节约资源或时间？

整合出最佳的组合以后，研究者便须正式提交研究提案。提案应包括精简的题目、研究的背景和理由、有关文献的梳理、具体的研究目的、定义和指标、研究设计、搜集和分析资料的方法、时间表、预算、对研究对象的影响、对现存做法的含义、对将来的建议、发布方式（包括如何帮助有关人士依据报告建议采取行动）。为了慎重，研究提案提交前，不妨请同行和有关人等先提批评意见，看看有无遗缺、重点是否偏离，问题严重时可能导致研究设计的改变。

　　研究设计在整个研究过程中，具有承先启后的作用。每一次研究都有特殊的课题要针对，也有具体的条件须照顾，如何找出最佳的策略组合，虽有标准可循，却无定律佐判，是对洞察力和组织力要求最高的环节。主要的研究决策，在这时要做最后定夺，必须跟主办者充分沟通，保证共识。因为很快便要开始资料搜集的实地操作了。

第 9 章

抽　样

9.1　平庸比冠军更难得

　　学生作文贴堂，我们挑最好的；推销员评选，我们推销量领冠同侪的；养猪比赛，我们找体型最大的……对于鼓励士气或认识"最佳的可能"来说，评选冠军无疑是有效而且可行的手段。可是若求认识全班学生、全体推销员、全区所养的猪，冠军的代表性实在有限。同级绝大多数学生是达不到这水平的，要提高全班的写作能力，贴堂作品对同学有示范作用，对老师衡量全班的写作水平则不足。根据冠军推销员的业绩来制订明年的计划，根据冠军肥猪的重量来估计猪肉供应量，偏误是明显的。对于这些应用目标来说，一般性的表现其实更重要。

　　"一般性""代表性"和"平均值"这些字眼，看起来简单，有时却得不到重视或得不到准确的估计，这两种情况也互相影响。有时因为严格意义的代表难求，人们索性以模范代替，偏差可能很严重。严格的代表之所以难以选择得到，主因之一是不知代表的范围究竟有多大，代表了什么也说不出，这又怎能说得上代表呢？

　　这与找冠军不一样，冠军的辨认通常不要求认识范围内所有个体，有时甚至不须界定范围。何况在日常生活中，人们习惯了在理解不足的情况下便做出选择，因而也就多了一丝苟且。即使在找寻最重要的东西时，人们也未必或未能在穷尽范围后才做决定。不相信吗？

只消想想我们如何寻觅理想的伴侣便知道了。不过找伴侣虽不容易，我们大多数人毕竟都找到了。

把代表性和冠军来对比，目的不在否定挑选模范的作用，而在于强调分清两者的必要。从研究的需要出发，由于时间、资源和降低错误等考虑，很多时候选择研究的对象只有两个策略：选最具代表性的或选"典型"。"典型"在这里不带代表性意义，也不带评价，"冠军"只是典型的一种，最劣的情况也可以是一种典型。选择具有代表性的样本时，要求知道代表的范围，严格地说，要求知道范围内每一单位被抽出来当样本的概率，这种抽样叫"概率／或然率抽样"（probabilistic sampling）。在无法知道样本被抽出的概率时的选择，或者选择"典型"时，称为"非概率／非或然率抽样"（non-probablistic sampling）。

抽样受许多条件限制，即使看起来最完美的抽法，也不会完全消除偏差，研究者必须尽力而为，在客观限制下选用最适合的方法，如果无法保障代表性，便须坦承这不是概率性样本，不能作推论性研究（inferential study）。非概率性样本（non-probablistic sample）只可用作直接被研究那批对象的描述性研究（descriptive study）。进行任何推论时，应该指出样本的特殊性和可能导致系统性偏差的根源。

9.2 非概率的抽样

非概率的抽样有三类，其优点皆在方便和迅速，容易制造鲜明的形象，缺憾在于不知其代表性如何，因而有误导的可能。

9.2.1 碰巧性抽样（accidental sampling）

新闻记者在街头拦着一些路人访问，这种选择形式，就称为碰巧性抽样。在一定的场合下，人们对某些事件会产生相当一致的反应。

例如某地足球队本来热门，在裁判罚球后输了比赛，记者散场时随便找个拥趸（dǔn）问问，反应大概都是大骂裁判。也许事过境迁，有人会想到热门队伍若一早多进几球，便不致为一个问题球而输掉。可是，就反映球迷当时情绪而言，这种选择方式很有效。可能出问题的反而是采访者是否有意或无意地选择或避开了某些人士，例如衣着比较光鲜的或看起来比较凶恶的。

9.2.2　定额性抽样（quota sampling）

记者留意到胜负双方会有不同意见，于是刻意每方球迷各问若干名。定额抽样者心目中肯定了有几类人士的看法必须照顾，但是，在每一类中的选择，仍然采用碰巧性抽样。类别的选择并无必循的准则，可以依据人数比例，也可以依照应用上或理论上的需要而定。优点在于保证了明显类别的发言机会。缺点是不甚明显的类别易受到忽视，例如对参赛两队都不拥护的球迷。还有些虽然也明显但未用作分类的类别存在，例如坐在看台东边跟西边的观众，虽然各有所拥，角度却不同。甲记者若只守在东边看台的出口做碰巧抽样，可能会反映出跟守在西边看台的乙记者很不同的印象。

9.2.3　刻意性抽样（purposive sampling）

有些对象本身具有特殊意义，不论代表性如何，研究者感到值得探究，例如坐在最接近问题球那角落的观众、广告攻势最高潮时营业额下降的连锁分店、不愿申请救济的老人、学业和课外活动皆好的学校等，都可以刻意选取。另一些是虽然无从知道代表的范围，事象本身却很有意思：有多少人守在收音机或电视旁为比赛中的问题球而动气？某地有多少名黑社会会员？有多少不抽烟仍患上肺癌的市民？有多少次发生了但地方志上没有记载的地震？还有一些情况是，没有其他选择，刻意要找的某种典型只有这样本可用。例如时地不全的地方志、愿意透露一点消息的官方人士、研究时适逢其会撞上的突发事件等，不是研究者原定计划中的对象，却符合当时的研究兴趣。刻意性抽样的作用，在于很快地把注意力集中到在应用或理论上具有典型意义的样本去，样本的代表性则不在优先考虑之列。

9.3 概率抽样

概率抽样是一套帮助我们进行准确推论的方法。推论的范围称为"总体"（population），例如全市本年度所有中学生；每一次推论的对象是总体中一个变量，唤作"总体特征"（parameter），例如数学不合格的百分率；推论的根据是"样本"（sample）中相对的那个"样本特征"（statistic）[1]。样本是经过概率抽样筛选出来的、接受直接研究的范围。我们通过直接研究范围内学生数学不及格的比率（样本中的特征），来推论全市本年度中学生数学不及格的比率（总体中的特征）。利用以下介绍的抽样方法和第 19 章介绍的统计推论方法，我们可以明确地估计：在一定的可靠程度上（例如每 100 次估计中只会出错 5 次），全市中学生今年数学不合格的比率跟样本中不合格的比率相若，上下浮动不会超过某个百分点。要能达到这种准确程度的推论，抽样时必须保障总体中任何一个个体都有被抽中的同等机会（也有情况是每一个个体被选入样本的机会不一定要求相等，例如某个分类成员数目太少，需要增加样本名额以认识这个分类，但在分析整体样本时，则须保持原来比率），但一定须事先知道每类成员的入选机会。在这一节，让我先介绍几种概率抽样的方法，下一节再重点解答一个常常出现的问题：样本要多大才适当？

---

[1]　英文"statistics（统计学）"一词便来自"statistic（样本特征）"这个词。

9.3.1　简单随机抽样法（simple random sampling）

　　这是最基本的概率抽样法。总体内任何个体，无论属于什么类型或具有什么特征，都一视同仁地给予相等的机会进入样本。这个方法要求有一份完整而不重复的"抽样框"（sampling frame，或称"总体名单"），把总体内所有个体都列入榜内，每个个体只能列名一次。抽样框的界定必须仔细而且结合实际，含糊、重复、不全，都会造成系统性的偏差。"本年度"是指"学年"还是"历年"？若是后者，是否应包括九月后的新生或七月后离校的毕业生？留级者的名字是否剔除了？转校生列入了名单没有？学生名单大概是最易整理成为抽样框的了，其他的机构或行业很多时候未必有现成的名单。商店只会有订户名单，不可能有门市顾客的；活动中心举办多种活动，有些有固定参与者，但是不知有多少人同时参加几项活动；诊所保留了多年来的病人名单，其中很多近几年没再光顾，不来的原因可能是没病、死了、没钱、行动/交通不便或者不满意服务。你想研究过去两年内连续领受救济的家庭，有些救济类别可能因经费不足而停办，对应的那些家庭即使名单尚在，也不容易决定是否应当列入抽样框内；要找某区住户完整的名单，电话簿内的不全、人口调查局说法律规定名单不能披露……

　　以上每一种情况，都代表一类建造抽样框时遇到的实际问题。有经验的抽样者预估到问题的性质，有时必须在技术上或资源方面协助执行者整理名单，有时则必须复核名单的准确性。如果发现问题太大无法解决，此时应及早转换抽样方法，甚至调整概念或操作化方法，以免蹉跎时日，或引起误会。

　　有了完整而无重复的抽样框，决定了样本的大小后，下一步工作是从总体中公平地、不带系统偏差地抽出样本。最易明白的方法是抽签，你可把抽样框上每一个名字分别写进一片（且只有一片）外貌相同的签纸上，搅和均匀后抽出。这步工作执行起来虽然很简单，如果粗心大意却会损害公平机会，比如工作人员可能有意无意地遗漏了整页或整所学校的名字。另一个常用的方法是按照顺序派给每一个名字一个数目，然后根据随机数表（random number table，几乎每一本统计学课本的附录中都可找到，本书附录亦有）挑选。这份表上的数字经过数学家小心安排，避免了任何规律。查对随机数表抽取样本的步骤如下：

1）在界定总体的基础上，编制抽样框，其中包括给总体每个成员编上号码。

2）按照总体规模的位数，在随机数表中查对相同的位数。例如总体有5000人，就是4位数，我们便在随机数表中从任意4位数开始查对。

3）在随机数表中由上到下抽样或从左到右，只要小于或等于总体规模数的数值就是样本号码，直到抽满规定的样本数为止。

4）把抽取出来的样本号码与抽样框中的名单相对照，与样本号码对应的单位名或个人姓名就是样本。

如果我们在一个5000人的总体中抽取200人作为样本，在编制好抽样框后，就可以在随机数表中直接抽样。表9-1是随机数表的节选，可以按任意方向在表中取4位数，若从左到右取前4位数，被抽取的样本号码是：1009、3754、0842、1280、3106（参见表9-1）；如果取后面4位数，被抽取的样本号码是：0973、4226、0190、0657、0601、2697、4264；也可以从第二个数字开始取4位数，被抽取的样本号码是：0097、2807、1060、3573。需要注意的是，在一次抽样中，只能选择一种标准确定位数，不能一会儿取前面的4位数，一会儿取后面的4位数，一会儿取中间的4位数。

简单随机抽样法实用且最具有说服力，不过样本大时用这个方法颇为费时，因为弄出完善的抽样框可能要花很多时间和资源，弄不出完善的抽样框时就要全盘放弃简单随机抽样法。因此采用之前须小心

表 9-1　随机数表抽样节选

随机数表中号码	选用号码	不选用的原因
100973	1009	
375420	3754	
084226	0842	
990190		前 4 位数≥5000
128079	1280	
660657		前 4 位数≥5000
310601	3106	
852697		前 4 位数≥5000
635733		前 4 位数≥5000
084264		与第三个号码重复

估计其可行性。另外，当样本小而特征较多时，一些重要的因素不能兼顾，解决方法可以考虑分层抽样（9.3.3 节）或配比方法（10章）。

9.3.2　系统抽样法（systematic sampling）

就算是简单随机抽样法，也需要一个完善的抽样框并事先决定抽出多少个数目。遇上大样本时，为了避免逐个来抽的麻烦，先计出总体和样本的比率 x，用随机法抽出第一个小于 x 的数目后，在抽样框上圈出这个数目，再依顺序逢 x 抽一。

这种抽样法比较方便，但有时也会出现一些意外的系统性偏差。例如抽阅报纸，如果 x 刚巧是七，你可能只看到星期天的报道。因此，采用系统抽样时，须审视抽样框中有没有什么模式可能导致系统性的偏差。

9.3.3　分层抽样法（stratified sampling）

在研究数学不及格的中学生时，发现其中一些人在别的科目上表现很好，例如有很高的语文能力或很强烈的实验兴趣，可能正反映了他们在另一方面的专注。要确认这一点以方便老师更好地引导他们，就必须认识他们之间有什么共同特性。可是他们在全体中学生中只占很小的一个比例，用简单随机法去抽样，这种学生很少能进入样本中，以致样本数量不足以做细致分析。依据数学成绩分层抽样，容许我们增加这类型学生在样本中的比例，可以有足够的样本对他们进行专门的分析。当然，如果是对全体学生做分析时，他们的比例应该缩回原状。

分层抽样法的作用，不止于补充总体中重要类别分布不均时简单随机法的局限，最重要的是从某种分类法出发去观察，进而发掘出类别之间某特征的分布明显不同，而各类别内部则有清晰的一致性。在这种情况下，分层抽样的抽样偏差，比同样大小的简单随机样本的偏差还小。换言之，这时用分层法可以缩小样本，因而可以降低非抽样性偏差（non-sampling error，请见 9.4 节），并节省资源及时间。

操作上，我们首先仍需一份完善的抽样框，但跟着便要依据层类分成几个独立的抽样框，然后用简单或系统随机法抽出每层样本。遇上个别层类比例太小，须扩大其代表性时，就要先计算出该层所占的比例。如数学不及格但语文优秀的原来仅占总体的百分之一，就应该以该总体比例的十倍去抽样，分析时再缩回原来比率。

9.3.4　分区抽样法（cluster sampling）

分层抽样依据不同性质的类型来分层，分了之后，每一层都抽出代表。分区抽样则依据性质相近的"区"来划割总体，然后用随机法来抽出若干区作抽样框，也可能是某区全区成员皆入样本，其他区则一个代表都没有的。"区"并不限于地理意义，任何有明显界限且内部特征相近的单位都可以成"区"，例如学校或分店。分区抽样适用的场合，是总体大而区间区别相当小。总体大的研究，抽样框的建造耗费颇大，有时甚至不可能。若采取分区法，把精力和资源集中在已经抽出的区内，会更快速有效。分区抽样的另一个好处是，在抽出样本后，若采用到户或面谈方式搜集数据，比起四处奔波，活动集中在区内在管理上容易得多。

分区法不能像其他概率抽样法那么准确地反映总体特征，区间分歧何时大至不宜采用这方法，亦无准则。可是，在总体很大而时间或资源很少时，这依然远胜于非概率的抽样。

9.3.5　多阶段抽样（multi-stage sampling）

应用概率抽样法时，除了单层次的简单随机抽样，其他场合或多或少都涉及多阶段操作。一般来说，阶段越多，问题越大，除非效率能补偿偏差，否则不要轻易采用。效率最高的多阶组合，是"多阶分区抽样法"。若能假设区内的分区，跟别的区内的分区并无大的差别，例如各市、区、街段之间无系统性区别，则可用简单随机法逐阶段去抽取。若把非概率的抽样法混入概率抽样，原则上，应该视同非概率抽样。只有在严格的条件下，例如分区精细、区间差异很小、早先阶段又采用了严谨的概率抽样，到了最后阶段才混入定额抽样，这样的做法才是可以接受为概率抽样的。做不到这样的准备，无法严格估计偏差，跳不出非概率抽样的范围，则概率抽样那部分的努力，不但浪费，还可能带来错觉。还有一种情况容许两者混用，是分阶段判断代表性。例如用合意性抽样，拣出几份杂志来研究其开放程度，再用概率抽样法抽出几十期。就第二阶段来说，样本无疑可以代表各份杂志的态度，但是，第一阶段的样本则代表性不够了。整体而言，这些样本不能代表当时整个杂志界的气氛。分析时若不按段指出代表性，便易混淆。其实严格说来，把它看作两次独立的抽样还恰当些。

有些多层随机抽样，很倚重访问人员的工作严格程度。例如在一项家人消费方式的抽查中，访员在找到了预定的家庭后，还须在家人中找出预定的个人。访员须把所有家人填入名单，再依年龄、性别、生日日期或其他次序排列，然后依问卷上预定的随机号码选取符合抽样条件的个人。访员不能自作主张，或随便找一位在场而愿意受访的人去回答。访问员除了要有礼貌，还须有纪律，诚实地按访问步骤找到样本和提出问题，不能偷工减料或自作主张。无论受薪与否，皆应签署合约，接受训练和检查。

9.4 样本的大小

有些不明白科学研究的人士，要么不信任抽样，要么坚持样本越大越好。有些受时间或资源限制的研究者，则辩称很小的样本便够了。对某些进行参与观察的研究者而言，当时当地便是样本。这些现象不但反映了考虑样本大小时的复杂性，也说明样本规模的确定欠缺明确的准则。可是样本的大小直接影响到研究的成本、时间和准确性。样本太小的研究，无法支持概率抽样。样本太大，不仅浪费，还会增加时间和人为的出错机会。

考虑样本大小时的第一个问题，是作"典型"还是作"代表"。在找典型及找寻个别事象特质的研究中，研究的最终目的不在于推论，这时，非概率抽样方法就比较有弹性。事实上，有些探索性的、一元定性的研究，对象、事件、时间、场合、角度都会不断变换，样本大小的变化就没有那么重要了。在这类型的研究中，样本的选择标准，首先在类型，大小并不太要紧。

当抽样的目的在于提供推论根据，因而采取概率方法时，样本的大小便是重要的考虑。这时须考虑的因素很多，以下分作六类来讨论。由于每类因素内部都有不同的取舍倾向，其中有些倾向是相生的，有些是相克的，最后决定的理由往往不很明显，这就是表面上样本大小没标准答案的原因。因此，要明白基本原理，以便在遇到具体研究时进行取舍。以下的讨论，只需要初中以上的数学程度，不过，如果读者没有一点基本统计学的概念，可能读来有点吃力，如果是这样，请在翻阅了 19 章有关统计推论那部分后再重读，则关节易通。

9.4.1　要求的可靠度

评价推论或估计时，最重要的标准不是准确程度，而是可靠程度。可靠性就是估计不出错的机会，是在估计之前预先定下的条件。根据应用上的要求和研究对象的特征，研究者须事先决定愿意冒多大的风险。风险的大小以"在每一百次估计中出错多少次"的形式来表示，大部分社会科学研究者能够"容忍"的风险范围，为 1% 至 5%，或者说，"可靠度"在 99% 至 95%。在样本其他因素不变的情况下，可靠度的要求越高，样本越大。

9.4.2　预期的准确度

准确度就是样本特征跟总体特性之间的差距，我们用样本特征之值加减 x% 来表示，x 越大，准确性越差。比如说，样本中有 20% 不及格，如果准确度是 1%，则可以估计全市中学生中有 19% 至 21% 数学不及格。准确度可以通过两个方法知道，第一个是抽样，第二个就是找到全市本年中学生的数学成绩来审核样本，可是，很多时候我们正是为了避免找出全体的麻烦，才去抽样，因此绝对的差距可能永远是个未知数，样本的准确度便只有通过样本特征来估计。

准确度跟可靠度成反比：在样本其他条件不变的情况下，对可靠度的要求越高，准确度越低。想在一定可靠度上提高准确度，主要手段是扩大样本。准确度跟样本的大小之间有一个正比关系存在，样本越大，偏差越小，准确度越高。换言之，如果我们改变了对准确度的期望，也就改变了对样本大小的要求。可是我们得留意，这个正比关系并不是直线上升的，见表9-2。

表9-2　95%可靠度下样本偏差和样本大小的关系 *

样本偏差/%	1	1.5	2	2.5	3	3.5	4	4.5	5	5.5
样本大小	10000	4500	2500	1600	1100	816	625	494	400	330
样本偏差/%	6	6.5	7	7.5	8	8.5	9	9.5	10	
样本大小	277	237	204	178	156	138	123	110	100	

* 有两个假设前提：1. 样本是经过简单随机法抽出来的；2. 在研究特征变异最大的情况
　下（变异小些则样本可以小些）。

Source：D. A. deVaus, *Surveys in Social Research*, London：George Allen & Unwin, 1986, p. 63.

　　这个表的读法是：在符合表内两假设的前提下，如果接受5%以下的出错机会和上限不高于5%的准确度，则样本大小只需400。在同样可靠度上，若要求偏差不高于1%，则样本须增至10000。这个表的启示是：样本小时，稍增数目，即可大幅地提高准确度，例如把样本由100扩大到123，即可减1%偏差；可是，样本大小在达到一定程度后，继续扩大，对准确度的改善只会越来越小，例如样本到了1600时，要再降1%偏差，便得扩大到4500。但若愿意降低对可靠度和准确度的要求，加上下述对变量的变异程度和样本跟总体之比的考虑，样本是可以缩小的。

9.4.3　研究特征的变异性

　　另一个估计样本大小的重要因素，是研究特征（变量）的变异程度，变异小，小的样本便足够。比如，若有99%的中学生数学及格，随机抽样出来的样本即使很小，偏差也不会大到哪里去。变异的两种情况若是九一分，样本可小些；若是七三分，要大一些；在五五分时，样本要最大，这是最容易搞错的地方。表9-3是在表9-2的基础上，加上特征变异性的考虑后对样本大小的要求。

表 9-3　95% 可靠度下特征变异和样本大小的关系*

样本偏差/%	特征变异比					
	五五分	六四分	七三分	八二分	九一分	95 对 5
1	10000	9600	8400	6400	3600	1900
2	2500	2400	2100	1600	900	479
3	1100	1066	933	711	400	211
4	625	600	525	400	225	119
5	400	370	336	256	144	76
6	277	267	233	178	100	@
7	204	192	171	131	73	@
8	156	150	131	100	@	@
9	123	117	104	79	@	@
10	100	96	84	@	@	@

* 假设了样本是经过简单随机法抽出来的。

@ 样本太小，分析会失去意义。

Source：D. A. deVaus, *Surveys in Social Research*, London：George Allen & Unwin, 1986, p. 64.

引用这个表前须解决两个问题。第一个，未抽出样本时如何知道特征的变异程度。一个做法是根据以往的或类似的经验，估计研究特征的大约变异程度。这当然危险，估计如果相距太远，分析时发现样本太小，推论的打算便落空。如果没有任何经验可用，那么另一个做法是先抽一个很小的样本，但风险依然很大。稳健起见，应该把变异程度估计得大些，最大的当然是五五分了。

须解决的第二个问题是：每次搜集资料时，我们很少会局限于一个特征，数学及格率的变异可能是八二分，语文优秀率的可能是一九分，家长直接帮助的可能是三七分……求稳健计，宜以变异较大的特征为准。

这里有一套粗略的样本计算尺（图9-1），把两种可靠度（95%、99.7%）下的准确度、特征变异比和样本大小四者间的关系，一目了然地表达出来。图内三柱，左柱是变异是否比，中柱是样本大小，右柱左边是95%可靠度下的偏差百分率，右边是99.7%可靠度下的偏差百分率[1]。决定了任何两柱上的数值后，用直尺连接起来，直尺与第三柱的交接点，便是第三者的数值。例如想估计中学生数学及格率，你若决定接受95%的可靠度和上浮不超过2.5%的偏差百分率，且去年报告显示有20%不及格，为稳健起见，把变异比估作三七分，图尺立即告诉你样本应该有1250左右。如果主办人说，研究经费不足，请把样本缩小至1000，你须先估计这个样本数下偏差率会提高多少，根据样本计算尺，变异三七分、样本1000、95%可靠度，偏差率会上升至大约2.8%，这是双方都能够容忍的推论吗？

根据图9-1、表9-2和表9-3得到的是粗略的估计值，希望准确计算四者关系的读者，可以采用以下公式。

$$N = C^2 \frac{A(1-A)}{E^2}$$

其中　N—— 样本大小；

　　　C—— 可靠度的标准偏差数，90% 时 $C = 1.65$，95% 时 $C = 1.96$，99% 时 $C = 2.58$，99.7% 时 $C = 3$；

　　　A—— 特征变异百分率，如若是30%，则 $A(1-A) = 30 \times 70 = 2100$；

　　　E—— 偏差百分率。

如果你对变异比毫无认识，那么最稳妥的估计是一半对一半，$A(1-A) = 50 \times 50 = 2500$。你希望估计结果的准确程度达±2.5%之

---

[1]　为什么用这个可靠度，请参阅本书统计推论部分内容。

变异正反比   样本大小   偏差百分率

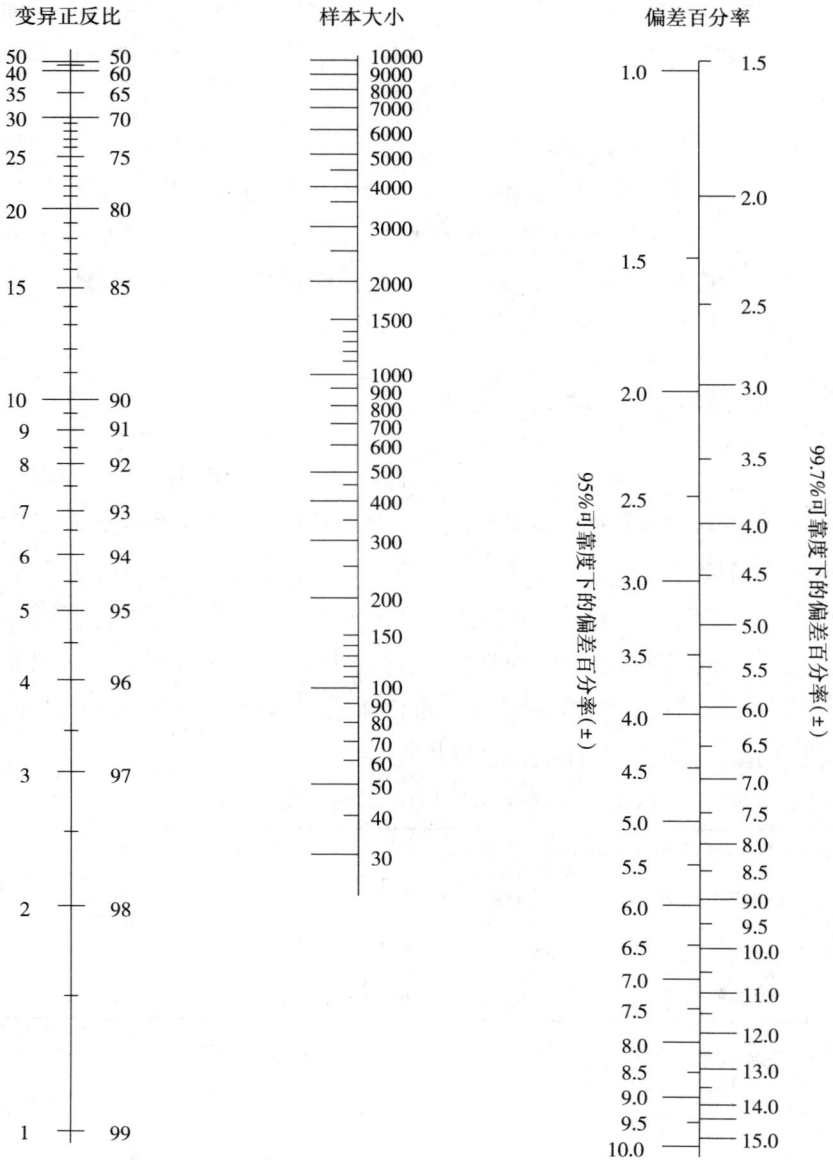

Source: C.Chase & K.Barash, *Marketing Problem Solver*, Chiltion Books Co.,
Radnor, Pennsylvania, 1977, P.25.

图 9-1 粗略样本计算尺

内，$E^2 = 2.5^2 = 6.25$；你也希望可靠性达 99.7%，99.7% 可靠度的标准偏差数是 3，$C^2 = 3^2 = 9$，那么，你需要的样本 $= (9 \times 2500)/6.25 = 3600$。

这个样本带来的准确度和可靠度很高，但成本也很高。如果愿意接受 95% 的可靠度，你需要的样本会降至 1536 $[(1.96^2 \times 2500)/2.5^2 \approx 1536]$。如果又愿意接受 95% 的准确度，你需要的样本会降至 384 $[(1.96^2 \times 2500)/5^2 \approx 384]$。如果愿意接受三七分的变异性，你需要的样本会降至 323 $[(1.96^2 \times 30 \times 70)/5^2 \approx 323]$。

9.4.4 样本与总体大小之比

上述公式，突出了样本绝对值在推论时的重大作用，完全没有把总体的大小考虑在内。事实上，总体大小并非完全没有影响，只是在现阶段的社会研究中，当样本跟总体大小之比很小时，这种影响一般小到可以忽略。可是，一旦这个比率上升至一定水平，例如 10% 时，偏差率开始出现相当程度的改善，表 9-4 按比率列出改善程度，偏差率的估计，可以按样本与总体大小比率乘以修订率，得出较小的偏差。偏差率修订后，样本也可以相应缩小。

表 9-4 样本与总体大小之比对偏差率的影响

样本与总体之比/%	100	95	90	85	80	75	70	65	60	55	50	45
抽样偏差修订率	0	0.224	0.316	0.387	0.447	0.5	0.5	0.6	0.6	0.7	0.7	0.7
样本与总体之比/%	40	35	30	25	20	15	10	5	4	3	2	1
抽样偏差修订率	0.775	0.806	0.837	0.866	0.894	0.9	0.9	1	1	1	1	1

Source：C. Chase & K. Barash, *Marketing Problem Solver*, Chilton Books Co., Radnor, Pennsylvania, 1977, p. 24.

9.4.5 次层类别分析的要求

以上的讨论，都是就整个样本来考虑的，可是进行分析时，我们往往需要把样本拆散，深入到次层类别去研究。这样一来，每一分类的大小必然小于整体样本，偏差随之扩大。例如我们抽 2100 名中学生，研究数学成绩与家庭生活的关系，主要家庭特征之中最大的变异是三七分，在 95% 可靠度下样本的偏差率是 2%。这个样本中，有233 名的家长直接帮助孩子温习功课。如果分析止于这步，2100 是个适当的数目。可是，若想进一步研究"有家长直接帮助"这个层次类别，"233"是否恰当还得考虑两点。第一，在同样的可靠度和变异性下，这时的样本偏差增加到 6% 可以接受吗？第二，若想再深入研究有家长直接帮助而依然不及格的学生，不及格率如果低于 30%，那这批学生的数目，会否因太少而不值得进行统计分析？这些问题，在重视深入分析的研究中，是不可以忽略的。

9.4.6　非抽样性因素

决定样本大小时还有一些很重要的考虑，并不直接涉及抽样本身，包括了非抽样性偏差、研究环境的合作性、时间、金钱和资源。非抽样性偏差包括数据搜集阶段和整理阶段中出现的差错。例如问卷设计上的缺陷、访问时的偏见、数据输入电脑时的错漏，等等。不同于抽样性偏差的是，非抽样性偏差并无明显的规律可循，不可量化。更糟糕的是，样本越大，出错的机会越大，缩小样本，却又会增加抽样性偏差，不能两全。

研究环境的合作性对抽样决策的影响可以很大，影响可以在两个阶段产生。首先是在筹备抽样框的阶段，如果有些校长坚决反对关于数学成绩的研究，或者行政人员不肯承诺在一定时间内提交名单，抽样策略便得改变。其次是在样本反应的阶段。被抽进样本的人士，是否愿意及有能力合作。如果已经预见到尚可接受但也相当高的"无反应率"，就需及早增加样本数目。

样本大小，受时间、金钱和资源的影响很大，不量力而为，会陷入进退维谷的境地。尤其是在任一方面供应不稳定的情况下，应作保守的打算。有人喜欢一开始就把样本降低至最低数目，尽量在其他方面补偿，例如努力减低无反应率，这是照顾现实的一种有效策略。

9.5　结　语

为应用研究进行抽样时要注意一个特别的问题，这是理论研究中比较少出现的：就是主办者和读者的期望。一些在专家看来很清楚的抽样策略的选择，对他们须耐心解释，有时他们不明白为什么研究结果不能推论到预期范围，有时不明白抽样框居然这么重要，有时不明白辖下人员为什么弄不出一个抽样框，有时不愿承认弄不出抽样框，有时不大相信为什么要那么严格地执行抽样步骤……

更棘手的情况是主办者坚持自己的期望，例如在没法取得抽样框的情况下坚持要研究整体，不愿接受对样本给出明确定义[1]。这些情况，在人们对社会研究的认识更普遍以前，是会不断出现的，研究工作者应该本着专业准则，耐心行事。

抽样阶段中最重要的抉择，是能否采用概率抽样法。在不应或不能采用概率抽样的情况下强而为之，不但会白费时间和资源，还会给一般读者造成误解，让专家耻笑或留下一个不诚实的印象。决定了采用概率抽样后，采用哪种方法和多大的样本，需要同时考虑多种因素：抽样框的构造、研究对象的大小和分布、可靠度、准确度、特征变异性、将来分析时的需要和各种非抽样性因素。调动这些因素优先次序的标准，是应用上的期望、现实的局限和专业准则，这三方面之间要视具体情况综合地协调，很难一概而论。

---

[1]　比如只说想评估基层职员，却不愿负责决定是否应包括基层管理者；发表报告时只想说曾经征询过职员意见，却不愿明确指出这只是某类别职员的意见。

第 10 章

实验设计和方法

10.1 引　言

　　某位朋友抱着 1 岁半大的儿子看电视，屏幕上出现了接吻镜头，儿子一翻身，就在父亲脸上印上了一个热濡濡的吻。朋友大惊，一口咬定了电视对儿童的坏影响。我对他说：老兄不必过度紧张，这个结论可能下得早了一点，也许孩子妈妈暗中训练儿子用这方式向阁下致敬。何况犊舐岂同于异性绻恋，老牛不必怕也！

　　科学实验中的逻辑推论，跟日常生活中的推论有点相似：看到甲出现后，乙随之起变化，于是推论说甲是乙变动的原因。不同的是，日常生活之中，乙变之前，除了甲，还可能有丙、丁、戊、己等其他因素存在或变动，我们通常却不会特意或不能排除其他因素的影响。因而无法确立甲和乙之间的关系。而在科学实验中，为了确立或突出甲和乙的关系［或称"自变量"（inde-pendent variable）和"因变量"（dependent variable）的关系］，除了在事前估计、排除或控制其他因素的影响之外，还会进一步操纵甲出现的性质、形式或分量，并严格审核乙的变化。

　　社会科学中的实验，跟自然科学实验有所不同，后者的实验室内，很多因素都比较容易辨认，各种因素亦相对易于隔离。在人类社会中，关系和变化比较复杂，甲乙因素本身常常是不可以操纵的，也有很多其他因素事先估计不到，或者估计到了也无法分离。研究者唯有小心分辨，把那些可以控制的尽量控制，而在当时条件下不能分离，但又不致严重影响甲乙之间关系的，索性不强求，只是在分析时明确宣布不强求控制的原因。这就是变体实验设计的起源。以下我介绍实验的基本设计，以及在各种条件下的变体设计。

实验并非最常用的社会科学研究法，把它放在其他方法之前介绍，原因是它不单是一种方法，还是研究因果关系的基础。很多搜集数据的其他方法，都有意或无意地仿效它的设计（或变体设计），或仿效它的解释逻辑。这一章所介绍的实验方法的设计思路和局限所在，可以与搜集资料的其他方法进行参照。

10.2 实验的古典设计

为了确定甲因素（或甲特征、甲变量、甲刺激）变动时乙因素亦变动，古典实验要求比较两组事象中乙因素在甲变动前后的状态。这两组事象在甲出现前在各特征上的表现应该相当一致，这时先量度一次乙因素的变值，跟着在其中一组中引入甲因素（或变动甲特征的变值），这一组称作"实验组"；在另一组中，甲值不变，这一组称为"控制组"。然后再量度两组中乙的变值。若有不同，则可以较有把握地得出结论：乙的变动随甲而生。因为若是乙自行变动，或其他因素产生作用，则两组内乙的变动幅度应该一致。古典实验设计的要求，可以分为三方面，在某些条件下，个别要求可以放宽，从而衍生出不同的变体实验设计。这三方面的要求是：

1）两组在甲出现前相同的事象，通过随机抽样或配比方法选出；

2）在甲出现前和出现后，同时在两组间展开量度；

3）甲的性质或甲出现的形式，可以受到操纵。

表 10-1 简单地综合出古典实验设计的要求。以下三节，将详细讨论这三方面的要求和相应变体的设计。

表 10-1　古典实验设计

	第一次量度	引入刺激	第二次量度
控制组	乙控 1	无	乙控 2
实验组	乙验 1	甲	乙验 2
（经随机或配比选出）	（同时进行）	（甲可受操纵）	（同时进行）

10.3　两组比较

为了确立甲对乙的作用，必须排除其他因素的影响。所谓排除，并非说可以或应该阻止其他因素的运作。对于大部分物理学实验来说，地心吸力的影响是不能或不必排除的（有些研究要拿到太空去做，但在太空虽然可以排除地心引力，却不能排除万有引力），只须保证两组所受的影响相当便可。再说，除了地心引力，还有数不尽的其他因素，又如何保证这两组所受各方面的影响都相等呢？在实施上，这是明显不可能的，何况这样的两组，可能根本便不存在，即使存在，也属特例，实用意义不大。因此，退而求其次，我们编组的策略便改为避免两组中出现系统性的偏差。理论上说，这样的控制既不完整，结论也难确凿。

编组的技术，主要是采用"随机分配"（random assignment）：用随机法把成员分配进实验组和控制组。样本太小时，为了保证其他重要特征在两组中分配比例不致悬殊或不致跟总体特征有过大差别，可以改用配比法（matching）。例如在研究电视对幼儿行为的提示作用时，让一组幼儿观看屏幕上的亲吻镜头，然后拿他们跟那些没看到亲吻镜头的孩子比较，看看他们是否多了些亲昵举动。为了避免两组中幼儿亲吻经验的比例相距过大，可以事先规定：每次有一名曾被母亲教亲吻的幼儿分进控制组时，必须给实验组也分配一名这样的幼儿。匹配时可以同时考虑几个特征：母亲的教育程度、父亲陪同看电视的时间、兄弟姐妹的数目或排行第几等，要求每个特征在两组中有相等的比例。有些实验不接受这种"笼统"的匹配，而进一步要求如果实验组中有一名独子、母亲的教育程度低、父亲从未陪同看电视的幼儿，控制组中也必须有一名这样的成员。当然，匹配时考虑的因素，只是研究者认为重要的因素。可能是重要但事先不知道的因素，是无法摒除的。因此在可能情况下，随机分配应属首选。

在社会研究中，由于道义或研究条件的考虑，有时即使在技术上没有问题，研究者也很难找到人作为控制组的样本。比如说一种副作用强烈的新药，患上绝症者却可能人人争取试用。自变量出现前后的资料是没问题的，这些记录都自有其价值，但避不开没有控制组作比较的漏洞，除非研究者有足够理由相信或可推论出不存在的控制组的可能表现。例如根据以往记录，某种绝症患者均于一定时期内死亡，若服了新药者中有相当数目超过这段时期依然活着，则可把用新药者视同实验组。同理，若某零售商从来没打广告，以往销售量的季节性起落相当稳定，则虽无控制组，广告后的销量，也基本上可视作实验组的表现。这两个例子，大致可说明"单组前后量度设计"（One-group Pre-test Post-test Design）这种变体的意义。

10.4　前后比较

如果我们只在甲出现后才去量度乙，那么便无法肯定两组间的区别，是否在甲出现前已经存在。因此古典设计要求比较乙在甲出现前后的变值。问题是，第一次量度本身，可能会对乙产生重大影响，例如家长若猜测到部分实验的内容、店员若知道业绩在被研究，可能会产生一些自以为是的反应，有时无论研究者多么小心，都避免不了。

此外，两次量度之间会出现意外的或控制不到的变化，对两组成员可能产生不同的影响。两次量度之间的变化有几种，一是实验以外的环境变化，例如研究期间社会上突然兴起了重视幼儿肢体活动的风气，家长在实验进行的空隙之间尽量诱导幼儿走动，这种体能活动，可能影响父母子女间的亲昵行为。有些变化是实验本身造成的，比如说实验时间过长，孩子倦了或饿了，甚至研究人员本身也疲倦了，都会影响到量度的准确性。对于这些情况，实验者往往假设两组所受的干扰都是一样的。但如果其中一组在第一次测验时较早接受量度，在第二次测验时又较后接受量度，则疲倦程度便可能产生很不同的影响。适当地控制两组和两次量度的时间差，是很重要的。

另外一些变化，较大可能在两组间造成不同的量度后果。例如有些孩子吵闹得太厉害，或家长感到太烦而退出，这些可能是带有特殊意义的样本（父母子女之间亲昵方式可能跟留下来的很不同），这时便须留意两组间该类型的退出比率是否相若，还须警惕导致退出的因素是否也应该加以控制。有些造成不同反应的变化是实验本身造成，例如控制组在实验组看电视时干什么？会不会太闷？如果他们也看电视，他们看的电视除了没有亲吻镜头，是否还令人感觉沉闷或兴奋？又例如虽然两组家长都知道自己正在被人观察，实验组的家长可能从亲吻镜头中得到较多的提示。

如果估计到第一次量度产生的影响太大，两次量度之间的变化对两组作用不同，但又没有方法避免，最后的解决办法是索性取消事前量度。有些情况是研究者在自变量引入后才受命去搜集资料，或只得到事后的量度记录。遇上这几类情况，如果仍想完全照搬实验法的解释模式，在时间允许的情况下，可以采用"事后两组比较设计"（Post-test Only Design）这种变体。比如说，零售商的广告攻势，并非夸耀本字号，而是为了宣传独家代理的某种商品，而这种商品只在部分分店出售。如果两类分店的销量记录完备，则广告推出后两者间差距，可以视作广告的影响。

事前量度的影响真的那么大，以至于无胜于有吗？有一个变体设计，可以相当周详地比较有事前和没有事前量度的差距，这便是"所罗门四组设计"（Soloman Four-Group Design）。采用四组随机或匹配得来的样本，分成两个实验组和两个控制组，实验组中一个有事前量度，另一个没有事前量度，控制组亦然。基本上这是一个古典设计加上一个事后量度设计。如何理解四者间六个乙值的比较，读者可以自行推论。这套变体设计当然要求资源较多才可进行，在应用研究中比较少用。

10.5 可操纵变因

小朋友玩跷跷板，重的一边下沉，想要一边升起，可以在另一边加重。可是，如果坐一边的小朋友太轻，或者坐得距中心太近，那么另一边还是不会升起来。但我们不会就此否决一边加重会导致另一边上升的"理论"。如果一边不单坐上了一名大人，而且还是突然跳上去的，那么另一边的小朋友便会弹起来；如果两个大人一起跳上去，板的升降跟一个大人跳上去时并没有太大区别；如果大人跳上后立即跳下，这边的板弹起后马上就会下降；如果太多大人一起跳上去，板可能立即断裂……可见甲出现的形式，能够直接影响实验的结果。

在古典实验设计中，自变量的性质（不一定是甲，也可以是丙或其他因素）、出现的形式（例如不同的指标）或分量，都可以调整，无须一成不变。第一种形式、第一种分量引不出待验假设想象中的结果，可以尝试另一种组合。当然，这时概念的定义便需要极为精细了。

逐次试验甲的形式或分量，时间上当然可能不允许，这便导致另一类型变体的产生。这些变体都采用一个控制组和多个实验组。"异量刺激设计"（Multi-level Design）向不同实验组引进不同值的自变量，例如各组看到屏幕中亲吻的次数都不同。"异标刺激设计"（Multi-indicator Design）向各实验组显示不同的亲昵方式：吻、依偎、牵手、相视而笑等。"异时刺激设计"（Multi-timing Design）在看完同样片段后的不同时间量度。虽然有了这些设计，读者还是可以想象出，由于自变量形式和分量众多，如果没有经验或理论作为根据，研究半途而废和结论无用的可能，必然较大。

10.6　结　语

古典实验设计，是一个简洁有力的工具，帮助我们排除或控制两个因素以外的影响。虽然这些控制不可能是完全的，但至少可以从重要的干扰开始。变体设计的出现，有时是为了排除古典设计本身引起的干扰，有时却是迁就研究条件。它们之中，很多都削减了古典设计的要求，运用是否恰当，须视其具体假设而定，采用时还要留意解释力是否因此打折扣。还有一个起码的要求是，变体设计中保留的那些古典设计的要求，必须切实执行，否则只会浪费和误导。例如一些被称为"实验"的研究，虽然也比较两组，或者也进行事前和事后量度，可是，两组成员的选择却没有经过随机抽样或匹配选择，那便不能称作实验设计的变体。

第 11 章

抽　查

11.1　抽查的特性

　　一位小朋友刚发现了玩具锤子的作用，无论是布造的娃娃还是胶造的汽车，都经过了他的千锤百炼。即使在饭桌上，他也不忘卖弄技艺，一锤敲进肉浆里，菜汁四溅，举座哗然！有些朋友刚学会抽查方法时就像小朋友那么兴奋，什么地方都想用用。锤子是很有用的，但要小心用，而且要配合其他工具。在目前的社会科学方法中，最受人瞩目、最可能模拟实验设计、最多应用概率性抽样、量化色彩最浓、最易受主办者接受的，就是抽样调查（简称"抽查"，survey）。抽查这个词中的"抽"字，作抽样解，并无"突发"或"把人扭拉出来"的意思。

　　抽查的种类颇多。从搜集资料的形式看：有些用邮递问卷，有些通过电话调查，有些到户采访，有些将问卷放在固定地点任人拿起。从规模看：有大如人口抽查[1]，有小至小群体内作的抽查。从进行的次数看：多数是一次性的，但也有多次定期或不定期进行的。从探究的内容看：从基本的人口和家庭资料，自行报告的行为、判断、期望，到隐蔽的、复杂的、不自觉的态度都有。从用途看：有的抽查是

---

[1]　不同于人口普查，那是对全部人口做直接统计，多属每十年一次；人口抽查则是在两次普查之间的样本抽查，凭样本中变因的数值推论全部人口中某些变因的数值。

为了长期计划而累积基本信息，有的是为了短期行动而揣摩态度，有的除了研究本身还带有宣传或教育意味。这些形形色色的活动之所以通称为抽查，是由于它们都希望在一组能够代表全体的事象里，从每一个单位中，索取符合清楚概念的数据。

抽查在西方多用来做市场调查和预测近期选举，因为预测的因素简单（例如，什么时间看电视；对厨房用品的选择；选哪个候选人；是否赞成某些提案），结果也如立竿见影那么容易证实。在平时生活和事务上，有许多事情我们已经有了大体认识，只是不知道具体数量，抽查便是个好工具：有多少家长愿意让学生在暑假出外旅行？城里面有多少住户明年需要照顾老人方面的帮助？区内有多少户打算养狗？今年用哪种方式庆祝新年最受欢迎？有多少人希望请到某一位老师/歌星？图书馆应该增加哪类读物……这些问题的目的在于找出一些比较简单的"是什么"，至于那些比较复杂的"是什么"和"为什么"的问题，例如为什么选这一位，为什么选那一种，则需要搜集更多定量或定性数据。

抽查要求有清楚的概念，即是说研究者事先对事象的性质要有一定的认识，也就是说抽查开始时已经超越了定性分析阶段（除非研究者想进一步从这些数据中发展新的概念），直接进行定量研究。因此，在一般情况下，抽查并非认识事象的第一个手段。抽查要求超越个案，它的研究对象是整组事象或者是能够代表整体的一组单位，那便需要抽样。对于研究对象，抽查不是笼统地去观察，而是希望从每一个单位中都得到全部有关概念的资料。若个别单位中零星概念的数据不全，不严重是可以接受的，但要在分析时调整和说明。倘若遗漏过多，或者发现了系统性遗漏时，抽查的准确性便成了问题，甚至是不可被接受的。能够接受抽查研究的事象，种类并没有限制，单位的层次也可视情况而可分可并：可以是个人、机构、行业、地区、国家、财政年度……有关概念在这些事象之间的变值，是通过每个单位本身或"代表"这些事象的人士提供的。

11.2 抽查的过程

跟其他方法比较，抽查的接触面广，步骤标准化程度较高，而且环节之间的衔接比较紧密，因此筹备工作必须细致。考虑是否采用抽查时，第一步工作是选择假设、变量和指标，看看抽查是否是最适合的方法。抽查有一个吸引研究者采用的优点，就是可以同时处理多个变量和假设。这个优点也不幸地带来了抽查活动的一些毛病：有些研究者开始时不愿或来不及详细思索，索性先搜集了数据，不像做实验那样聚焦，没有把次要的变量分隔；有些研究者见猎心喜，企图全面撒网，没考虑到成本、资料质量和分析时所遭遇的问题，容易导致轻重不分。本书第6至第7章的内容，有助于决定抽查方法是否最能把待验概念操作化。决定了用抽查后，跟着应考虑：实验设计能够令假设的检验更具有说服力吗？这套抽查是一次性的，还是需要分作两次或以上来进行？怎样抽样或配比？样本的代表性，是抽查说服力的重要凭据。这在第9章已经介绍过了。

考虑上述各点时，当然可以参考其他研究报告，学习别人的运作技巧。此外，研究者若发现自己对其中一些概念认识不足，对实情把握不够踏实，便应搜求有关文献，甚至进行一些"前哨研究"（pilot study），例如到现场观察一段时期、找些代表性人物深谈或者作一个小规模的抽查。前哨研究并不局限于作为抽查的筹备工作，还可以补充抽查的不足。

为了保障研究对象的权益，无论是做前哨研究还是主体抽查，正规的抽查机构，在参与问卷调查之前，都会向每一位研究对象发出一份"同意书"，解释研究目的和他们如何被选作样本，并告知他们有权不参与、不填答所有问题或中途退出。只有在他们签署同意后，才开始接受访问或填交问卷。

抽查可以依多种性质分类，对搜集数据这阶段影响最大的分类法，是跟研究对象接触的形式：研究对象自己填数据，通过面对面交谈、通过电话访问获得数据。这三种形式，各有千秋，是 11.3 节的内容。下一步工作，是人人似乎都懂，但不易做得好的工作——问卷设计，在 11.4 节会有扼要讨论。接着两节介绍训练人员和实际搜集过程应该注意的事项。至于资料收集回来后如何整理和分析，请见第 16 至第 18 章。

11.3　自填抽查、电话调查和面谈抽查

从研究者跟研究对象接触的形式看，抽查可以分为三类：研究对象自己填答、电话、面谈。

11.3.1　自填抽查

让研究对象自己填答问卷，问卷所用文字须简单易明，研究人员即使在场，亦尽量不去干预填答过程。填答者不必操心别人的实时反应，没有尴尬的感觉，在问卷不记名的条件下，不怕泄露收入或隐私等敏感数据，没有作伪的必要。

由于不必像面谈或电话谈话时连续不断地逐题实时回答，自填方式容易处理略为复杂的问题和答案。同时，因为填答者能够看到问卷，可以出现一些带有图表的问题。例如重复对不同类别发出同样问题时，比如问："你喜欢中文、外文、数、理、化等学科吗？""喜欢这些科哪些方面：课本、老师、设备、对就业的作用……？"这类题目，若逐项重复发问，研究对象会不耐烦，列表则一目了然，圈选答案亦方便迅速。自填抽查不需大量访问员，且可以在短期内大量同时进行，运用适当时效率很高。

在华人社会中，自填问卷还有一项实在却被忽略了的作用，中国

方言众多，大规模地通过交谈去搜集数据，不易有效地配备访员。利用自填方式，便可避免这层烦恼。

自填抽查包括自取自填、即填即交、邮递问卷和在线填交四种相当不同的形式。自取自填最简单：把问卷放在交通方便之处，任人取填。问题也在这里：无法知道哪些人没填，也难控制有没有人多填，代表性是没法确定的。不过，如果研究对象跟研究目的的关系简单（例如球迷对某场比赛的观感），目的只在迅速搜罗多方意见（不一定是"最好的"或最全面的），这不失为一种简易便宜的方法。例如主办会议者在座位上或会场出口处派发一份简表，询问大家对会议的意见或改善措施，可能收到相当接近会场气氛的响应。

即填即交式的问卷由研究人员派发，很多是趁上课或上班之便，请所有或者是符合某些标准的成员，当场填妥交回。这种抽查的操作干脆利落，回收率极高，如果和分区抽样法结合得好，是个效率极高的资料搜集方法。要小心的是：研究对象是否都在场？那些经常告假的、旷课的、长期出差的人士，"漏网"的可能性较高，如果这类人士的行为或态度刚巧是主要题材，系统性抽样偏差便可能很严重。如果研究对象原本便分散，在研究期内不会集合一起，这种方式便无用武之地。因为要当场填交，有人会有点被强制参与的感觉，因此需要解释研究的目的，争取认真的合作，但不能暗示如何填写，或蓄意影响答案。如果问卷长、问题复杂，要预留足够的时间并在适当的时机进行，若在放学或下班时兵荒马乱之际"请大家稍留半小时"，这种做法只会带来草率的答案。

邮递问卷可以解决对象分散的难题，可以接触到一些其他方法难以接触的人群，例如听力障碍者和不喜跟人会谈者。而且研究对象有充分的时间思考，甚至翻查数据后才作答。邮递或机构内部下发的问卷，相对于实时反应式的问卷来说，容易进行比较复杂的问答，是个可以兼顾广度和深度且省时省钱的好方法。邮递问卷最大的问题是，如果没有特别能打动对方的理由，回收率一般较低，有些商业性的邮递问卷，能够收回 15% 便开心。但除非问题的性质单纯且总体变异很小，否则这种回收率并不可靠。进行概率抽样时，抽样框的完整性也要很小心，无家可归的、没有正式地址的、搬了家的、季节性外出生活的、新加入的、组织内无名有实的……都要考虑。至于列入抽样框中的，则未必皆有能力回应：看不懂问卷的不一定是文盲，可能问卷太典雅、术语太多。如果语气上有冒犯、语句不清或印刷错误，在邮递问卷上带来的问题会较严重，因为研究者不在场，对方很少会主动追问。

邮递问卷许多步骤都跟其他抽查方式相类，比较需要注意的有以下三点：

- 开场白或介绍信，精简解释研究者和目的，保证不泄露填答者的个人资料，告知收件者他们有权不答，最好在一两个星期内用附上的回邮信封寄回；
- 问卷形式设计，由于没有访员在场，问卷文字宜浅白、不能出错、跳答问题的指示要清楚；
- 提高响应率的步骤，如事前通知、寄出后每隔两周重寄一次问卷或明信片、电话提醒、在机构内或传媒上呼吁等，通常大部分未填寄者都会在三个星期内寄回。

邮递问卷的弱点是：填答者有问题时没人在场解释（可提供电话号码以资询问），误解时无法澄清问题，一些问题留空不填答时无法追索。研究者应该留意漏空没填答的问题和很低回答率的样本之间，有没有系统性的关联，在报告时提出来，提示系统性偏差存在的可能。

在线抽查现在越来越普遍，网上抽查的结果可以很快地传到研究对象手里，由于成本低、图片优美、表格精细，人们可以在方便的时间从容作答，又免除了访问者在场的干扰，在题材和样本相配的调查中，颇能提高响应率和回应的质量。加上电脑软件的帮助，答案可以直接转为定量数据，避免了人手出错，也节省了人工和时间。

在线抽查可以实时传达，并且几乎无远弗届，但偏差的可能性也大，愿意在网上沟通者一般较年轻、较多从事白领工作，来自少上网者的讯息便会减少，同时也很难避免同一个人做出多次回答。因此除非能解决样本的这些问题，否则网上调查大多只宜于初步探索，不能用作严谨的定量推算。

收到抽查讯息的人第一眼望到的是发讯者的身份和目的。若被视为广告或觉得与自己无关，便不会理睬。越能引起收讯者关注的身份（包括发讯者所属机构）和标题，获得回应的可能性越高。讯息发给谁也很重要，发给一个人比一组人更能使收讯者多一点责任感，若能指名道姓，则更会增加收讯者的响应可能。标题切忌用上涉及广告的字眼，例如免费、大减价、最佳产品等，这类字眼会被防止广告的软件自动过滤掉。带有附件的讯息也因携带病毒的可能性而被收讯者删掉。

除非研究对象名单完整、准确、清晰，否则在线抽查不适用于概率性抽查。如果目的只是想知道某群兴趣相同人士对特定事件的大致反应（如某大型场所征求市民意见，请哪一支球队或乐队贺岁），那么在线填交可以省时省力。

11.3.2　**电话抽查**

电话抽查也像邮递和在线抽查一样，可以接通分散各地的研究对象。但电话不是每一个人都有的：一些刚离家独居的年轻人已不设有线电话；一些人习惯了电子笔谈，不愿意听电话。在沟通方式复杂多变的社会，遗漏了一部分研究对象的可能性很大。与此同时，一些人在多个办公室工作，同时拥有多部电话；另一批人则除了家中电话，还有手机，他们被抽出当样本的机会倍增。认识和解决电话名录的遗漏、局限或重复，是不能忽略的步骤。

有些抽查公司训练一批电话访问员，依据预定程序致电事前选出的抽样对象，这种方式成本较低、速度快、结果相当可靠（很多电话民意抽查结果跟真实选举结果相当符合）。但由于滥用渐多，有些电脑自动拨发录音，令人烦不胜烦，越来越多的人反感，回应率下降。由于现在很多电话都可以显示来电人的号码，很多人对于陌生人的电话根本不接听，有人还设置了"黑名单"，这些都给电话抽查带来了一定阻碍。

由于大部分拒绝访问者在开头几十秒钟内便表态了，所以开头的交代很重要。开场白要尽快交代：研究的单位和访员是谁，抽查的目的，如何找到对方的，承诺保密，声明对方有权不参加、有权中途退出，以及数据如何被使用等。访员须事先练习被拒绝时的响应及如何有礼貌地追问。如果时间真的不凑巧，可另约时间。主持研究者须预备填写接触结果的表格，让访员填下每次接触的反应：接触的时间、电话通不通、不在家、没空（何时有空）、拒绝（坚决程度）等。访员的训练和工作督导，会直接影响到响应率。

一旦在电话上交谈了几句，研究对象会不好意思拒绝作答，资料收集成功率开始提高。但电话抽查虽然比自填抽查多了双方交流的机会，却不适合沟通复杂的问答。复杂问答通过阅读更容易理解，对方也没有需要实时反应的压力。电话访者对于复杂问答也可能来不及作记录。一般来说，接受电话访问者的耐性，不宜超过 15 分钟，访问若发展到对方挂断的地步，这份数据便很难挽回了。

电话抽查问卷以精简和口语化为佳。研究对象通常是不会坐着等你采访的，有时须拨电多次才能接触上；接上了，未必同意受访；同意了，未必能够实时回答所有问题。因此，事先寄上一封信，说明何时致电、内容是什么，让对方早点准备，结果会好得多。而且信上交代了研究目的，可免在电话上多费唇舌。如果预见到有可能出现南腔对北调的局面，比如粤语对京腔，还须早定规则，防止访员强行勉力而为，查收问卷时，很难确定访员是否能分辨"四"和"十"口音。因此，电话抽查时一定要考虑访员和对象的方言问题，必要时另订时间换人再电。

11.3.3　面谈抽查

　　在三大类抽查形式中，面谈的单位成本最高、时间最长。研究者先行书面通知或电话预约，或两法兼施，然后专程造访或通电交谈。由于网络越来越发达，视频交谈将会越来越普及。面谈/视频面谈搜集资料的优点是经过预约，中途退出的可能性较低。因此，面谈抽查的样本可以小一些。

　　研究人员面对面地一个接着一个地提出问题，不断地等待着答案，这种境况，显然不同于非面对面场合对有些问题脸红不怕被人发觉。因此，面谈抽查这个方法，较易带来研究本身的干扰，有时被访者难免倾向于赞同一般价值标准，或访员暗示的（或自以为是访员的）态度。在问卷设计和访员训练时，必须加倍留意避免这种干扰。

　　在面谈抽查中，双方交流的机会多了，有助于沟通复杂一点的问题，但仍非海阔天空地让话题驰骋（这需要不同的访问技术和准备工作，有关深度访谈方法，请见第14章）。为了降低干扰产生不同的影响，面谈抽查的设计者往往把问卷尽量标准化，以避免不必要的交流，访员的发言，除了寒暄，就止于对问题的重复宣读或研究者事先交代的统一解释。

　　不同的抽查方式，可能在同一组对象中得出不同答案。这种情况至少在一项"北极生存必备"的研究中得到证实。研究者发现：美国学生在交谈和电子短信中，皆用轻松简短的字句沟通，华人学生在电子短信中亦然，但在交谈时则用上数倍于美国同学的时间，内容也较为详细，可见文化背景和沟通方式对研究方法的取舍会产生不同的影响。

11.4　访员训练

目前抽查技术有两大发展倾向：一是辅助科技（如移动设备、互联网）的普及化，二是自报信息的普遍化，两者互相促长，已经取代了不少访问员的作用。但访问员仍然是重要的，尤其是当探索的内容比较复杂时。

交谈式抽查需要访问员协助。访员的选择和训练是一个重要的环节。成熟、整洁和诚恳，是挑选的基本标准。访员一般不用机构内部的人士，他们虽然熟悉环境，却会影响被访者的答案。挑选出来的访员即使具有专业知识或抽查经验，依然需要接受训练，因为每一趟抽查都有其特殊性。访员须对研究的目的有相当的认识，能够向被访者提供有说服力的解释。有些比较复杂的问卷，单凭口头解释，访员未必能真正了解，尤其是没有访问经验的访员。应该让访员做模拟练习，如互相访问，或以研究助理作为假想对象。

训练的首要内容是告知访员，比问卷本身更重要的是如何找到正确的访问对象，这是概率抽查的基础，绝对不能马虎。问错了对象，问卷就只有报废。有意或屡次错问的访员，不能再用！这项严格的要求，必须在训练时严正申明。遇上地址不确定或人物不符的情况，应作报告，在得到负责人同意后，才可进行访问。

访员在自我介绍时，须采用标准的介绍法，不亢不卑，不擅作承诺。对于屡访不遇、闭门不纳或中途而退的样本，不能轻易放弃，要记下时间（或向邻居打探对方在家时间）和原因，以便另订时间或改派别的访员再试。

对问卷中每一条问题，都要向访员做明确解释，务求所有访员都理解一致。对于敏感的问题，要仔细解释提问和应变方法。问题的次序、提问和应变的方法，都要依问卷或事先的指示进行，不能自作主张。对方不明时只可以重问，不能更改题意或引导答案。不轻易接受"不知道"或"没意见"那类答案，尤其是发现对方轻率地给出答案时，应该再度提出："也许我没把问题讲清楚，很多人清楚这问题后，都能够/愿意提出意见，如果你不介意，让我再说一遍。"当然也不能逼问出答案才停止，被访者是有权拒绝对问题作答的。如果对方保持轻率或者答案明显错误，应该暂停，向对方说明其拒绝回答的权利，毋须敷衍。必要时可以中断访问，跟负责人讨论是否值得继续。

11.5　问卷设计

问卷设计可以影响响应，例如在开放性问题下多留空位，回答者便可能多填讯息。网上问卷的空格可以随回答内容的多寡而变，那便降低了空格大小有意无意的暗示。

在长问卷中，关键地方加上鼓励性或保证性的短句，可以提高响应率，例如"以下关于全家过去整年收入的问题，对不同群体的福利分配，有重大意义，请小心回答，我们保证不会泄露各个家庭的收入数据"。

问卷设计可以分四部分来介绍：一般原则、问题格局的选择、字眼和语气的酌量及辅助性设计。

不同文化背景的受访者对问卷调查会有不同的反应模式。有研究发现中国人、韩国人、俄国人之间有很大分别。

有些人较多提供简短而不太对题的答案，有些人较多提供看来很具信心的但未必适当的答案。预料到简短而不常对题的答案时，研究者建议问卷设计时用词尽量具体，避免"是/否"式，采用"你们"而非"你"来减轻受访者的疑虑，对于可能出现的笼统答案则预备一些追问用的问题。

11.5.1 问卷设计的一般原则

问卷中的问题设计是一个系统工程。稳健的做法，是先从假设中的概念出发，系统化地、逐个概念地发展出一套问题；而非先罗列零碎的问题，然后才联系概念。这个次序很重要，不依循这个次序，难免产生遗漏、重复或轻重倒置，而且容易受到当时气氛影响。

例如在研究一种外语学习软件的推行经验时，一些问题会纠结于"难学吗""电脑软件好用吗""容易感到枯燥吗"这类感性倾向，另一些问题会纠结"你需要多长时间才可以进行简单交谈""通过考试后你期望得到加薪吗"这类急于求成的心态。可是，若从概念出发逻辑地推衍，会比较容易理性地探索比较全面的问题：学习动机、困难的来源、解决问题的方法、对新科技冲击的反应等。研究者便可能提出以下的问题，并依可能改善的计划增减各类问题：

"你为什么会学习这种外语？"

"雇主给你们多少时间学习和练习？"

"哪些发音特别容易混乱？"

"你认为需要多长时间才可以把握简单会话？"

这类问题，可以从有亲身学习外语经验者那里问到。至于一些比较宏观的问题例如"外语学到什么程度才算成功""职员懂了外语后会不会改变生活方式"等，若在问卷上提出，对象只宜是专家。

预期答案要精细到什么程度得视分析的需要而定。如果分析时不需要，多余的讯息只好搁置；如果分析时才发觉搜集不全，那便失之交臂。分析时若只需定类层变值或三个分类，问卷中若问的是定比层变值或五六个分类，虽然可以合并，毕竟是浪费；分析时需要定距层变值或更详细的分类，问卷中却只求定序变值或来个两分法，研究结果的准确性便降低。

问卷应该尽量精简。太长的问卷会吓怕对方，降低响应率。研究对象纵使勉为其难地完成整份问卷，对后面的问答却可能没那么认真，访者记录和数据整理时出错的可能也会增加。

设计时须照顾答问者的能力程度和心理。过度琐碎的问卷令人厌烦，过简或过深的问卷令人迷惑，唐突的语气或混乱的问题次序会导致答者半途而废。问题之间的承转，应该顺着对方的思路，例如时间和逻辑上的先后。容易回答的问题通常放在前面，以争取答问者的合作。例外的情况是，如果问卷中有多道难题必须提出，可以尝试先行攻坚。先解释研究的目的，得到对方赞同时便提出最敏感或尴尬的问题，通过了这一关，其余的可望势如破竹。例如访问妇女对生育的态度，若须涉及子女数目和性别、家人态度、性生活、对社会风气的反应等敏感话题，设计时即使兢兢业业，亦难免随时触雷，令答问者拂袖而去。不过若采用先行攻坚的策略，应当预期到会有较高的拒绝率，可能还要调整抽样的方法。

对于设计者来说，问卷的内容是一清二楚的，但被访者便不一样了，他们未必同样地理解问题。因此，问卷定稿前，必须在类似被访对象的人士间测试，务求澄清混乱，才正式采用。

11.5.2 问答的格局

围绕着同一个概念，尤其是未清楚界定的概念，问题可以有不同的提法，答案也可以有不同的处理方式，因而带出不同的后果。比如说对于"解闷方法"这个话题，下面几种问答格局，不仅会给被访者造成不同印象，而且会把访员的注意力引往不同的方向。

表 11-1 类似概念的不同问法

例1	"一个人沉闷时，会怎样反应呢?"

续表

例2	"请问你沉闷时，有没有做过下面所列举的事情？经常那样做吗？"

	经常	偶尔	没有
喝酒	_____	_____	_____
发牢骚	_____	_____	_____
避免见人	_____	_____	_____
容易发怒	_____	_____	_____
不断吃东西	_____	_____	_____
升起自杀念头	_____	_____	_____
其他（请注明）	_____		

例3　"你认为一个人沉闷时，应不应该发泄呢？"

　　　_____应该

　　　_____不应该

例4　"人们沉闷时，最常见的是哪一类举动？"

消极性行动_____　　　　破坏性行动_____

不知所措_____　　　　积极性行动_____

例5　"你认为人们沉闷时，有多大可能性做出下列举动？"

	很经常	经常	偶尔	不会
消极性行动	_____	_____	_____	_____
破坏性行动	_____	_____	_____	_____
不知所措	_____	_____	_____	_____
积极性行动	_____	_____	_____	_____

　　很明显，每种问答格局都会带来不同数据。发问方式之所以难以决定，很多时候是概念把握不稳，例如未决定自己想问的是"行为"还是"态度"。有时则是对对象的认识不同，例如对象是抑郁症病人，会用第1和2种问法，对一般人则用第1、3、4和5法；第2、4和5法带来的数据较详细，对于某些对象来说则是太详细了！研究者对答案性质和详细程度的期望，既左右问题的提法，也影响答案的分

类程序。如果研究尚属初探阶段，第 1 个问法带回的答案最广泛，但最笼统；如果研究已经聚焦到某些方面，例如对沉闷的消极反应方面，第 2 类问法便比较合适。

第 1 种格局称为"开放性问答"（open-ended question），特点是任由对方的思路驰骋，无论答案属于哪一层次或跨越哪些层次，无论答案掉落哪些分类之内或之间，无论对象之间是否不约而同地触及某一层类，都一股脑儿地收集起来，以便将来分类整理。开放性问答的好处是可以避免当时强不知为知，或在还不肯定答案的类别时过早分类，有时还可以发现研究者想象不到的答案。弱点是答案参差，整理时麻烦，无法系统化地比较对象间的异同。

其他例子都属"结构性问答"（structured question）。研究者事先选择探索的层次，并且把预见到的所有可能出现且切合的答案分类。发问时特意引导对象集中话题于该层次，滤掉不相关的讯息，而把适用的答案归入预设的分类架构中去。如何迅速、明确而不唐突地引导对方往适当的层次（framing the question）回答，不单要求对题目全盘了解，而且须熟悉对象，这是一件讲求功力的工作。

每一条问题的答案应该隶属于同一个层次，否则会出现重复或无法作公平选择，例如在第 4 例中，反应都属于比较抽象的类别，若塞进一些具体的举动，如"喝酒"，那便跟"消极性反应"重复，分析时不知是否应把喝酒并入消极反应内，也不知消极反应列出来的类别多了，是否会影响其他反应被选择的机会，这个问题，在自填问卷中会更严重。

同一层次内的分类应该完整、不重复且均衡。第 2 例的答案分类其实集中在消极反应，预定答案中只得"其他"一项让人选择积极反应。这种分类岂止不完整，还不均衡，也不公平。例 4 和例 5 没有那么一面倒，但依然明显地失衡：回答选择中只有一项属于积极行动，收回来的资料中消极的行动自然会格外多。答案分类的数目，会左右资料的性质。分类太少，资料变得含糊。为了更仔细地了解问题，有时不单须增加答案的分类，甚至要把问题拆开，逐类发问。例如从例 4 这一种格局，可以找出哪一种反应被视作最常见的，却不能找到每一种反应在样本心目中的普遍程度。如果采用例 5 这一种格局，会发现"很经常"跟"经常"的差距并不大。而且分类太多会带来误导：有些印象原本很粗糙，却被编入过细的分类，煞有介事地推究起来。分类多（例如五个以上）的问答，也不宜在电话中进行，被访者急速间记不全有哪几种选择，夹在中间的种类被遗忘的可能性较大，如果想认真避免这些可能，可以考虑在不同问卷中把答案的次序改变。

11.5.3　字眼和语气

不当的字眼和语气，会引起混乱，制造偏差和虚假的答案。以下的例子，可以演示这种问题是如何产生的。很多表面上简单的字眼都可能引起误会。原因很多，有时源于设计者忽视了一词多义的情况，例如问一些上有高堂的人士"父母愿意按时接受你的金钱孝敬吗"，父还是母？[1] 有时源于看来简白却很抽象的字眼，例如"你同意目前的财政政策吗"，本问题中"财政政策"一词并不艰涩，却可包括多项因素。有时源于问题的时空背景不清楚，例如"你曾经看过多少次中医呢"，如果不明确指出时间范围，有人只报去年的次数，有人则很热心地追溯到童年时代。有时源于模棱的含义或语气，例如"你认为行政人员应该善于搞手段吗"，"善于"是行政人员应有的素质，"搞手段"是贬义词，这种混杂印象会让应答者无所适从。有时源于"迭反用语"，例如"你对不应该禁止反对歧视这个口号反感吗"，这句话太多否定词，容易混淆意思。可见字眼的运用，未必是越简单越好，最重要的标准，是不会引起混乱或误会。

---

[1]　在这个社会中，做母亲的老人家是否比做父亲的更容易接受经济资助？

　　引导性的问题（leading/loaded question）和不平衡的答案分类，会有意无意地带来系统性的偏差。过于决绝的语气，会让人给出反感和反对性的答案（例如"你赞成冻结老人津贴，即使不够用也不加吗"）。先援引权威意见，接着才征询个人行为或态度，会给对方带来压力（例如"根据医学调查，内脏含有极高的胆固醇，你经常进食内脏吗"）。有些字眼本身带有强烈的价值批判，放进问题中，可能强烈地影响到问答的结果（例如"你认为年轻人应该避免手淫/自慰吗"）[1]。提供有偏倾的答案选择，必然导致不平衡的反应，把不同倾向的答案放到后面或不显眼处，也会带来类似后果（例如："沉闷时你最可能会有哪一种举动：喝酒？购物？避免见人？想到自杀？转移精神至建设性方面？"）。

　　有些问题，难免涉及对方的面子或隐私，容易出现虚报，必须慎重从事。对于一些具体数字，除非分析时一定需要，否则不必强求分毫清楚。例如收入和日期，对方一时记不起，又不好意思说不去替你细查，可能胡乱报个数字给你。被访者记得起也未必愿意披露，收入多的可能低报，收入低的可能报高。如果分析时你只需要定序性数据，不妨只问对方的收入属于高、中、低哪一层。如果分析时以每一千元作一级，便不须介意最后三位数字的准确性。如果最终的分析是把收入分类，而不用估计样本的绝对值（例如平均数），则可以只问某个数值以上或以下，由此来尽可能地减少虚报。如果一定要问出绝对值，自填问卷的可靠性一般最高，把收入分级让对方选择会比较快。如果一定要对方实时提出一个具体数字，可以先从一个接近的估计值开始问："请问你去年的收入接近 x 吗？"跟着问："多些？少些？"随后提出："那么，是接近 y 吗？"对方若说近了，y 值提得接近 x 些；若说不近，y 值提得距 x 远些。有经验的访员，会比较快地

---

[1]　这种时候，如果在现成的字典中找不到中立的词语，宁愿翻译为较长的句子，例如"你认为年轻人应该自己解决性需要吗"。

迫近到真实的准确数值。

对于一些敏感问题，除了要婉转并避免带情绪的字眼，有时还须细心酝酿，以营造气氛。比如用抽查方法研究父母体罚孩子的现象，在未充分预备前贸然问"你打孩子吗？"，结果自然是少有人承认。可是，如果在填答开始前说明研究动机，态度诚恳，发问时中立而不加判语，又承诺保密，那便不单可消除研究对象的疑虑和警戒，还可帮助他们从比较客观的态度来描述自己的态度和行为。比如这样问："孩子顽皮时，父母难免烦恼，有人会控制不住脾气，动手教训。你听过这种情况吗？你自己有没有这种经历？"研究者的目的在对最后一句的答案，前面的谈话都是铺垫，这问题的前半部提出一个可能性，研究者自己对这可能性不可加以批判，既不能说这可能性有多大普遍性，更不能说这样做对或不对。"你听过吗？"这句问法在这里巧妙地执行了过渡作用：不说多少人也这样做，避免了对方从中找寻你的暗示；不先问"你认为这样做对吗？"减轻了对方的态度对报告自己行为时的束缚。

11.5.4 辅助性设计

问卷中除了问答，还得视乎情况加入多种辅助性的设计：有些是抽样所需，有些是担当介绍，有些是为了保障资料的质量，有些提示访员或自填者，有些用来方便数据的输入和整理。问卷发出去之前，应该点数或者编号，以便计算多少发出去、多少收回来。在概率抽样抽查中，每一个抽出的单位，都应该有一个独特的号码，以核查哪些单位没作响应。收到这个单位完整的响应以后，号码和单位的关系应该立即脱钩，以保证不泄露研究对象的个人资料。在邮递抽查中，第一次问卷发出了一定时日后，给那些未回应者发出的第二次问卷时应记录第二次问卷的号码，以防同一单位寄回两份问卷。

电话和交谈抽查的对象，往往不会在研究人员第一次尝试时便接触得上的，问卷第一页上不妨印制简表，让访员填上初次接触不遂的时间和原因（例如方言不通），供下次尝试时参考。问卷上也可留出接触次数栏，超过若干次（通常三五次，也有多达三十次的）尝试失败后，才放弃一个单位。简表上还可以加上一栏，让访者注明访问结果和需不需要继续接触（有种种原因和情况，例如访问开始后对方拒绝继续，或临时有事，访问须改日进行。）

有些抽样方法分两阶段进行，第一阶段以一组人为初步单位，在访员出发前抽出；第二阶段要靠访员现场编列抽样框，现场抽出访问对象。举例说：到户访问成年人对某卡通影片的评价，如果最合用的抽样框是以住户为单位的，那便首先抽出地址，访员到户后，首先问明户内所有成员的年龄，把成年人依长幼排列，再进行随机抽样。这个方法，要求在问卷上预留足够空位，以供填上所有成人的年纪和编号，并提供简易的随机抽样方法（随机数目表或问卷编码），方便访者现场进行第二阶段的选样。

问卷的开端，自然少不了客气话和开场白。开场白要精简地介绍研究目的、主办或研究机构，对个人资料保密的承诺，以及受访者不接受调查或中途退出的权利声明。这些开场白，即便在抽查开始前的照会信中曾经提及，也应再度提出，对方可能忘了，或根本没接到照会信。

问卷中可能有些问题只宜于部分人士作答，例如对方赞成某种意见时，接着问一组问题，若反对某种意见时，则问另一组问题。为了避免访者错问，或答者错答，除了以文字指示跳问，还可以利用方格、线条和箭头，把相关的问题引导起来。为了方便数据的录入和整理，结构性问题的答案应尽可能事先编码（有关编码簿制作，请见第 17 章"数据整理"），号码应该以一定逻辑系统地排列，以免整理时遗漏。为了防止访者或答者粗心大意，或有意伪造答案，问卷中可以做一些特别的安排。最简单的方法是转换同类答案的次序，例如调查家长在遇上什么问题时会接触校方，可以下列方式提问。

如果突然发现孩子有下列问题，你认为校方和家长，哪方面较宜主动提出并交流？

学业突降 _____校方_____家长_____不会有这问题

体重突降 _____家长_____校方_____不会有这问题

逾时回家 _____校方_____家长_____不会有这问题

提出结婚 _____不会有这问题_____校方_____家长

另一做法是把答案排列得好像没有区别，但是在发问的方式上掺杂正反向的问法，例如政府财政出现危机，调查民意倾向哪个方向的解决方法：

	赞成	反对	没意见
增加高收入层的税率	_____	_____	_____
一视同仁地加税	_____	_____	_____
削减经费	_____	_____	_____
减税以增加投资	_____	_____	_____

还有一种方法是在问卷不同地方提出对照性问题，审核前后答案的一致性，例如对照收入和税额；问了爸爸有没有在孩子睡觉前讲故事的习惯后，再问他平常什么时间回家。

无论自填式抽查还是交谈式抽查，研究对象的反应本身也可以成为数据或问卷设计的参考。一些特别注重可靠性的研究，收集对方停顿、声调、手势、目光、坐姿和面部表情等数据，以估计问卷数据的可信性。能够帮助判断响应可靠性的科技，包括把回答过程录像进行分类的软件，已经开始发展，可以观察和分析研究对象观看问卷中图表和文句时瞳孔的反应（停转、跳动、时间长短等）。这样可以考察某些字句是否较难理解，某组解释或选择是否长得令人不耐烦，某个图表是否令人逗留太多时间，不同的问题次序和答案格式是否会导致不同响应，等等。不过即使有了种种科技手段，大概也没有任何一种方式可以适用于所有场合，研究者选择自报式或交谈式问卷时，必须兼顾具体的题目、对象和资源。

11.6 搜集过程

实地搜集数据之前，有几个步骤需要注意。首先是要进行适当的宣传或介绍。机构内的介绍要留意途径和态度，既要得到重视，又要避免过度依仗上级的形象。范围超逾个别机构的，可以借助大众媒介。如果采用概率抽样而又有地址的话，应该事先个别去信，介绍研究的目的、访问的大约时间，承诺守密，告知拒答权利（有些研究者甚至请对方签署了同意接受访问书，才进行下一步接触），有问题时向谁查询，等等。

为了争取合作，有人主张送礼物。但有些被访者可能会以为礼物后面别有所图，反而增加疑虑。对于某些题目来说，送礼物的作用不大。礼物不单增加成本，还会增加那些受礼物吸引者的比例，造成系统性偏差。为了避免这种影响，可以声明：无论接受调查与否，皆有馈赠，博取好感。礼物的性质也很重要。研究高血压时当然不宜送牛油或香烟。特殊情况下，现金是可行的。例如调查小生意者或论件计薪者对购买医疗保险的态度时，如果问卷很长，至少需一小时才可完成，可以提出约一小时工资的代价，以争取样本。总之要尽量降低礼物诱因导致的偏差。

工具的预备要小心。留意问卷有没有漏页和错排，尤其是邮递出去的问卷。回邮信封上最好贴上自己的地址，最好用邮戳，因为邮票可能被刮作他用。问卷若需提示卡、访员若需身份证，都应准备就绪。发放自填问卷时，要预先跟有关机构商量发放的场合、位置和时间。要上门访问时，最好事先照会当地治安机构，一旦访员被误会，事故不致继续扩大。

研究人员给人的第一印象很重要。自填问卷乱七八糟地放在地上；即时填交的负责人态度傲慢或语气严厉；电话访问者说话时上气不接下气；面访者衣履不整，这些情况下，对方即使响应，也增加了轻率或虚报的可能。访员的进度并不一致。对那些很快交回来的，要留意有没有做错或造伪。对那些很慢的，要找出原因，帮助解决，或修订进度预算。问卷回收时，首先核对身份，重复和错误的都不能接受。其次逐页检查：有没有遗漏或有明显的错误？字迹可辨吗？答案有没有写在两格之间？需不需要访者拿回去澄清？若有需要，即日进行较有效。为了保障访问的质量，要抽查每一位访员的工作。例如打电话给被访者，看看是否真的接受过访问，并选两三道题目再问，看看答案是否一致。经过了抽查，问卷才可算正式被接受。未作响应的样本，要设法再接触。邮递的要再度寄出，加信呼吁提供协助。若是电访或登门，要研究访员的报告，改派较有经验的或能说所需方言的访员，在不同时间再探。

11.7 结 语

有关抽查的讨论，本章集中在各种抽查的性质、问卷的制作和资料的搜集过程。进入这阶段前的筹备工作，包括操作化和抽样，已经在前面介绍过。至于资料收集后如何整理和分析，会在第 17 至第 19 章介绍。完结本章前，让我把抽查的优劣概要提一提：抽查的接触面大、样本众、声势大、时间快、数据量化程度高、宣传的效果广泛，是很有效的一种社会研究方法。可是，抽查需要长时间作周详的准备，成本高，抽样不善容易造成系统性偏差，太倚重研究对象的主观反应，遇上有利害冲突或认知不足时问题更大，而且所得数据容易受到研究活动本身干扰，不是可以轻率上马的一种方法。以下几章介绍几种不同的数据搜集方法，成本较少，要求的预备工作不同，资料的性质和理解也不同。认识到种种研究方法各自的优劣，才可以取长补短，避免楚材晋用。

第 12 章

文献研究

　　仅仅百多年前，还只有少数人士有机会看到当时当地较多的文件和书籍，在这些文献里，客观信息和主观理解不但经常混杂不分，还出自相当狭窄的角度。即使是中国这个文明悠久的社会，虽然所存图籍号称汗牛充栋，观点却往往只是局限于两千多年前已经定调的"经书"。这些典籍描述的很多因素已经改变，如地理环境，以前主要是黄河流域；政治，从封建王国解体到中央集权国家的建立；经济，从族耕到小农、从封闭到广远沟通[1]。但直到 20 世纪，仍有大量华人从真实不分的资料、混杂的观点去理解过去和憧憬将来。

　　过去几十年间，在社会科学方法论的启示下，越来越多经学、史学、神学、形而上学和在传统中被坚持的"事实"和"阐释"，开始被重新解构和考据，不单社会科学研究者，就是文学和哲学研究者，也越来越科学地追溯原著的背景和作者的动机，对比文献里的讯息和有关当时当地的其他事实。例如《诗经》和《易经》到底是采编的还是某个人写的？内容到底是什么？根据不同的资料、理解方法和目的，汉儒、宋儒、清儒和今天的认识便很不同[2]。客观分析多方资料后，我们对重要典籍不但可以得到更全面和深刻的了解，还可以欣赏到一些意外的、有趣的、有骨有肉的、更可靠的故事。

　　今天，不但专业学者对许多历史和现代事实可以深入挖掘做研

---

[1]　更多详细内容请参看拙著《华夏历史的重构》第 3 章和《华夏文化辨析》第 2 至第 4 章。（钟伦纳，华夏历史的重构，岳麓出版社，2015；钟伦纳，华夏文化辨析，上海人民出版社，2014）

[2]　更多详细内容请参看拙著《华夏文化辨析》第 3、第 4 章。（钟伦纳，华夏文化辨析，上海人民出版社，2014）

究，一般人也可找到比太史公更多的资料。一位初中学生，只须到公
共图书馆查阅或通过一部智能手机输入有关字词，大量资料便送到眼
前。问题反而是时间不足，而不再是资料太少。由于各行知识和评论
皆如爆炸般剧增，个别名著不足代表现存视野和信息，甚至很大的图
书馆也不能搜尽全部有关书目。是以现代大学生入学的第一课便是如
何有效地使用图书馆和电脑搜求适当资料。鉴于有些作者或题材的资
料过多，搜阅者常须缩窄搜索范围（如限于特定时期、作者某段时
期、作者某类资料等）。现代化的图书馆都有懂得上网搜索的管理
员，有种种索引软件去搜集各项分门别类的文献，甚至免费到远方代
君借取。很多期刊论文的题目或简介都可以在网上找到，图书馆交了
费用，全文可以立即显示和打印，很多大学都跟学术期刊签约，让研
究者无限制找寻、复制或打印论文。研究人员面临的问题，变成了在
众多资料中如何取舍。

很多人平时只是依靠记者报导作为消息来源，做研究时可以找到
的文献则可以比一般新闻报道多。即使是很负责任的记者，由于时间
所限，能够查到的资料也有限。研究人员由于不需要实时报道，对于
同类事件，虽然无法穷尽有关文献，却有较多时间挑选出具有代表性
和歧异性的资料。在知识爆炸的年代，即使时间较多，依然无法浏览
所有项目，遑论细读。但研究者必须仔细辨认资料的可靠性，斟酌字
里行间的深意。研究者的一个重要责任，就是把现成资料的视野、角
度、质量及提供的新资料和观点整理出来，并指出资料的出处、研发
资料者的背景、现有资料的价值，以及有无重要的角度和资料被
忽略。

12.1 为什么要钻研文献

为了对一些实存问题求知和求解，应用研究系统化地去找寻适

用的资料。如果现存的资料已经足够帮助制订决策或计划，当然无须另费周章，这是任何研究都必须尽早搜求有关文献的原因。除了节省时间，文献上现存的资料也可能提供间接的、不同的甚至相反的讯息。间接的讯息，既可以丰润研究结论，又能提供相应的范围和深度，好让我们进一步探究。跟主办者或研究者原意相异或相左的讯息，则扩阔我们的观察角度，防止闭门造车。文献研究本身既是一种研究方法，也是所有研究的首要步骤。它大体上代表了研究者最广阔的视野。本章首先谈及文献资料可以在哪些方面对研究产生作用，然后分析不同种类文献的特性，提出采用文献资料时应该注意的地方。

文献一词，这里不单指印刷的、抄写的、在线的，还包括缩影胶卷和电脑储存的资料。近年来由于电脑储存和提取技术的方便和普遍化，出现了林林总总的讯息数据来源，既要求读者小心判断其正确性，也促成了把现成研究资料综合的需求。这些新动向，揭示了文献研究的角色，而且必须在知识爆炸的年代延伸发展。有些资料，事实上只能从人口调查或跨国性研究报告中获取，绝大部分的研究者和主办机构，都无力自行搜集。

当地的报刊文章和电视电台节目，不单是表面讯息，除了可作原始资料，也可进一步作"内容分析"（content analysis）。研究者根据发言记录或当地文献，分析某些重要词汇的口吻、出现先后、多少和前后脉络，去推究也许发言者自己都未觉察的弦外之意。这样"制作"出来的新资料，可以捕捉到潜在心态。从"资料制作"的意义来看，抽查也是一种制作数据的方法，不同的是，抽查采用的概念在搜集数据前已经界定清楚，而内容分析的概念则在原始资料搜集后才开始梳理。

12.2　文献的作用

文献的种类很多，一般教科书以原籍的性质分类，但我觉得从文献对研究的作用来分更方便，对于初学者来说也更易上路，因为这样的分类会指引我们使用文献时的时间分配和阅读导向。根据文献对研究产生的作用，可以分为三类：指导性资料、直接资料和衬托性资料。

12.2.1　指导性资料

研究对象采用过或受过影响的指导性文件，例如契约、族规、法令、行业标准、委任状、备忘录、授权书等，无论是大传统中的官方文诰或小传统中的经商指南，无论发挥过多少实效，皆应及早研究。**把文献拿来跟实际行动进行比较，是发现新事物和重新理解问题的最佳线索**。有哪些文献在当时会影响当事人的行为？他们是否知道那些文献的存在？他们的行为跟指导性文献的指示有何不同（例如产品合格吗，工时和工资低于法定的吗，契约上的要求都满足了吗，等等）？为什么？……

研究者本身参与正规的研究计划时，往往也须签订一些合约，受到一些条例的指导和约束，自己对这些指导性文件的处理，当有若干体会。研究者虽然事先也参与讨论这些事项，正式文件上是否出现了有意或无意的变动，仍须小心。有些研究开始时并没有正式的契约性档案，即使有亦不会包罗所有细节，敏感的字眼可能被删掉，但有时会多了一些重要而不尽在意中的字眼，这时研究者便须更加留意契约性文件以外的带有指导性意义的资料，例如会议记录、跟工作有关的计划、决策和章程，来对比参照，推敲出这项研究所扮演的适当角色、有关单位的制度、内部行事规章和外界的法律。阅读跟研究对象有关的指导性文献时，亦当留意一些表面上不太直接有关的字眼和资料。

有些比较仔细的规制法律，本身便提供出对重要事象的清楚定义，有助于澄清细节，例如"一天"是一个工作日还是一个自然日。一套借贷审核程序包括了什么？一些规章步骤的描述，则辨认出负责单位、工作期望和时间资料。这些定义，可作为判断实际行为的准绳。

12.2.2　直接资料

文献作为直接数据，其来源、代表性和处理方法都很不同。代表性不单决定于本身的性质和数量，还视乎待验假设的要求和其他资料的比较。目的若只在证明两机构间有没有书信来往，找到一封信便已足够；若想知道来往的性质，不免还须了解信的内容、收发者的地位和与其他人士间的信件，等等。如果想知道这两所机构有没有其他接触，单凭信件显然不足。可是，若无其他资料，这些书信就变成了唯一的论据。想研究唐代贸易的昌盛情况，资料要一大箩；想要否决唐代儒家皆轻商的观点，找到一篇韩愈颂扬商人的墓志铭便够了。

有些资料的内容直截了当，或只须简单整理便可表达出来。例如人口调查、某机构历年的财政报告（可能作伪的又另当别论）、某社团对某法案的立场。有些资料则须先行分类，再计算比例来推断结论。如近几个月报刊上的酒类广告是否有特别凌厉的趋势？唐诗中以思乡为主题的是否占最大比例？还有些资料则要求推敲文字的真正含义或隐显的动机，如婚姻法中女性的地位、小学教科书中公民意识的倾向、《诗经》的筛选标准、现代诗中表达的意象，等等。

每一类资料都需要事先鉴定真假，并判断其分量——可以证明某些事象吗？证据充分吗？这些事象对整体研究对象的关键性如何？这是唯一的资料来源吗？……有关直接资料来源和整理的方法，在下一节和第 13 章介绍系统观察方法时，会进一步讨论。

　　除非为了追探源流，资料和理解并非越古越好。有些早期观点现在已经被发现是错误的；有些典籍本意在为当时当地提供某些原则，内容未必符合后世各地所需。如果研究对象是某机构的传统或某地的历史，那么早期史料当然免不了。

12.2.3　衬托性资料

　　很多文献可以提供背景资料，用来衬托研究的主要发现。把主要资料放在较大的脉络下来表达，对于大部分不是专家的读者来说，是特别有帮助的。即使是专家，也不可能每次都立即理解到研究发现的意义。就以某地医生人数目为例，这个看起来简单直接的发现，孤立地发表时，意义并不清楚；可是，若能找到当地人口总数，便可计算出每千名人口中医生的比率，若能同时发表其他地区的比率，则医生数目便更有意义了。又如评估两个门市部时，单单找出营业额是不够的，如果知道甲门市部所处地区人口较多而且位置较佳，那么即使营业额一样，评估的结论也应不同。

　　有些背景资料可以导致原来假设的修订，那就简直可当作主要论据中重要的一环。不单像绿叶衬牡丹，甚至有画龙点睛或改鹿为马之功。举个例子：在研究郑和下西洋的目的时，有一条"船队配备医官医士一百八十多名"的数据，表面看来跟主题关系不太直接。可是，如果找到一般明军每十万人配十四名医士的编制作背景，下西洋编制中每一百五十人员配一名医士的数字立即便把郑和下西洋的目的扯到经济方面去了，严重挑战了"下西洋只是为了政治目的"这项假设。而根据儒生史笔的直接资料和一些接受史书观点的学者的见解，郑和下西洋的经济目的是被有意无意地贬低甚至否决了。那么这条医士编制数据便从衬托性资料转化为直接资料[1]。

---

[1]　更多详细内容请参看拙著《华夏文化辨析》8.5节。（钟伦纳，华夏文化辨析，上海人民出版社，2014）

不过，除非有转化为主要论据的可能性，对于衬托性资料，还是不宜花太多时间和资源去钻研，这是研究者浏览文献时须经常提醒自己的。衬托性资料的编排，是经过选择的，不能找到什么都胡乱塞进去。画蛇添足的资料，不会反映研究者的博学，只会造成报告的混乱，反映研究者的轻率。不容忽略的是，在不同背景衬托之下，读者对主要资料的理解会大不相同。就以上述医生数目为例，即使单从居民就医机会这个角度来观察，找出"每名医生每年诊症数量"作衬托资料，跟拿"居民总数"来衬托，其后果便可能很不同。因此，找寻衬托性资料时我们可以广泛撒网，尽量捞捕，发表时却须精心选配。如果有些理论上可能令人改观的衬托性资料（如若找到该区老人比例特别高，或该区某年疫病流行的资料，会显示出该区该年的医疗力量较薄弱）在实际中无法找到，也需要在研究报告中提示读者这类背景的可能性。

12.3 文献的种类

就文献本身的性质看，不同类型的文献各有特色和局限。

12.3.1 正规记录

官方记录、图表、年报、正史等文件，是文献研究最主要的来源，不单是指导性资料中重要的一环，也常用作直接或衬托性资料。它们大都是从正面的、应然的角度立据，是动员大量人力物力且通常都经过了若干审核程序的过滤，才以书面形式固定下来的。所以一般来说，如果观察角度和概念适合，这是质、量俱备的资料。比如说，研究商代对各民族的统治策略，《书经·酒诰》一篇便足以显示出异族异制的禁酒例。

正规文件的问题在于：会夸大"应该怎样做的"，会掩饰"不该做的"，会歪曲"有抵触的"，还会忽略那些"不重要的"。这些弱点并不足以否决正规记录的作用，其中也有可以克服或补救的。官方的立场也不是一致或一成不变的，当事者之间利害不常一致，记录者也可能失手或有意透露一些重要讯息。搜集不同部门、层级、时期和给不同对象的报告，拼驳比较，很多时候也能得到较为客观的分析。至于在各种文件都没有提及的部分，则只能依靠其他方法了。

12.3.2 专题报告

当决策者发现了新问题，而例行的信息不足以供决策或计划时，可能指派或聘请专家做专题报告提出建议，例如法律行动的可能性、改善现金周转的措施、白领罪案的应付方法、过度活跃儿童的教育方法，等等。这些报告虽由当局者主办，其角度和利害关系不尽相同，不单是由有专长者提交，而且是针对原有资料的缺憾而落墨，其识见和论据都值得特别重视。

阅读专题报告时，必须留意作者跟决策者之间的利害关系（有利害关系不一定是坏事），和专题的范围和时间跨度。过度依赖某一专题报告的资料时，可能产生资料或论点不平衡的情况。因此必须追探：有没有其他同样重要的角度或问题未发现，或是发现了而未受专题眷顾。

12.3.3 侧面管锥

在正规记录和专题研究以外，有些出自接近当事者的人士的写作，以内幕消息、日记、野史等形式，把一些正式文告不会涉及的事象披露出来。这类披露较着重个人观感、人际关系和事件过程的定性描写，着墨于"人性"面，有的专揭阴私、有的隐恶扬善、有的歌功颂德。由于写作者的动机、对事件的了解程度、报导的范围能力都很参差，把褒贬过滤后有多少可用，不易预测。

如果研究目的在于了解某些重要的当事人物或重要的事件发展经过，有些传记会成为主要资料；如果目的只是为官方报导找出一些补充或反驳，即使只求一鳞半爪的印象，有时也像是沙里淘金。不过，在没有其他资料的情况下，例如某大机构不愿公报其内部人事或运作时，侧面报导会成为唯一的资料来源。但单纯依靠它，有时却是很危险的。

12.3.4 统计数字

如果侧面管锥的资料带来的是一丛斑点几滴血，则统计数字就像有骨无肉的嶙峋骨架，好处和坏处都在其中。统计数字如果定义吻合，可以是很有效的数据，因为它能跨越琐细，简洁有力地树立主要论据，或提供衬托背景。而其弱点则是高质量的统计数字都有明确的定义和推论范围，现成数据不常完全与研究所需相吻合。如果用了不尽相同的定义，则会出现喧宾夺主的后果。例如用退休者与年届工龄者的比率来研究老龄化社会中的经济关系，原来用的定义是六十五岁以上才算老人，可是，现成的资料却是六十岁便算，用六十五岁以上的人口数目去除十八至六十四岁之间的，跟用六十岁以上的去除十八至五十九岁之间的，带来的观感显然会很不同。

12.3.5 二手报导

二手报导在某些情况下很可能是资料的仅有来源：原籍已佚亡，例如古籍；原籍流通范围很窄，例如人事资料；原籍在一定时间内整理不出来。二手资料在另一些情况下，会产生很好的带领作用，例如原籍是外文、文字艰深或专业术语繁多。二手报导的其他好处，是选择出当时比较令人关注的题目来介绍，而且介绍的文字比较简明撮要。不过，也正因为二手报导要撮录和解释，原籍中其他重要的资料可能被有意或无意地略去，报导者的理解亦不一定符合原意，还多了一层抄印上的错漏。

12.3.6　非记录性资料

以上文献，多数经过选择或整理，其选择和整理标准跟研究方向配合时便事半功倍，如若偏歪便很难用得上（例如统计分类很不同）。另外也有很多文献，并不是依据同样的意图而选择或整理，例如不直接相关的规章、制度、法例、契约、手册、告示、诗词、小说、社论等，研究者须自行制定概念来选择或整理。比如想从广告中估测近来招聘的职位和履历，从读者来信中发掘问题的种类，或从流行小说中考究某个时期对性解放的接受程度等。这些原始资料的好处是已经存在，任君编排。坏处是概念未必有共识，比较散乱，不知有没有遗漏，需要较多时间来提采。

12.4　文献研究的步骤

12.4.1　发掘文献

文献研究的第一步，是去估计和发掘文献。除了主办机构所提供的，研究者还可以从同类机构或行业中找到有关资料。有规模的图书馆，馆内图书都依作者和题目甚至题材制备索引，有的还有电脑或馆员免费协助。近年很多学科都印发最新索引，长年巨卷，撮要介绍题材和出处。在古籍浩瀚、新知爆炸的年代，即使在线阅览也需不少时间，线索可能多得看不完，况且还有些是列在不同名目下的。找到有经验的人士，固然会有帮助，最好的方法却是把握和修订概念，依据优先次序速览目录、摘要、索引或结论。另一个极端的情况是，有些不公开流传的档案，即使缴费也不能分享查阅，例如商业保险的赔偿记录，如果阁下不是钦差大臣或私家侦探，又找不到别的门路，就只好望墙兴叹了。

12.4.2　辨别真伪

官方文献流通广而记录清楚，一般来说，真伪问题不大。至于限制流通的（如人事资料）、有单方面改造可能的（如契约、收据）、发掘出来的历史文物、对敌双方的文件等，其真伪性的鉴定，本身便属于一门专门的学问，除了通过用语、文气、时间、内容、关系等文字特点来推敲，可能还须采用自然科学方法，从纸墨或其他线索来引证，不但要找专业人士，还得花上一段时间。另一类文献的真伪则是涉及古籍的作者和意图，尤其经过两千年多年还理不清的经书，比如经过现代科学考据才可能真相渐明的《易经》和《诗经》[1]。

12.4.3　估计分量

如果研究目标是一场辩论的结论，而现存资料只是单方拟定的共同声明草案，这份档案的分量便得打折扣。可是，如果你想追溯辩论的发展过程，草案或声明的早期版本便成了珍贵资料。某一行业坚持不懈地推行一套同业操作流程规范，它的专业守则便成了研究这行业的一座宝库。某机构的首脑极其专制，这机构的人事手册，便只是一纸虚文。甲名人传记的作者是他多年的私人秘书，他有恒毅的日记习惯，而且以往写作的作风平实，这本传记便有较多直接资料。乙名人有位远亲，在生时没有见多少次面，对乙的事业也不大了解，此人为乙立传，纵然立意公正，成果大抵供消闲性阅读居多。文献的范围和时间跨度，如果跟研究的目的不同，所带来的资

---

[1] 更多详细内容请参看拙著《华夏文化辨析》第 3、第 4 章。（钟伦纳，华夏文化辨析，上海人民出版社，2014）

料，当然不足以提供定论。

12.4.4　鉴定准确性

即使是真实的和价值极高的文献，也不能保证所有记录一致准确。当事者可能记忆错误或有意掩饰；观察者可能限于角度、关系或量度工具而报道不全；推论者思路虽然清晰，前提未必稳固；理解者可能走火入魔。针对作者与所记资料间的关系来估计错、漏、偏的可能性，是作为研究者应当培养的习惯。如果我们怀疑当事人的记忆，可以从他对一系列有关事件报道的一致性来排列核对，例如行动日期和火车时间表（有点像侦探干的事情，谁说社会研究沉闷）。如果我们对工具有相当认识，有时可以从工具的性质引发对资料准确性的疑窦。例如上一次人口抽查后一直没有新的数字调整，如果有人提出了不同的数字，可以追问来源或推算方法。文件印发者的动机，一直是怀疑者的重要线索，其动机通常并不简单。某公司发表的盈利额，可能为了避税而压缩，也可能为了吸引投资而夸大。一贯准确的可以偶然出错，例如统计表上误植数字；一向不可靠的，可能在某些机缘下亲历了某事件的发展，而又没有明显的理由虚报，其言可信。由于牵涉广泛，准确性的评鉴，最难一概而论，若有疑问，务求具体分析。

12.4.5　掌握搜集方法

文献若是以外文记载，或者储存在电脑中，研究人员中必须有懂外文的，或者有懂得从电脑中提取资料的。面对一大堆资料时，最重大的问题是根据什么标准把哪些资料提取出来，尤其是定量的直接资料，必须事先制定方针和表格，有系统地选用（详见下章）。若属定性的、指导性或衬托性资料，也应列出引录准则，提示览阅时对哪些字眼和文气应特别敏感。进入文献主体前，要对其中的名词术语细心辨认，同字异义和同义异字的情况并不少见。中国历代人口录中，"丁"这个字便有不同定义，成丁年龄提早一岁，人口数目便大大增加。如果一份老人生活调查报告的样本来自退休人士，并无家庭主妇在内，那么研究便很可能忽略了高龄非职业妇女的角度。

12.4.6　文献提炼

当地的报刊、电视电台节目，不单可作为原始资料，也可进一步提炼，进行系统性的"内容分析"（content analysis）。除了讯息的内容本身，研究者还可把表达方式中某些重要词汇的口吻、出现先后、次数和前后脉络分类，去推究也许发言者自己也不自觉的弦外之意。例如某市体育版的报道越来越情绪化，关于客队的介绍也对立化起来，经常指责裁判对主队不公。这些资料可以量化，并跟其他地方的相比较，甚至还可能找到指标来预测各地球迷暴动的可能性。

12.4.7　时间分配

文献研究，不用四处奔走，比较悠游，容易令人忘却时间的消逝，尤其是遇上饶有趣味的题材（例如小说）时，可能乐而忘返，工作与娱乐不分（这是研究生中常见的现象）。因此，应用研究者必须尊重时间表。分配时间的标准，首先是必须决定文献研究在整个研究中所占比重，是初步还是主体。然后要估计一下全部文献有多少，其中多少属指导性的、衬托性的，以及多少可作为直接资料使用。如果直接资料来自文献，应该制定系统化和标准化的方法来采集，并估计和建立每一单位资料（例如一个月的报纸，或十份表格）采集的时间。

第 13 章

系统化观察和表格的运用

13.1　系统化的观察

　　文献资料除了可以淘出现成的"金块"，还可以进一步发掘到重要的"矿脉"。一些乍看零散的"矿石"，也许未堪重视，可是，如果能探测到其间一致的特性，意义会比个别"金块"更大。系统化观察是指从多个事例中抽出共同的特性来研究，这类方法的重点在于对系统标准或特性的界定、对探测范围和样本的选择。

　　许多系统化探测是通过研究对象的观点来搜集资料的，抽查便属于其中之一。也有一些系统化观察，是无法通过研究对象的观点来搜集资料的，例如幼童对成人行为的反应和一些精神病人的行为，这时便是有准备的旁观者的用武之地了。系统化观察的范围不限于当时行为，原始资料也可以来自以往文献、不断收集到的病历表、上班下班时间的记录。为了方便从大量原始资料中提取符合研究目的的题材，尤其是大量性质相同的变量，这些记录可以依据表格"翻译"成可供进一步研究的定性或定量资料。大量但小心地采用表格，可以既方便又便宜地搜集资料，也有助于简洁地综合陈列。以下，我会先把系统观察的要旨结合表格的作用讲述，然后介绍表格的制订和运用。

13.2 表格的作用和滥用

　　包括一些专业研究者在内，很多人谈到研究时都有一个刻板印象：必然需要特定的人员和工具！其实，他们忽视了简单的工具和非专业的研究人员经过适当的准备后，也能胜任搜集资料的工作。最能够帮助非专业人员有效搜集资料的方式，就是设计精简和运用得宜的表格。

　　表格最适宜用来分类累积大量资料。它的原始资料来源极为广泛，包括了各式各样的文献、例行公事的记录和事象现场的观察。表格设计并不要求巨细无遗地罗列，也不偏重于对个别偏异的解释，而在于把握重点、仔细分类，把有关事象标准化地滤积到预设的架构中去。

　　运用表格搜集资料时，由于理解的工作要么移前到表格设计，要么移后到资料分析，搜集资料这阶段便可望尽量简化。表格设计要方便填表者只须填写只字片语，无须长篇大论，如此便可以很快地、一致地沿着表格中树立的架构累积资料。这种搜集工具的好处不但是节省，还可降低搜集人员的个别理解对资料的影响。

　　现代人一出生，便有人为我们填了表格，求医、上学、求职、借钱、结婚、旅行、开户……生活上大大小小的事情，都不离表格。那么，社会上岂非已经有了很多表格资料，为什么我们依然要不断地填，现在甚至还要学习怎样制造更多的表格？事实上，有些表格是一旦填了便不再出现；有些只待有需要时才翻查一下；有些不许局外人士参看；有些则由于设计或收集时的问题，已经不大中用。社会和机构中表格充斥，费时耗纸而效果不佳。表格的制订和运用其实不难，有时又可利用现职任事者的时间，不需特别增加研究人员和成本。但也正因为这么方便，人们禁不住滥用起来，有的地方实在达到了表格成灾的地步。这一章尽管在鼓吹重视表格，但我也要详细指出如何去设计和运用表格，才能更有效地搜集资料。

用表格来搜集资料，有点像用渔网来捕鱼。渔网的网口和网洞都有一定的尺度，大于网口和小于网洞的鱼儿一定进不了网。同样重要的是，捞捕量不单单决定于渔网本身的构造，还得看鱼儿们何时、何地、如何落网。在小溪边用手拿着网子爬拨，跟在大海中拖网，当然有很大的区别。有效率的捕鱼法，不是巨细无遗地追求一网打尽，而是事先估计在什么地方可以找到哪些鱼类，掌握它们的特性，然后结网。有了网之后，看准了鱼群所聚，然后撒网。

13.3　系统观察的筹备

在表格设计开始之前，首先须决定系统观察是否对当前研究是适合而且可行的方法。肯定了这一点后，还须仔细选择观察的重点和样本，留意所用的定义及观察单位的量度层次。

13.3.1　估计素材的作用

拟定了研究题目后，我们发现由若干素材初步反映出的事象，跟研究题目可能大有关联。在这个环节上，我们必须做出估计：这些原始资料能够解答多少问题？如果素材不能或不足够解答问题，则不宜蹉跎，应该尽早起锚出发，或者开展其他搜集工作来补辅。比如说，在研究广东地震时，我们找到了一批地方志。有方志传世的大抵以富邑大县居多，在这批文献中可以淘出多大价值的资料视题目如何界定而定。如果目标只是重要地区大型地震的记载，可能收获较大，如果想要粤北山区小型地震的记录，富县的记录只可作背景参考。

素材不单来自文献，也可以来自对事象现场的观察。在研究连锁店店员的态度时，站在店内观察，可以得到的资料只会限于工作量和店员跟各方面的关系，要了解他们的薪酬和升迁机会，就得另行搜集。要留意的是，判断原始资料的作用，不能单看"有没有"，还须留意变量的量度层次，如果应用方面的要求很清楚：非计算出平均值不可（例如薪酬），素材中却提不出足够的定距层资料（例如店方只同意提供职员级别，却不透露薪酬数字），则这批职级素材骤看很有分量，相对于这个定距层数据的要求，却只得完全放弃。疏忽这一点，不但会浪费时间，还达不到有关薪酬统计的要求。

13.3.2 选择重点和样本

肯定了素材不会太少后，跟着的问题是素材是否太多。换言之，就是怎样利用最少量的资料最有效地解决问题。有些表格虽然收取多项数据，但没有一项可以提供应用者坚实的决策讯息。因此，在开始系统观察前，必须选择最直接有助于评估或估量的变量。

研究重点和样本的选择，在第 4、第 6、第 8 和第 9 章已经做过一些基础性的讨论，不过，那时考虑的出发点，是尽量找出理论上最接近概念定义的操作化方法。这一节强调的是，从比较具体的资料来源和搜集方法出发，研究重点和样本的选择虽然局限较多，考虑条件却也比较鲜明。

让我们先谈重点的选择。比如想研究本市桥梁的交通情况，素材是现成而且充分的，问题在取舍，哪一个或哪一些指标最有效？你当然可以搜集"过桥车辆数目"，但不妨也看看"等候过桥的时间""桥面宽度""过桥的行人和车辆数目之比""桥区附近交通情况"，等等。选择哪个或哪几个作为重点指标，不单取决于研究目的，还得看指标的效率。相对于解决交通拥堵这个应用目的来说，上述变量都能反映出一定的特征。不过，经过比较，"桥宽"和"人车数目比"较为间接；桥区附近如果路面太窄或有新建密集居住区，当然是解释时的重要论点之一，但要成为桥面交通情况本身的指标，也间接了一点；相比之下，"车辆数目"和"等候时间"是最直接的指标。

"等候时间"当然还只是一个很粗糙的概念，很明显，我们无须把一整天内所有车辆由于各种原因而停车的时间一并记录下来。我们只须观察在拥堵时间内进入了桥区范围的车辆。即使在这个时空范围内，我们也无须追究所有车辆的等候情况，只须每隔若干辆抽一辆便足矣。样本的选择，包括如何划定观察的时空范围，这是个极重要的环节，却也是很易疏忽的环节。有些研究，在某些选择过程中采用了严格的抽样方法，在另一些过程中却马虎得令人吃惊。在本例中，如果不小心界定桥区范围和观察时间，选择车辆时即使采用了严格的随机抽样法，也属徒然。早上 8：00—9：30 与 7：30—9：00 时段的记录，可能会很不同。餐馆下午 3：00—5：00 时段与 5：00—7：00 晚餐时段的生意量、学年结束前后报纸招聘广告的对象，有明显的区别。

13.3.3　留神定义

无论表格如何设计，最后还得依靠填表者依循制表者的定义来填写资料，这是一个很容易出错的地方。定义含糊、分类不全面不清楚，资料便可能重复或遗漏，整个研究到头来可能就白费了。制订定义时应该留意两类情况，一是原始素材并不复杂多变，定义的字面意义却模棱两可；二是原始素材比较复杂多变，这时需要具体和细致的定义或填写程序。

先谈第一种情况，这是比较容易疏忽但也较易纠正的。比如说，我们想记录假期公寓的使用情况。表面看来，有多少住客便填多少，最多加上床位数目，计算使用率那还不简单！但仔细一想，绝对不是那么简单。宿舍住客出入比较频密，"住客人数"指哪一段时期的？就说五月份的吧。"五月份的住客人数"，包括五月内搬出的吗？还是仅指五月最后一天的住客人数？如果不交代清楚，有些公寓的负责人会采用第一个定义，有些采用第二个，这样得来的"总数"有什么意义？更严重的是，这两个定义，会带出很不同的结论。比如说，甲公寓有 50 个床位，40 名住客，其中 30 名住满一个月，10 名平均住了 15 天；乙公寓也有 50 个床位，但服务了 60 名住客，可是，其中只有 10 名住满一个月，50 名平均住了 3 天。若按人头计，单位定义是"曾经入住的人数"，甲公寓该报 40，乙公寓报 60，结论是乙公寓服务了较多客人；若按床位使用（或空置）情况计，单位定义是"床位使用数目"或"人／日"，甲公寓月内住了 1050 人／日（30×30+10×15），乙公寓住了 450 人／日（10×30+50×3），业绩相差很远。这两个定义不单带来很不同的印象，还会对公寓的工作计划和预算，甚至员工的士气，产生很大的影响。"床位使用数目"这个定义，比较恰当地反映清洁工人的工作量，却把握不到办理进出手续的员工的工作量。对办理进出手续工作量的估计来说，"月底住客人数"这个定义会低估；"这个月内曾经入住的人数"这个定义则既可能高估（有些在五月前已搬进），也可能低估（正在办理手续，等候入住者未算住客）。

第二种情况，是事象复杂多变，未经周详深入的考虑，不易进行清晰恰当的分类。例如观察幼童侵犯性行为，"怒目而视"算不算？"举手作势"呢？还是真的动手打了人才算？就算是打了人，要不要看在什么情况下打人呢？被多次挑衅、挨了打才还手算不算？如果不列明，不同观察者或研究者自己在不同时间下，可能把同一举动编进不同类别去。固然，要在一个定义内对所有动作及其意义都清晰列出，几乎是不可能的事，但至少需经过周详的考虑选出重要的因素，因此，以上所谓的侵犯性行为，至少可以界定为"在未经挑衅情况下，作出令对方感到压力的言语或行为"。这个定义大致上带来了辨别"是否"的标准，却未完整，因为依此尚不可判定侵犯性的程度，还需要界定观察的单位。甲童在某段时间内或"同一次事件"之中，因为同样原因，对另一同伴作了二次警告，或同时侵犯几名同伴，这算一次还是多次？筹备研究时不弄清楚，搜集资料时便会拖泥带水，分析时就悔之晚矣了。

13.3.4　观察单位的量度层次

用网捕鱼，捞上来后才分类，用表格搜集资料，则须在搜集的同时便进行初步的分类。原始资料带有种种特色和局限，常常不能够按照研究者的初步构想来归类，这便影响到变量的量度层次。举例说，我们想调查某行业的招聘情况，报纸广告有些现成的原始资料，但是否尽属适合的素材呢？在未看报纸之前，我们可以凭想象把招聘资料的内容分作三大类，每类再细分："职位性质"可以包括种类（如财务、技术发展、技术援助、推销等）、级别（如初入行、资深、主管等）、条件（如时间固定吗、需要出差吗）；"履历"可以包括学历、专业或行政经验、特别要求（例如外语、电脑操作、应变能力、创造力等）；"薪酬"可以包括正薪、福利、分红、加班倍薪等。闭门造车，还可以想象出更多的项目，问题却是：实际上，报纸广告很多时候不会那么详尽，不同的行业和职别的广告，各有偏重和遗缺。有些工作性质比较一律化，广告上无须啰唆；有些则事关机密，广告不便具体透露。即使薪酬也不是所有的都列出，那些急于抢人的，列明高于一般的正薪和福利；另一些则标榜福利和稳定性；还有一些只笼统地说"视资历而定"或"面议"。面对这样参差的资料，研究者可能须放弃理想的定距薪酬数据，另行制订分类方法，采用"薪酬高于一般""一般""不详"或"强调起薪""强调晋升机会""强调福利"等类别。可是，如果研究者必须提交薪酬的平均值，报纸广告便不堪用了。类似的具体情况很多，研究者若不事先细心观览原始资料，贸然设表，便不能保障资料的完整性。

13.4　表格设计

表格不同于问卷。首先，问卷的对象有权不答，而填表者有责任填交，而且可能须多次填报，因此，表格不必顾虑填答者当时的情绪，填表者的方便才是关键。其次，问卷专为研究而设，搜集时间多由研究者决定，问答时双方都比较集中；而很多表格却须同时负担行政功能，依靠非专业或专责的工作人员作记录，这样一来，搜集时间便须照顾行政上的需要，用人时也须格外小心。本章以下的讨论，偏重于这类兼顾行政需要和人事的表格。因此，设计表格时，除了须符合一般性搜集工具的原则，还须特别留意下列几点。

13.4.1 填核简便

因为无须过多考虑填表者的实时心理，表格上不单可以省掉客套字眼，表格上的文字甚至可以完全由名词或词组组成，不必用完整的句子。表格上的答案越结构化、分类越少，填核者所费的时间便越少。遇上定义复杂的，要附上说明；类别多时，要按顺序排列；填答的空白处若能有规律地印列，可节省寻找时间。填报者若须停笔找资料，须预期到哪些项目有此需要；把同类资料顺序编在一起，可以节省时间和减少错误。如果填表时要在甲记录本上找一点资料，下一题要翻乙记录本，隔两题又回到甲记录本去，填核者难免会不耐烦。

但最能节省填核者时间的，是尽量减少不必要的、不太直接有关的或重复的资料和题目。有些资料是本来已有记录的，例如职员的出生日期等基本资料。现在越来越多的大机构采用电脑资料，职员填上姓名后，基本资料自动在屏幕上显现，不用再填。

13.4.2 标志客观

表格的设计者和填报者的关系，不像抽查时那么紧密。填表者可能从事有关工作多年，较易对事象产生一定的观感，遇上模棱两可的情况时，较易倾向于擅断。因此，设计表格时，应尽量找出清楚客观的标志，作为辨认或点数的标准。例如服务对象是否抑郁成症，不能任由非专业者判断，应以病历表所示为准；老人"体弱"，应看有多少项家务做不来；"踊跃"应由参加人数或次数来显示。

13.4.3　兼顾行政

在依赖现职人员填报的场合，即使研究成了长期性活动，亦只是他们日常工作中小小的一个部分，对他们来说，日常行政未必应该或能够迁就研究活动。有些研究者认为重要的项目，不经过特别安排就拿不到相关资料。最明显的是一些机密性资料，例如雇员薪酬，填表者若级别较低，便拿不到这份资料，除非事先得到上级批准。另外一些情况，则涉及行政规律，例如报表的周期。如果研究目的是找出一星期内哪几天的营业额较低，而总公司只有分公司的月结报告，不事先做好安排，便无法收集。了解到行政规律和局限，避免不必要的变动，较易争取到各级行政人员的支持。

13.4.4　补充定义

对于行政上指示不清楚的地方，研究者须进一步提出统一的搜集或理解标准。比如说，如果分析时采用周薪，而记录中有些却用月薪，当然可以要求折算为周薪呈报。如果是这样，研究者便应提出折算公式：一个月到底是有 4.286 个星期（30÷7）、4.429 个星期（31÷7）还是 4.345 个星期（365÷12÷7）？居住率的计算是基于月底人数、全月人数，还是全月人/日数？服务对象是否包括已经批准了而尚未搬入的人员？伤残人士每次双程交通服务算一个还是两个服务单位？

13.4.5　表头清楚

除了内容，还应该留意表头的设计。每一份表格，都要列出题目（尤其是在多份类似表格一起运用的场合）、单位、填报人和审核人的名字和签署日期（到底是"填报日期"还是"填报内容涉及的日期"，这是常见的疏忽）、什么时间内完成（例如下一个月中以前完成本月报表）、交回什么地方交给哪一个人，若有说明书解决不了的问题该向谁询问。交代如果含糊或不够详尽，就会给人推诿塞责的借口。

13.5　表格的推行

13.5.1　物色填表者

表格初步设计完成后，不能只跟最高层的行政人员说了便算，对方若随便找些职员填报，或作为行政任务简单发放下去，填报者的能力和意愿都会有疑问。适当的方法是具体商量，找出机构中最了解和最方便抽出有关资料的人员。同一份表格，未必同一级或同一类职员都最适宜填报，得视各单位具体工作分配情况而定。

13.5.2　施行前会议

填表者若能了解研究的目的，则比较容易做出适当的应变。对于那些被要求兼任资料搜集工作的职员来说，除非他们能认同研究的目标，认为值得承担这份"额外工作"，不然他们就会对填表工作冷淡、误解，甚至会伪造资料。因此，在有了表格的初稿后，邀请大家一起讨论，是很重要的。研究者这样做不但可以解释表格各项内容、澄清误解、表达对职员们的尊重，还可以集思广益、交代统一的记录标准。

13.5.3　质量控制

表格开始施行前，最好有一段试行时期，看看大家的理解是否真的一致？有没有项目观察起来真的很困难，难以得到数据？有些敏感的项目（例如薪酬），当事者在制表时虽然没有明白拒绝，后来却改变主意。有些则受到上级禁制或下级抵制，以致阳奉阴违。如果已经知道某个项目无法搜集完整的资料，那宁愿弃车保帅，全项从表格上撤销，否则只会招来草率敷衍的填报行为，浪费彼此时间。

试行期当然不须太长，不必徒然浪费资料和时间。有些问题是一次填报看不出来的。例如对于没有变化的项目，有些填表者以为上月已经填报，不用重复，而整理资料者因不察把这些项目都当零来理解，这种疏忽，并不稀奇。试行期的结果，若跟预期的有大出入，应该及早通知主办人，看看这样的资料是否堪用？有没有方法改善？有些研究人员解决不了的障碍，待决策者了解到问题的严重性后，可望迎刃而解。

即使实际推行后，研究者仍须不断抽查结果，某单位前后数字起跌的幅度是否过大？各单位间的情况是否相差太远？若然，那是实际情况还是填报错误？若是后者，要找出问题的根源，到底是填核者大意、填报者换了人、填报单位改变了政策、事象出现了原来定义照顾不到的变化，还是别的原因，及早发现，可免一错再错。

13.6　结　语

表格是最常用而又最滥用的资料搜集工具。很多资料收集了而没好好利用，有用的资料又往往付之阙如，以致人们对表格视若无睹，或引以为烦。本章强调：表格若能贯彻系统观察的精神，照顾到行政上的需要，会成为简易平宜而又有效的工具，既便于记录日常事务，又有助于从文献内抽取资料，亦能结合进严格的实验设计。它的主要局限，跟抽查一样，是必须预早制订，而且由于架构严密，导致够系统而欠弹性、广而不深。以下两章介绍一些弹性较大、方便深入追溯的方法。

第 14 章

深度访谈

14.1　性质和作用

社会研究虽然以群体为主要题材，但许多研究者对于一些对群体产生重大影响的个体经历和特点很有兴趣，即使不能做定量分析也想钻研。例如某社团领袖的作风，某公职候选人的过往和对将来的看法，某重要决议通过的过程和背景，天灾人祸的现场和当事人灾后的经验、感受，等等。这里介绍的深度访谈方法，并非一两门学科专用，部分的技巧，可以散见于历史学者的口述历史、新闻记者的采访、公安人员的盘问、大机构的内部调查、人类学者的"线人"访谈，等等。

本章的工作，是比较系统化地把这些技巧（尤其是准备工作部分）整理出来。除了学者和专家的研究，能够采用本章技术的机会，还包括下列情况。

购买复杂电脑器材时，买卖双方都希望了解是什么人、在什么时期内、如何利用它，用它来干什么？有些人只知道部分作用，有些人没有需要而嚷着要买，有些人有需要而不知或不愿去认识新器材的潜力。

为了协调社区内所有机构来推动某一运动，想认真估计一下各机构的意愿和能力。

贵机构招聘新职员，阁下是面试人员之一。

跟贵公司素多往来的客户，近来跟你们的谈判经常破裂。

长期到某诊所就诊的一些病人，突然不再露面。

某个单位的报告，经常前后不符。

一队球员，军心散漫。

一位平日很专心的学生，近来心神不属。

火灾生还者对灾场的描述和责任的判断。

……

与其他方法相比较，深度访谈最适合研究那些不易从外观察、只有少数人涉及在内、时间跨度长、因素很多的事象。涉及的因素较多而样本较小，还不算是深访与问卷和表格最大的不同，最重要的差异在于待验假设（hypothesis）在研究过程中担当的作用不同。深度访谈者虽然先要带有若干先验假设（assumptions）才开始访问，但待验假设的形成、选择、修订和验证，却是一项随着资料的展现而不断发展的过程。跟待验假设几乎同样重要的带引深度访谈活动的环节，是物色最宜应用的题材和跟题材关系紧密的访问对象。可以说，两者都是深度访谈的"锚"。以上几章介绍的方法，围绕着待验假设这个锚而严谨地开展，深度访谈则须平衡两个锚。深度访谈可以预定问题的次序和时间，可以比较松散，话题可以海阔天空或追根究底（但访者必须有一组预定的话题），气氛可以凝重或随便，访者可以正襟危坐也可以触膝言笑，弹性甚大。若问有什么戒条的话，那便是肯定对方有保留发言和闭口的权利，而且在对方不愿透露身份、题材可能涉及个人隐私或导致社会震荡时，访问过程必须缜密进行，结果也须小心报道。

14.2 题材和对象的选择

深度访谈虽然弹性较大，却不是漫无边际，也不能盲目出击。被访者给你的时间和耐性虽然较抽查对象的长些，终非无尽。更重要的是：被访者是否是最适合的资料来源。开始深访之前要弄清的一个基本的问题是：我想了解的是某些人物，还是通过某人去了解某件事情？兴趣若在人物，题材应该强调如何突出这些人跟应用目标有关的特色。如果是竞选公职者，题材应该偏重于政纲和政治关系；对于应聘者，较重于其经验和训练；对于口述历史者，应该侧重他在那段历史时期的个人经历；对于不和的双方来说，应该集中彼此的形象和关系。也许只有在访问明星时，才适宜巨细无遗，越"八卦"读者越喜欢！兴趣若在事件，人物必须选择。有些人是事件的主脑，有些人是从不同位置上牵涉在内，有些人是旁观者；有些人多年在位经营，有些人适逢其会，有些人身不由己，有些人浑浑噩噩，有些人曾经以多个角色参与，有些人的利害关系有改变，有些人的利害关系始终如一……

分析了人物与事件的各种关系后，才能大致把握到资料的角度和质量，估计到哪里有遗漏、哪里待澄清、哪里要另外找人对证或补充，然后才进入下一步工作，否则会被个别人物牵着鼻子走。选出来的人物，有些欢迎访问，有些则须经过一番安排（如找人推荐、请求、命令或训示）后才接受。如果是这样，这些安排是否会降低资料的质量呢？选择时应小心考虑。

14.3　准备深访大纲

以上的讨论，基本上停留在整体策略的层次，下一步则须针对每一个被访者，具体地裁剪出一份深访大纲。这便要事先进行一番细致的准备工作，越了解背景，访问时便越能随机应变。这里所谓的随机，是指遇上意外问题或机会时，随着事先想透的思路或假设深化谈话，因此，对待验假设的思考越深刻，应变便越易水到渠成。待验假设就像管道，要先掘渠方能引水，否则讯息不免如水流四散，届时纵有急智，也容易信口雌黄，使访谈双方都离题。

待验假设可以帮助我们迅速衡量或判断谈话的内容。对于被访者的角色和言谈，不应孤立和固定地判断，而应放进不同的来龙去脉或不同的假设中去对比。因此，深访大纲首先须列出几组事态发展的可能性，以及每组可能性中对方可能扮演的角色，以做好充分的心理准备。访问开始后，不断引证这些可能性和角色，看看哪个可能性最够说服力，然后沿着这个方向发展。

怎样去发掘待验假设呢？第一步可以是从公开的后果追溯潜在的过程。如果我们追求的不仅仅是泛泛的报导，便必须事先尽量了解当事人的专业和工作背景[1]，以及某类环境下的一般反应[2]。这样才能够从当事者的处境和角度去理解事态的发展，才能估计当时有哪几条路可走，为何选了那一条？研究者要小心避免以自己的价值观和事后知道的讯息，来批评或判断当事者当时"应该"怎样？那可留待结论时讨论。在搜集资料阶段，目的只在于找出当时谁做了什么？为何这样做？如果访问者本身缺乏深度认识，便没有能力进行深度访谈，访问医生或议员不能像访问明星一样，访问灾民也不能像访问球迷一样。

很难要求所有记忆或意见都准确地与主题有关，口述历史也不例外，研究者要事先预备，事后取舍。在当事者忆述当时面临的各种可能性中，有些已经有了确凿的证据支撑思路，其中当然也不乏空白和疑团，澄清这些问号，引证出某些假设，才是深访的主要目的。大纲中列出的空白和疑团越具体，访问时便越易捕捉到有关资料。有些线索，初时若不宜编进哪项假设中去，就不须强求系统化，但也不必放

---

[1] 例如医护人员是否完全依据客观的临床标准决定对垂危者不施行抢救？某团体对重大议案的复决，有没有按其会议规则中三分之二票数的规则进行？

[2] 例如高楼火灾的生还者是否都是俯身奔逃的？发觉起火时人们最先想到的是什么？

弃，可暂列一隅，也许谈话中更多有关的线索会冒出来，甚至可能引出新的假设。另一些线索则不能单凭一两个人的说话来证实，那便要在其他有关人士的访问大纲中列出相同的问题。在访谈中要分辨哪些是事实，哪些只是期望，哪些是开脱和掩饰之辞，除了区别分类，还要将其互相对照。

14.4　深访的技术

深访的技术，因人而异，因时制宜，重要的是不要忘记你的待验假设。以下大体沿着访问的步骤过程来介绍访问的技巧。

14.4.1　开端自然，情绪安定

访者的形象要符合身份和环境，老师进行家访，当然不能穿着得花花绿绿；到游乐场去访问流浪者，也不宜西装革履。访者的外表形象惹人侧目或令人自惭形秽，会跟不守时、欠礼貌一样，对访谈造成不必要的干扰。

有些被访者本身欲言，不吐不快，或对阁下一见如故，那当然省却一些开始时的酝酿工作。若对方本来不愿谈，或欠准备，那便得耐心启导。为了避免开始时气氛凝重，可以从对方有兴趣的、大家真正容易同意的话题着手，例如他的孩子、今天的天气、球队的表现等来培养起谈兴，对方的心怀和思路放开了，便有一个好的开始，但要注意不要越扯越远。到了适当时候，再简洁地解释来意，并重申保证尊重对方保密的要求，如果被访者本身也是执行人员，例如老师、卖家或调协人员，也得向他们保证答案只作有关事件参考之用，这种保证并非经常有效，但可以降低一些疑虑。要小心的是：过度强调保密，有时反而会增加对方的忧虑，有时又会造成此"地无银三百两"的印象，让一些本来相信你的人觉得你太天真，从而影响对你的信心。

如果希望在访问时录音或做笔记，应该事先征询对方，对方若不同意，或有太多顾虑，而访者又怕当时资料太多记不下来，那就宁可缩短每次谈话的时间，离开现场，把记录整理后再回来。可以答应把记录草稿交给对方过目，错漏当然要改，反悔则要小心处理。要事先说明被访者可以公开表示异议，但不会有删改权。诚恳的说明会让对方感到你的认真和负责，可以避免访谈时不必要的疑虑或访谈后不必要的麻烦。

14.4.2　鼓励而不推波助澜

深访最基本的一项技术，是如何鼓励被访者朝话题的深处发展。不是每个人都习惯或喜欢持续地围绕着一两个题目钻研的。有的人即使对话题很熟悉，一时之间也未必可以清楚地以语言来表达；有些现象，例如意外事件，即使是最直接接触到的人士，也未必能确切地忆述。

对对方的言谈表示出兴趣，是最起码的鼓励方法。注目、点头，不旁骛，不同时做其他事，随时适当地给出回应等，当然是一般礼貌了。对方重复一些似曾相识的说法，也不应打断，谦虚地听下去，可能会出现意想不到的题材或理解。遇上尴尬或敏感的问题，可以先行摆出比较世故的态度，给对方壮壮胆，比如说："各花入各眼""我听过有人提过这种看法""民主社会不排除独特的见解""有新主意才可以有创造"，等等。遇上沉痛的事情，可插话一两个你知道的实例，把类似的不幸、不平或不光荣经历简单叙述一下，以分担一下痛苦的经验，表达出你能够明白对方的心境。要小心的是，这样做的时候，不能过分热情，否则对方可能会反过来顺着你的语气，把态度再往前推，"为赋新词强说愁"的情况，很多时候并不只出自少年情怀。

14.4.3　收放有度，承转无迹

话匣子打开以后，跟着的问题是收放和承转。访者要主动而不着形迹。访者不是为了炫耀而抢求主动，也不能随便更改话题。主动得依据原定的深访大纲进行。要警惕的是：访问大纲是逻辑推理的产物；而被访者的回忆或言论，则夹杂着感情、时间和角度的影响，答案不会像问卷和表格那样顺着研究者的思路排列，不能稍离题或重复便去打断。大纲主要的作用在于保障各方面题材的分量和提醒有没有遗漏，而非作为硬性引导话题次序的根据。对方好兴致，自动说出的，无须发问；不足时应追问；资料足够时可实时推论分析，当机立断地发展假设，开拓新境界。但是，除非大纲定得宽松，不宜经常见猎心喜。

长时间的深谈，对方兴趣未必有访问者那么持久，要随时警觉到底是疲劳、沉闷、对题目反感或产生戒备，还是另有要事待办。深谈不求速战速决，也不用穷追猛打。对方有事，另定时间；倦了便休息；沉闷时可以转个话题、讲个笑话；疑虑、生戒心或不悦时，要暂时放下问题，重申研究目的和问题的作用。对方如果依然很介意，而问题不那么关键或者可以用别的方法求证的，也可以取消那问题，或答应不把敏感部分内容公开，只用作推论的过渡或旁证之用。被访者有时巧妙地、间接地回答了问题，访者亦应醒觉，知其所止，当然，若不确切，稍后还得补问，那时便须另费唇舌。

14.4.4　指示和挑战

在不露形迹的引导下完成深访，只是一个理想的情况。除了设法维持被访者的兴趣，深访进行中有不少场合都需要访者提出明确的指示，或是需要向被访者的资料或态度提出挑战。

比较简单的一种场合，是被访者逗留在同一个话题内，得意忘

形，或者纠缠不清，经过暗示而仍不自觉。另一种场合是被访者习惯
了从某一角度理解事象，不能或不愿从另外的角度去思索。对于这些
情况，可以明显地提示时间所限，要转移话题；或解释从另一角度理
解问题的作用后再度提出。明白事理的被访者，并不介意这样的
干预。

比较需要细致处理的情况，是对方对自己的判断或记忆没信心，
或者根本不敢表示意见。这时要找出问题症结所在：支支吾吾、含糊
其辞可能是因为确实不知情，当时不直接牵涉在内，当时在场而不在
意，但较早时却对访者夸大或撒了谎，也可能是因为知情而不敢言。
这时可以耐心地解释研究的期望，说明对方如何可以真正帮忙，可以
离开跟事件有关的人物或现场以降低对被访者的影响，强调对方意见
的重要性，提供线索帮助回忆，等等。最棘手的情况，是被访者有意
回避某些问题、虚报资料或恃势傲慢。这时访者不能示弱，应该不亢
不卑地保持谈话的进行，为了避免出现僵局，可以暂转话题，找机会
重申研究的期望，说明你已经把握到的资料，技巧性地暗示或庄重地
直言你的资料跟他/她的不一致，分析他/她据实作答与否的得失。

14.5 结 语

深访有较长的时间可以运用，有较多的机会去培养气氛和情绪。
当然，时间长并不一定就会带来深度，处理不好气氛，时间长了反而
增加了弄僵关系的机会。问得多有时反而会带来更多重复纠缠的讯
息。预备充分的深访，可以顺着多项假设去探索，资料因而比较全
面。多了资料作比较，亦方便在原有假设的基础上进一步深入挖掘。

深访一个明显的弱点，是样本小而且不是随机抽出的。不过，深
访的题材通常都不是常规事象，而是跟常律有关的特殊事件或人物
（例如火灾灾民的保险赔偿或救济、有大刀阔斧作风的候选人竞选公

职），目的既然是在于解释特殊事象而非推广，抽样便不须苛求。深访的主要弱点，是进行过程的欠标准化。访员偏见或不自觉的干预、被访者投其所好或杯弓蛇影，都会影响访问的结果。换个访者，发现可能不尽相同。资料质量参差，整理起来又不易（请见第 16 章），分析时没有量化资料那种踏实的感觉，都是深访常见的问题。最大的缺憾，是有些事象根本就不能通过直接访问当事者来认识，只可以深入"虎穴"，直接观察，这便是下一章的内容。

第 15 章

参与观察法

15.1　参与观察的性质和作用

电影观众大概不会对"卧底神探"这类的桥段陌生，只是电影上渲染的是探员如何机智勇猛，不时还可以风流一番，很少提及长期卧底所要求的细致工作。就像武侠片一样，但见豪气冲天，几曾见侠客挨过朝九晚五。曝了光的探员，死了尚未得享风流的事迹，从来未见搬上银幕。

其实探查的成功，大都需要长期细致的准备。本章要介绍的，是通过长期的实地参与来搜集资料的方法，搜集回来的资料如何整理、如何抽丝剥茧以求水落石出，则留待下两章介绍。

研究人员有办公室不坐，宁愿风尘仆仆，当然是因为有些资料只能在现场搜集。有些事象是问不到的，例如智力迟钝者的思想；有些活动是不公开的，例如私人机构或秘密会社；有些事象在不知其所以然者看来，是难以把握其意义的[1]；有些事象复杂，不知研究的重

---

[1]　比如说垒球，在不懂战术者看来，可能只觉投手和重炮手厉害，不知捕手和轻骑上垒者实亦各有专责，不明白教练排列打击次序的考虑，不明白队友被对方投手掷中后投手感到的压力。如果没有人介绍，也没有书籍参考，坐在电视机前看上几天都不如到球场上实地玩几个小时了解得快。

点应放在哪儿，甚至不知道整件事象的范围或过程[1]。

参与观察方法，要求研究者投身自然环境（而非像实验那样人为的环境），从整体的脉络和当事者的角度，去理解事象或行动对各人及整体的意义。由于强调自然环境，参与观察对场地的选择，比任何其他资料搜集方法都更重视。场地的选择，除了受待验假设指引，还受研究者参与的形式、时间和资源影响。不同的场地，可能影响资料的性质和以后待验假设的发展。

参与观察法通常也结合其他方法去搜集资料，这当然要求研究者能对各种方法的长短优劣有清楚的认识。跟深访一样，参与观察比抽查、系统观察和实验方法需要的样本来得小，而变量的数目则来得多，搜集过程的弹性较大，基本上都倾向于定性分析。跟深访的不同点是参与观察的弹性更大、范围更广；观察员也多作访问，访问对象可能不知道自己正在被人研究（但若在无碍于反应的情况下，让被访者知道访问目的，可能会增加对研究的支持）。

参与观察可以在哪些应用场合发挥作用呢？夜班保安措施漏洞的预防，安老院老人临终的待遇，双职工家庭孩子的照顾，外省人在某个社区经营小生意遭遇到的问题，少年犯罪者的消费模式，未婚妈妈的生活节奏，艾滋病者的亲邻关系，露天夜市的卫生状况……由小本生意到大型政策，由被忽略的公共措施到黑市的交易，参与观察法都能提供深刻的认识。

---

[1] 例如要研究某地医疗意外事件为何偏高，除了观察医护人员的行为和态度，还须留意化验员、救护车、药剂师……除了白天当值的，还有值夜班的、随时应召的……除了全职的还有兼职的，除了人员，还有设备、仪器、制度。决定用问卷或表格以前，若先到医院去蹲一蹲，至少有助于调整研究的范围。

15.2　参与的形式

　　强调在自然环境中观察的目的，在于要避免研究活动本身对研究对象产生的干预，以及增加研究者的直接感受。在抽查和深访中，访员的影响是不易消除的，在实验和表格设计中，资料是免不了受研究者的定义过滤的。参与观察要求研究者确定定义之前到现场去，不单作壁上观，还"变身为"一个行动者，来体验当时当地的气氛与当事者的情绪、理由和意义。可是，研究者本来并不在现场，将来也多数不会留在现场，进入现场时难保不被当地人发现。有时如果没有一些当事者的帮助，根本就进不了现场，何况参与者的目的不尽同于当事者的，绝对的自然状态几乎是不可能达成的。那么，以何种形式来参与，对研究会产生什么影响，便成为一个重要的考虑——不单在分析和阅读时是重要的考虑，尤其是研究者打入现场时更需要小心部署，因为那很可能大大地影响现场人士对研究人员做出的反应，也影响研究者本身的角度和感受。

　　参与的形式包括角色、程度和时间的选择。观察的场地可能涉及一个以上的群体或群类，每一个群体的地位、角度、内部结构紧密程度、彼此间关系，都会影响成员的参与程度。研究者不可能尽数参与，选择哪一个群体或群类作为开始的切入点，是很重要的。选择单位内哪一个位置亦然。单位和位置的选择，并无绝对的标准，要看现场和观察者本身的气质或倾向，观察者本身若内向而勉力扮演一个粗犷的角色，效果可能弄巧成拙。有些角色较易扮，却不易接触到核心事象，投入了这些角色虽然不一定会丧失其他角度，却会事倍功半。投入的时间亦然。待观察的事象既然"自然"演发，自须尊重其自然时间或周期。在不同的或不足的时间内参与，观察到的内容便会贫乏或误导。参与的程度也会影响观察的角度和感受。研究社区冲突行动时，除非研究对象就是一般成员的反应，如果研究者想研究的是积极分子的策动举动，只和一般成员一样行动，便不易找到重点。换言之，不是说只有最核心的程度才值得参与，但研究者要常常反省研究的目的和策略，才不致于花太多时间在次要事象上，而对主题失之交臂。

参与形式的选择，除了受到研究主题、现场和参与者本身倾向的影响，有时还得考虑道德或法律问题。最明显的情况是研究犯罪组织时，参与观察者也一起去干坏事吗？即使有足够理由去做，也得事先跟有关人事或机构交代清楚，以降低不必要的损害。

15.3　初步假设和思想准备

科学的决策态度应该建基于"应用性假设"的验证之上。应用性假设的目标集中在决策者时间和能力范围内能够改变的变量或变量间关系。当然，有些可变的因素是决策者不知或不愿接触的，另一些则是即使验证了，决策者也不能移易分毫的，研究者必须尽量先发展出比决策者更多的待验假设，包括把决策者的先验假设转为待验的，然后小心地在有关人事之间讨论和估计，看看有哪些因素除了在理论上，也在实践上值得研究。

比如说想在全国旅游机构里推行外语学习，怎样做才会最有效率呢？首先，我们提出一些待验假设：用网络软件学、让职员上学校、请老师到办事处，哪一种方式比较好？上课时间在白天还是晚上？是否请外国人当教师？他们用什么教材？用软件时是一起学还是让员工自行安排时间？需要老师在场吗？学习进度将会影响职别薪级吗？等等。这些考虑都可以转换成假设。由于文献上未必有直接资料，一开始便采用大规模访问，会打扰业务；从旁观察，需时甚长；若用实验法，则因素和待验假设太多，控制变因的成本大。这类情况下，最好先采用参与观察法，其间或其后，当然可以结合其他方法去采集需要的资料。

如果不想打扰业务，又不能跟着学生到不同地方观察，学习场地只能在学校，观察时间主要在工余，观察对象自然要包括老师在内。这时只须到现场走走，很容易便可发展出一些新假设来。比如说到校跟老师交谈以后，发现一些外国老师的发音也带上不同国家的口音，研究重点便可能转到对教师的选择。种种可能性，都可以列入研究范围内。由于身处现场，观察和感受具体化了，可以发展出更多的因素。有时虽然感到假设太多，有点眼花缭乱，但因为可以事先细心思量，安排出重要性和优先次序，也胜于进入现场后才发现满天星斗，浪费光阴。

初步待验假设未必都是过渡性的，也许会发展得精细些，却多数由原先的假设深化而成，变为另一组完全不同假设的可能性毕竟很小。因此，对每一个初步假设都要谨慎从事。除了上述对实践意义、重要性和注意力的优先次序，进入现场前，最好还是先把假设中的概念弄清楚。例如说"哪种学习外语的方法较好"这一命题中，"好"到底是指"可以处理业务"还是指"对机构方便"？如果两个意义都重要，那便得分成两方面来研究，而每个方面也须提炼出更精细的可验假设："可以处理业务"应分作"可以在文书上处理业务"或/和"可以在会谈时处理业务"；"对机构方便"应分作"不妨碍机构日常作业"或/和"预算上没问题"等。

跟着便需要找到指标：什么样的表现才算"可以在文书上处理业务"？报考外间公开的考试还是本机构特设的试题？要判断是否"妨碍机构日常作业"，也许须先定下"每周为了学习需要占用多长办公时间"或者"每周为了学习少处理了多少事件"才算"妨碍"，然后制订表格来记录学习时间或处理件数。这些筹备工作看来并不难做，但是，如果思考不够筹备不周，一旦进入了现场，接触到多种事象和多类人员，再进行分类、记录和分析，便会手足无措。

15.4　实地参与观察的过程

15.4.1　入　场

被观察者的人生舞台，像河水长流不断，观察者中途投入，多少会激起一丝涟漪。如不欲改变水流或激起太大的浪花，便应找个尽可能自然的方式进场。这个方式，包括了适当的角色和出场时机。

在结构松散的社群里，研究者可以自己不动声色地登场，自己逐步发展关系网，例如搬入一个新移民社区成为其中一名住客。在结构较紧密的群体内，可能实地观察者需要得到有力人士引荐和提供消息，才较容易与他人交往。但任何人群都不免各有其个人目的和偏见，有人不赞许推荐者并不稀奇，但那便会阻碍研究者对某些方面的认识。一般来说，尤其是时间比较充分的情况下，引荐过程以低调为宜。例如助教出场，最好由一名老师介绍，比由校长出面来得自然。搬动校长或权威人士，可以避免别人对你的忽视，你却也像颈上系了铃的猫，到头来得花上更多时间去消除疑虑。

最适当的角色，是能够观察到跟研究目的最有关系的事象，且本身的参与给现场带来最小影响的角色。以研究外语学习班的进度为例，最佳角色是当一名助教，协助老师教导学生。这个位置一方面不会置自己于决策地位，从而影响教学小组的运作，又能直接观察到学生的进展。有些场地是找不到这样理想的角色的，比如观察一个偏僻社区的生活，"外来者"是无所遁形的，这时就得把研究者身份公开，以免被进一步怀疑。很多人类学式的研究都是这样进行的。这种时候研究者只能尽量求同，争取在场者的接受，学懂方言俚语和礼貌举止，是起码的条件。

观察者也可用其他的身份（例如老师、职员、居民等），若无特别理由，也不怕交代，尤其是现场人士产生怀疑的时候。当然，研究的具体假设，虽无不可告人的秘密，为了避免影响对方的态度，还是少说为宜。

15.4.2　发展关系

参与的目的是在尽量自然的状况下观察，忘记了这点便会走火入魔。研究者必须坚持低调。比如，外语助教的角色当然要熟识该国语文，但是也要避免光芒太露，因为这样做一来会影响教师的行为和表现；二来"你"将随角色而逝，并非现场正常成员，一般助教，少有这么能干；三来如果你自己对某一种教法比较纯熟或偏好，整个研究便会因阁下的高超技术而报销。所以，**发展关系的第一要义，是要在"平常"的角色上发展关系**。

发展关系的第二要义，是在不影响研究变因的情况下，选择性地发展关系，选择的标准是要跟着待验假设去顺藤摸瓜，而非个人喜好或对象在某方面的表现。若待验假设涉及学习的时间和地点，则发展关系的部署可能要先把学习者分为四类：办公时间内在机构内学习的、办公时间以外在机构内学习的、办公时间以外在指定学习环境下学习的，以及办公时间以外在非指定学习环境下学习的。接着从每类中找出最具代表性的几位，细心观察其进度。有些类别人数很少（例如在办公时间内外都学习的），便应特别细致地留意其相同和差异的发展。

跟当事者接触初时，要自然地顺着原定的角色而表现，不能急进。认识了对方后，不能干涉其态度和行动，甚至不应抱着自己的价值观去理解他们，因为接触的目的正是要找出他们态度和行动的根源。学习进度不如预期中那么快，原因是无心向学？教材上没有中文？课程太快？学员不满放学后仍须留校？老师下了班便立刻离开？对于这些现象，研究者不应打算说服或改造他们，收集到更多自然环境下遇到的困难，才能找到全面有效的解决方法。

提供消息者也会有意无意地提供他们以为研究者喜欢的资料，强化研究者的偏见。除了自行警觉，研究者应该扩展渠道、多方比较。例如为了了解某地少年为什么很少利用新建的篮球场，不能单靠在一定时期内点数使用球场的少年人数，也不能单听家长和少年两面之辞，邻居也可以提供他们的看法，还要观察其他出现在球场上的人士和活动，比如球场是否被成年人霸用。

15.4.3　实地作业时的思行

实地观察者追随民族志/人类学者的作业方式，以丰富的、详细的描述来提供当事者在实地的言行。他们希望从平凡的日常活动中找出当地的特殊风俗文化。研究者开始田野研究时便须保持虚怀，但不是空白的脑袋。要戒备自己可能有的偏见，但不是毫无准则和预期。为了避免不自觉地被偏见引导，研究者可以事先把自己的初步想法清楚地罗列，用以跟逐渐显现的事实对照。研究者可以同时参考多种理解方式，甚至是那些看起来异常的想法，自身文化认为正常的标准有时会在奇风异俗下显现出其局限性。实地观察的研究过程不像定量研究那么程序分明。很多时候还得靠运气才碰得上重要的人物和事态。当然，运气往往是努力的意外收获。如果留在现场时间不足、人脉不广、认识不透，那么即便出现了重要事态也会失之交臂。

实地观察者可以制作地图、机构组织结构表、实际人际关系图、活动流程图和事态发展时间表等工具，去发掘人事的明暗汇聚和分歧、疏密和节奏等线索，这样做有助于发掘问题的模式和根源，以及改善现状的策略。熟识当地文化的研究员，还可以从表面看来细微的动作发现玄机。例如，在不同场合中不同人物之间的眨眼，可能带有很不同的意义。对此无知的研究者，看到人眨眼，未必想到什么，也未必觉得需要记录下来。当地的符号、标记、特殊风俗和节庆方式等，也会透露一些关于当地特殊行为的讯息，例如居民对某种宗教的参与方式或在天灾后的反应。当地人士的观点当然出自特殊的角度，却不宜因为跟主流或别的观点不同便否定。即使带有认知上的错误，毕竟也是一种实存的社会事态。漠视或误解不会带来全面解决问题的方案。

实地观察者也多作访问。正规的研究机构在某些研究中向每一位抽查对象发出一份"同意书"，签署同意后才开始访问或填交问卷。定性研究并不经常可以征得被观察者同意，这依赖于研究的目的和研究者的现场身份。那些需要隐蔽调查的项目，例如非法行动的研究，便不会派发"同意书"。一般社区观察，是可以而且应该至少让当地一些领袖事先知情的。有些领袖同意后会为研究开路，介绍各式人等跟研究者接触。有些难于进入的研究场所，若得到领袖出头，可以势如破竹地安排交谈。但也应有意找一些不同意见者，毕竟领袖也有反对者。

得到研究对象同意接受访问后，选择对方方便的时间和适宜畅谈的地点。访谈时要建立起和谐的气氛，多谢对方参与，但不能吹嘘该项研究带来过分的个人利益。要声明对方对一些问题不想回答时有权不答，事先询问可否做笔记或录音录像，鼓励对方发问和提供自己的想法（不像抽查那样，回答集中于问卷内的题目）。

访问者最好对话题的答案保持一段距离，令对象不怕提出异见。访问开始前要交代任何意见都没有对错之分，研究者尊重所有意见，对所有观点都不下判断，以方便不同说法的冒现。为了鼓励对方继续，可以说："这个问题真的不简单，请你不妨慢慢想一想再作答。"有些问题由于用词较陌生或句子较长，对方一时之间想不起答案，可以说："不少人都觉得这个问题不太好懂，请问你觉得哪个字眼或者句子我们说得不够清楚？"

访问者需要营造和谐气氛，保持微笑、留意对方情绪的变化。还要注意，鼓励对方继续发言时，访问员的态度（例如点头）不会被误当作赞同，例如可以简单地说"听到了""记下来了"，而不是说"你说得好"，推波助澜的举动更加要避免。最重要的要求是敏锐地听，遇到模糊的说法或新意见时，实时澄清和追问，这时可能会出现柳暗花明又一村的前景。问完所有原定问题时，不要忘记加一句："还有什么东西你认为我应该知道？"

对方吞吞吐吐或迟疑时宜耐心解释，不应穷追猛打——这样子逼迫出来的答案，不但会增加造假的可能，还影响以后的交谈。有些资料若非研究者必需的，可以接受比较笼统的答案。例如收入一栏，研究者的分析若只打算分作上、中、下三层，便毋须追问细节，访问员可以说："我们并不需要准确的数字，只想知道是 X 元之上或 Y 元之下便可。"有时一些人对某一问题越说越激动，可以说："见到你这么激动，真不好意思。让我们暂时停一下才继续，好吗？"

收集到的资料必须谨慎保全以免遗失，另外也须避免泄露研究对象的资料。现在电脑贮藏量大，只需很小的空间和经费，但电脑遗失或碰坏的情况并不少见，因此应该制备副本，至少每日不断地存进新记录。除了分门别类的档案，还应保留一个未经整理和分类的总文件夹，依时间先后输入资料，以便核对或在遗失时作为后备。

早期人类学者须长期独处异地，今天通信发达，实地观察者虽然几乎可以随时跟所属机构和亲友通电，但长留研究田野时的孤独、疑虑和挫折，并不一定比以往人类学者孤悬化外时的感受轻松多少。以往比较依赖直觉、灵感和自身能力，今天由于研究方法的严谨化、各派理论的竞争、社会和专业的规例繁复、工具的不断增加、记录的方便化、资料的倍增，研究者可能花多眼乱，对实地情况的思考可能反而减少了，这是现代研究者应该警惕的。

15.4.4 笔 记

15.4.4.1 笔记的作用

参与观察中的笔记一般不能现场记录，因为会破坏研究者的角色行动和被研究对象的自然反应，但很多其他方法也需要现场做笔记。

　　为了尽量避免研究过程对研究对象的影响，有些定性研究者反对在现场做笔记，也有不少定性研究者主张尽量保存被访者原有的字词和语气，甚至连手势和姿态也记录下来作为参考。这么详细的记录往往需要动用影音工具，无法事后才做，在现场影音记录开动同时做笔记也就可行了。不赞成在现场做笔记的研究者，即使动用了影音工具，也认为笔记应尽量在离场后最短的时间内做。

　　随着时日流逝，现场人士对参与者的观感会改变，参与者本身的印象亦会改变。研究者必须不断对比和反省这些前前后后的变化，看看是否有助于原来假设的检验、原来假设应否修订、自己应否改变观察策略。参与观察法要求研究者尽量从当事人角度去观察，时间一长，难保参与者本身不受"同化"或产生抗拒感。为了避免陷入当局者迷的境地，参与者必须留神"自拔"之道。单靠思考，有时仍难免受感性影响，不易自拔。最可靠的方法，是对照参与者自己在现场前后累积的笔记，进行反省和调整。是以这些笔记除了作资料外，在参与观察法中还具有重大的方法论意义。参与观察者必须严守从现场下来便尽快做笔记的纪律。以下，让我介绍一下参与观察笔记的种类和做笔记的窍门。

15.4.4.2　不同种类的笔记

　　参与观察过程中作的笔记，大体上可以归为两类：方法论性质的和资料性质的。方法论性质的笔记用来交代应用的目的、理论的背景、待验假设的沿革、参与的策略和观察的角度。在这些笔记中研究者应解释：其对目的的理解，环境的局限，资料分类的基础，为什么把观察重点集中在某些人士身上，提醒自己在哪个群体中扮演什么角色和在什么时候改变策略，等等。

　　资料性质的笔记，应分为两类："原始资料"和"经过理解的资料"。原始资料指录音中或记忆中的每一个字，包括访问者自身的发言，因为这些发言直接带引出被访者的反应。被访者的用字和语气要尽量"原汁原味"，不宜以为粗鄙或夸张便进行改造，想当然地改写。一些听来好像无关或不重要的讯息也不能遗弃，也许听到更多资料后才能发现其中的关联。现在有些软件可以翻译外文和把声音翻译成文字，但技术尚未完善，仍须花些时间去发现问题和整理成果。

经过理解的资料是研究者很有信心知道发言者的意思之后，沿着待验假设的理路而剪裁摘录的，信心欠缺时最好不要贪快失大。剪裁摘录前应该给自己留下标记，解释他的信心从何而来，剪裁摘录的准则是怎样的，万一后面需要改变，也有迹可循。有一些加工，是研究者不自觉的，可能是习惯性或情绪性的反应，跟待验假设未必有关，为了避免这样的加工，最好养成小心而详细地客观记录的习惯[1]。

让我再从学习外语那里举个例子：为了方便学员善用自己的时间，机构为愿意下班后留下来的学习者提供茶点，可是你发现，大部分人一下班便匆匆离开。如果阁下很气愤地记下"大部分职员不领情"，显然是种情绪化反应。如果记录为"大部分职员在 5：05 已经离开"，这段原始资料虽然比较粗糙，却不致误导。有些职员五点钟便离开，可能是为了赶到外语学校补课，有些职员可能是想早一点做饭以便专心学习外语，有些职员太忙，离开后也没时间学习，却在办公时间内抽空专心学习，进度不差。将来即使待验假设或研究者个人印象改变了，这段笔记仍容易注入新的理解。像"愿意下班后留下来学习的都比较积极""5：05 已经离开的进度比较慢""有中文对照的教材开始较易被接受，后来却会造成依赖""对外国人当教员，有些职员有新鲜感，另一些职员有点害怕"这样的记录，只能在有了进一步观察才可写进笔记本去。经过理解后写下来的命题，应该附上标记，以区别于原始资料。

---

[1] 这种态度是报告文学的作者应该刻意保持的。文学可以创作，报告文学则不可以想象代替事实，事实如果未清楚，就应再去调查。

15.4.4.3　做笔记的方法

参与观察法跟其他资料收集法一个很大的不同之处，是基本上不能现场作记录。由此而引起的问题是事后记忆不完整、混乱且增加了研究者主观的认识。这些情况在初进现场时最严重：人事众多、认识尚浅、进场前自己的印象似乎比现象更合逻辑，此时是最易产生擅断的时刻。要减少这些情况，初进场时不宜贪多，觉察自己可能记不全时便须离场。

跟着便应该在记忆犹新时做笔记，最好是养成刚离场便立即做笔记的习惯。做笔记前不应再接触第三者、不应再翻阅文献或别的资料，以免受左右，田野笔记最宜充满现场的"新鲜感"。回忆时应该从当事者的开场白或结语开始，顺着当时的事态或举动去追溯，而非凭自己的印象或判断开始，然后根据逻辑去追溯。为了方便追忆，可以借助简图——当时的座位图、人际关系图、实物的摆设、组织或流程图等。追忆时要特别留意当事者常用的语句、行为举止的模式，即使小节亦不可忽视。每次完成笔记之前，不要忘记替每条资料编码，编码不但可作索引（index），还可帮助参与者记忆搜集的时序和反省资料分类的源变。

在分类系统和待验假设未确定的阶段，记录尤其要仔细，甚至不妨作日记流水账式的罗列，而且顺着时间先后保存着，将来分析时，日子的先后本身便可能提供很多线索。每隔一段日子做一次检查：看看有没有遗漏？要不要改变分类法？要不要补加方法论性质的笔记（例如当时的理解，是否受了对某种观点的影响？是否跟同类笔记的理解不一致）？要不要提出不同的理解方法？若存疑，不必急于删改原来的理解或分类，可加注，将来找到更多资料时，也可能恢复原来的看法。

15.5　结　语

　　参与观察法提供给研究者很大弹性，可方便其深入地探究多种因素的内涵及相互间关系，而且不要求事先对假设给出明确的界定，是个很好的初步研究方法，对于一些特殊事象甚至是唯一的研究方法。可是，由于时间和资源的局限，一般观察的范围不大，同性质的样本不多，因此结果很难推广。

　　采用参与观察法时有几方面要特别留意。最常遇到的问题是一起出现的事象很多，虽然方便同时处理多项假设，研究者若不自觉地找寻重点，不单会觉得花多眼乱，还可能踏入夸父追日的历程，无休无止。控制不好时间，便结合不到应用。

　　第二种问题是参与观察者进入现场后，逐渐认识、同情当事者，甚至不自觉地采用了一些当事者的观点或其他观点来理解事象。研究者固然不应坚持自己或任何特殊的角度，关键却是要不断反省所有角度的局限性，从不同观点出发去比较。参与者若执着于特殊角度而不能自拔，便会陷入当局者迷的境界，见识便不一定超越当事者。

　　最后，也可能是最重要的，是参与观察者的专业道德问题。研究者通过当事者的信任而取得资料，研究完成后应该如何交代？应该从此便了结关系吗？研究结果会不会损害当事人？这些问题，虽然不易有更具体而划一的答案，但除了要遵守一些起码的准则（例如不透露当事人的身份、不假意承诺自己做不到的或会影响研究结果的事）外，研究者至少还应该诚意地、具体地进行善后处理，尽量降低当事者因研究招致的损害。

第 16 章

定性资料的整理和分析

16.1 资料整理的重要性

参与观察的笔记、深访的录音带、文献的影印或摘录，以至问卷和表格中的开放性问题，刚收集回来时，通常不能立即进行分析，因为在资料未分类整理之前，概念还未确立，而且不易发现各种因素间的轻重比例，有可能一部分的资料收集不足，另一些则过多（例如跟某类研究对象关系良好，便多记录了他们的意见）。在未有明确定义或定义较为抽象的情况下收集回来的资料，往往要经过多次分类整理。分类架构的变动，可以直接影响分析的结果；而分析方向的变动，则会要求对一些资料重新分类。由于定性资料的整理和分析之间关系很密切，有时简直就是同时进行，因此本章放在一起讨论。至于能够实时分类或事先编码的资料，多属量化，通常都是依据明确的定义用全面和均衡的分类架构获取的。有关定量资料的整理，会在下一章介绍。

一些经验较浅或强调"追求纯知识"的研究者，往往觉得原始资料中有许多东西可以报道，难以取舍。但我们总不能把田野笔记像会计本子那样一五一十地尽录，让读者自己去找有用的东西。有些研究者太害怕把自己的主观看法强加到研究题材上，便尽量依靠现场收集到的资料发掘灵感。例如，哪批字眼出现次数最多，哪种现象是以前没留意到的，当时是否出现重大事件，哪些东西可以联系到书本中某种理论等，这些都可作为引导发展出分析大纲。我们不能否定这样搜集和整理出来的资料也属知识，但这些知识未必有应用意义。世上知识无限多，关系总可以扯上，比如"某一时间太平洋某点有一只乌龟在游水"也属知识，跟随它的行踪总会见到一些东西，但把时间用在这种资料上，便会减少发掘直接有关资料的机会。更重要的是，被动的收集方法较易受现存资料的影响，忽视了不同角度的理解和意见。应用研究如果希望解决某个问题，研究范围就应该包括所有受该问题影响者的想法。是以整理资料的第一步，首先是估计资料的范围和各种观察的角度，以免偏重或遗缺。

有些研究人员觉得资料整理是个烦琐沉闷的环节。一般研究文献较少对它给出系统性的交代，可是，这其实是一个可能弄出大差错也可能带来大突破的环节。定性资料整理的过程，虽然可以上溯到制订访问和观察大纲的那一环节，新的资料类别也可能在搜集的时候才冒出来，甚至延伸到资料分析那一阶段，但在搜集资料后期和开始分析之间的这个阶段，通常是决定分类的关键时段。资料若有错漏，应该尽量在这阶段作最后的补救，资料若离题太远或质量太差，便不宜强行开始分析。

16.2 资料整理的过程

"资料整理"是个检查、改错、补遗、分类和再分类的过程。定性研究者在整理资料的过程中须不断反省：问题的性质是什么？需要什么信息去解决问题？找到的资料足够解释现象吗？现象可以分为哪几类？各类之间有何关系？受哪些内外条件影响？现有资料足以让研究者提出控制（或至少影响）这些内外因素的建议吗？哪方面的资料不足，需要补充才可以进行分析？

应用研究者由于有应用目的作指引，按理说应可以避免在面对大堆资料时漫无目的地彷徨。但即使很有经验的研究者，也不常能决定资料的范围和轻重，不常能很快便把握到全局轻重，尤其是有些重要角度还未浮上表面时，草率的印象未必胜于常识或成见。保障分析结论稳健的流程，是以分类来迈出第一步。有些研究者希望尽量客观，迟迟不作决定，但实则无论研究者如何坚持客观，初步分类多少有些主观，这是不可避免的。只须留意初时的分类不太死板，试用的分类架构可以笼统和浮动一些，留出余地以逐步探索最佳的分析角度。例如一位调查对象提及家庭收入低对孩子学业的影响时，不要急于把这句话列入经济因素（例如买不起电脑、没钱坐车上学等），也可能涉及心理因素——家庭收入低可能降低孩子的自尊和自信，影响其对深造的期望。收入也可能通过经济和心理或其他因素（例如居住环境条件差、有污染，会影响孩子的智力发育）而产生后果。研究者须考虑各种因素之间有无突出的值得作为该项研究的焦点，以及解决当地学童学业问题的首要因素，比较各种因素的作用，以便找出提升学童表现策略建议的论据。由于分类架构会改变或反复，除了分门别类的档案，也应保留一个未经整理和分类的总文档，依时间先后输入原始资料和理解方式，有大变动时可分档保存，以便核对。

在未摸透问题的所有根源或未捕捉到最重要的根源之前决定的分析架构，往往需要调整。比如说厂内两批工人不时发生冲突，工会认为这是新旧工人待遇不同，管理部门认为这是年龄不同的后果。研究者若只依这两条线索去搜集资料，会忽略了工人之间可能在方言、生活方式等方面的差异性，以及双方欠缺文体娱乐活动的因素。因此，研究者应尽量从全局事态和多种角度去理解个别言行，并兼顾当时环境和当事者的动机。除了关于个体的资料，还须看整体和其他群体的有关资料（例如其他工厂内相关的因素）。

整理者开始整理时，可以把所有相关的字词分门别类地排列出来，一面分类排列，一面重新分类。有些字句可分入几类，不同的排列法，可能呈现出研究者初步分类的改变或深化，甚至呈现出一些主题或分题、支线。分题可以再细分，支线可以汇成主流，发现资料不足时可以再进一步搜集。这个过程有点像中国传统山水画的技法，不是一口气单从某个单一角度、在某个季节某天某个时刻写生或拍照，而是经过长期在当地游览，捕捉到最能代表整区的精神，"神游山水"后，揣摩出一条最能把主观和客观磨合在一起的主线，才分部细描。"纯学术"定性研究的主线可在理论上是完全自然流露的；应用定性研究则在把握到全局后，对有关解决问题的部分特别着墨，同时留意有没有越出原来视野或原来焦点较笼统需要进一步放大的地方。

定性研究的资料不限于现场观察和访问，书本、杂志、广告、图画、歌曲、电影的内容，皆可成为研究资料。收集到的字句既不能单从字面去理解，也不能依研究者先入为主的观点去理解，而是要试图从当事者当时用法的意义和情境去辨认。收集到的字句可以原装引用，让读者决定是否同意研究者的理解。字句当然无法尽录，而是作为某种共通或特殊现象的代表。冒现出的意义可能很多，研究者须依应用目的来选择分析的焦点，把焦点连成分析的主线。了解到当事人的目的和处境，才易提出当事人愿意接受的解决方法，而非单纯依据传统道德、社会舆论，以及政府、公司、机构或家长认为应该采取的方法。

16.3 定性资料的数据化

无论哪种形式的定性分析，在资料整理的阶段，都会有多次大大小小的调整。由于分析和整理之间关系紧密，整理工作很难像整理定量数据那样交付给助手进行。这是一个很费时间的过程：资料必须编入一份索引内，索引中列出每一条资料的内容、分类编码和原始出处/页数。一项稍具规模的研究，条札动辄以千百计。每次改动架构，都得加编索引。早期整理把资料抄到卡片上，卡片内资料若需分解或者通用于两个以上的分类架构，都要另行抄存。就算研究者尽量保持纪律地、系统化地去做，亦难保整理时不会误插卡片、忘记编目或错入索引，以致辛苦搜集回来的资料，发挥不到作用。尤其是一些分类两可、出现次数少而意义重大的记录，遗失了便很可惜。

这些在过去不能回避的琐碎工作，现在出现了可以省时减错的方法——数据化。把资料直接输入电脑，首先解决了储存上的问题：用地小、容量大、储存方便且极易复制，还可分地储存，避免遗失。其次是资料容易记录和抽用、插放，减少乱七八糟抄录或丢到各处的机会（即使是干练的研究人员，有时也难免大意）。其三，对整理定性资料最大的帮助，来自文字处理软件的普及化。研究者可以随时把笔记复制、上下移动，从一个文件搬到另一个文件中去，还可以自动找寻个别字词或整串字句，改动后又可以实时编印，对于资料的分类和重组，提供了莫大的方便。

电脑软件还十分便于搜集同义字，分类、编码、抽取同类资料、点数个别字词的出现频率、制作图表、让多名合作者同时参与（用不同颜色或不同字体分辨不同参与者所添加的资料和按语），并可输出至统计或会计等可作量化分析和制表的软件中去。

有些从资料中冒现的新意不一定是行动者自觉或研究者预感的，而是出于资料的内部联系。有些研究者喜欢用线条、不同颜色的笔或电脑软件把各种相关的原始资料串连出多条线索，然后像滚雪球那样逐渐扩大相关资料的连接网。若发现新的连接方式比早时的连接方式更具说服力，可以把较早的连接网解组或另行编织到另一支线去。连接网内外呈现的事件组合意义可依逻辑、时序、人群或事件的支线组合，编进报告的大纲中去。不断建构的雪球要朝着应用的大方向走，出现了不同的理解时要拆解联系，还原到个别重要字句中去重新理解。

16.4　定性资料的分析策略

早期的定性研究以求知自足，或以能接近理论研究自豪，不着意于求解，而让行动者自己淘滤解决问题的资料。加上一般定性资料较少明显的结构，定性研究者较少留意或排斥结构，教科书也少谈结构，很多定性研究报告都写得和观察笔记的摘要差不多。即使写成一份份比较好的个案报告，跟应用的关联也不大。这是定性研究较少应用的原因。

为了增加定性研究的应用机会，资料分析必须采用一些策略，让应用者能直接从中获得解决问题的资料。本书为此提出四类定性资料的分析策略：个案刻画、比较现存标准、发掘新概念和建构理念型（ideal-type）。每一类分析，都可以发展出各擅所长的分析结构。突出个性的个案刻画可以扭转形象、树立特色。标准比较可以提供立竿见影的资料以争取权益。发掘新概念可以辨认通质和通则。理念型本身虽不求作自然科学式的检验，却可以为理解复杂事象提供深刻的背景和广远的发展方向。

16.4.1　个案刻画

这种分析形式的目的在于刻画人物、社群或事件本身，例如流浪人群、服务不足的社区、成功的生意、一项救灾过程等。研究的目的在于突出特性、澄清事象和改造现状。这种分析形式的整理策略在于找出哪些事迹可以构成个案的特色、哪些决定或因素左右了大局、哪些细节汇成常规、什么言行与众不同、异象出现的背景是什么、主线以外还有什么支脉？

举一个例子，美国人心目中对华裔社区有两个历史印象，一是藏污纳秽之地，二是自给自足的社区。对于其间缘由和关系，这里不深究，这两个印象皆降低了华裔社区争取政府服务经费的机会。很多美国人不知道或忘记了美国的排华历史。那时候华工不可带妻儿赴美、不得跟白种女人结婚，这是华裔社区内娼妓和赌场特多的起源，也是华裔社区不需要妇孺服务的原因。20世纪后期放宽家属移民，华裔社区妇幼骤增、耆老渐众，传统华人慈善团体无法应付需要，加上环境挤迫，居民健康状况整体低下。后来，华裔学者和社区活跃人士提供了关于不公平待遇的历史、渐趋主流的人口结构、努力向上的传统、服务能力和经费不足及受济者或无助家庭生活的具体描述，华裔社区作为一个自力更生但仍需支持的社区个案，形象得到改观，政府和社会支持才改善。

在线索繁多、主线难辨，又没有现成理论援引解释的情况下，从一般性的分类架构起步，依然是平稳可行的。沿着社会功能（如政治、经济、科学）、成长过程（如幼、少、青、中、老）、事态发展（如背景、近因、经过、后果）等方向顺藤摸瓜，可看到资料的大体分布，发现在哪一方面比较突出。有没有足够资料支持进一步分类？哪方面的资料比较贫乏？资料贫乏是不是由于搜集阶段发生了问题？若非搜集不力，资料的局限性本身便透露出研究的契机。我曾经做过一个文物研究——"从邮票题材看近代中国的发展"，事前不预设任何理论架构，把中国发行邮票百年间的题材依一般性的社会功能归类：政治、经济、卫生、文艺风物……分门别类地按着时间的先后排列。一旦排列出来，许多线脉隐隐然呼之欲出，即使那些一纵即逝的题材，例如防痨（1953年发行）、抗疟（1953年发行）、心脏病（1977年发行）和癌症（1978年发行），在1980年以前每种只出现一次，看似零星，但放在一起，便可以大体反映出中国由传染病较多变化为慢性病较多。

16.4.2 比较现存标准

这是定性研究中最容易产生应用效果的策略。个案刻画涉及的事象比较复杂，改变整体或政策决定远不及跟现存标准比较以求具体范围内的改善来得可行。研究者首先从现成经验或条例中找出一些或发展出一些具有应用意义的概念，清楚地界定其特征或鉴辨标准，然后搜集资料，比较资料跟概念的距离。大如"工业化社会"（主要标准是机械能源跟动物能源之比）、"现代化企业管理"（主要标准是要有完备的预算和审核制度）和"专业化"（主要标准是从业者成功地通过相同的职业训练、采用标准化的操作程序、受到同业组织对业务的监察和持续训练）等；小如"服药纪律"（主要标准是病人能否遵照医生指示每天定时定量服用）、智力衰退者照顾中心的及格运行（主要标准是有没有足够的受训人员和特殊设备、安全的活动空间等）、工序保障（主要标准是工厂有无清楚训练和监察工序）和安全保障（主要标准是厂方和工人都明白安全措施和出事时的善后程序等）。

我在研究美国华裔社区时，留意到"专业化"这个概念对华裔社区服务的发展的作用。1965 年以前华裔社区只有慈善活动，"慈善"靠的是施者的仁念和当时的能力，社会并不承担长期支持。早年华裔社区多青壮，对慈善的要求不大。家属移民放宽以后，资源缺乏的慈善机构不胜负荷。其时美国民权运动高涨，肯定了贫弱者有需要时，社会有责任提供服务来帮助解决，政府开始发放经费鼓励社区团体提供服务。而为了保障服务水平、提高效率和避免假公济私，政府要求受助机构行政现代化和人员专业化。

雇员的专业程度，成了一般服务机构的成长指标。在 20 世纪末期的美国华裔社区，由于欠缺申请政府经费的经验，政治上又不活跃，人员的专业化只能在直接服务方面进展（例如护士和医生），在行政方面却未普遍，不少华裔社区机构很迟才招聘考到牌照的会计师和专业的经费申请人，因而未能普遍采用美国社会公认的方法，去争取可以符合华裔社区特殊需求的资源，后果是被动地跟着潮流走，有一笔训练厨师的经费，华裔社区便去训练厨师，尽管华人厨师多的是。这笔经费完结，便得转移阵地。要改善这种资援动荡的现象，不能单靠个别侨领跟政客拉交情，必须提供调查数字、详列工作计划和预算、动员华人投票。如果社区领袖和研究者决定采用行政人员的专业程度作为衡量华裔社区机构现代化的指标，观察和整理资料时便会开始留意机构的会计人事和制度等有利于争取资助的方面。

参照主流社会标准后作出的分析和建议，当然有助于缩短社区跟社会之间的距离，增加获取政府经费的可能性和数量，却未必是衡量社区行政人员的恰当标准。他们的正规训练虽然不足，却在资源短缺的情况下维持和提升了服务水平，并不简单。何况有些局限是个别专业人员无法改善的，例如美国人口调查数据，大部分只分白人和黑人，有时也会加插西班牙裔，我们不能因为华裔机构的人口数据欠详细，便判断华裔社区机构行政人员的能力低于其他族裔社区的。换入一批学历较高但不懂华裔社区文化的行政人员，也得不到更细致的人口数据，即使可以把经费申请书写得流畅一点，他们对服务对象的认识却未必更深。

采用预定标准进行比较这个策略的好处，是可以事先估计标准的应用范围。对意义不大的、远水救不了近火、需求不及其他方面的事象，则须割爱。例如在 20 世纪 70 年代，华裔社区诊所发现很多病人都有心理服务的需要，但传统中医并无精神病学，"神经病"以往被人视为祖先失德的报应，华人习惯了以生理症状来描述心理郁结，有轻微精神医疗服务需要者怕被人歧视……即使后来社区开始了对精神病的注意，全美也没有足够的华裔精神科医生，一项期望在一两年内可以立竿见影的应用调查，只能对华人心理健康方面的问题割爱。

拿预定标准作对比也有重要的缺点，首先是每个标准本身都出自特殊的角度，未必能带引我们去重视研究对象的独特处，例如中医中药对普及医疗方面的作用。更严重的是：特殊角度往往也蕴含了特殊的价值判断和代价。比如上例中强调专业化的后果是增加薪酬支出，如果经费和专业人员不足，以致职位悬空，会降低服务的范围。

16.4.3　发掘新概念

这种分析策略目的不在刻画个案或对照标准，而在于找出一个在别的场合也能应用的，且尚未见诸于现存文献的新模式。为发掘新模式／概念提供最佳指引，是研究的应用目的。

以上一章举出的推广外语学习为例，研究者对现场人物的个人历史兴趣不大，亦没有其他经验或标准可资比较。研究目的只是去找出一些有助于推广外语学习的新的教学模式。比如说研究者发现在不在办公时间内学习，进度并无大差别，但练习时有人相伴进行交流的，似乎比独自埋头练习的更快掌握业务会话。

研究者于是警觉到需要引进多一项分类方式进行分析：单独练习还是小组练习。由于资料不足，于是再进现场观察，发现单独练习者之间的区别受专注力影响；小组练习者若交谈内容跟业务无关，进步似乎不大，若跟业务有关，单独练习和小组练习有区别，但对外语文书处理能力的影响有无区别还需要进一步考虑。研究者进一步发现：聚集在一起练习的人不但听到多种口音，自己的口音也可以得到即时反映，情绪都较集中，而单独练习者因要自己返听录音，反映过程较慢，而且习惯了自己口音，不一定能觉察到偏离。

从这个现象中，研究者辨认出"学员互助气氛"这个概念，进而可以发展出以下的待验假设：学习外语会话期间，如果出现了学员互助的气氛，则无论时间或地点，小组练习的进度比单独练习的进度快。

"学员互助气氛"这个新概念和有关假设的发掘，对于外语教习具有直接的应用意义，而且能够推广到别的教习场合去。有了新概念指导观察方向，大大地方便了资料整理和分析。

发掘新概念这种策略是有弱点的：未找到新概念前，搜集和整理都会漫无目标，蹉跎时日；找到一两个新概念时会见猎心喜，过于强调其作用，纵然不致指鹿为马，也会降低其他因素的作用。比如说强调了学员互助气氛后，可能相对地削弱了教学双方的态度和教材的作用。是以研究者对于新概念以外的现象，纵然未有新发现，也不能轻视，分析时篇幅纵不相等，落墨轻重也要小心，务求做出虚心和公平的判断，避免过度卖花赞花香。

16.4.4　建构理念型

以上三种研究方式，都跟自然科学的验证原则相通。验证就是设法以客观的方式观察到界定的概念，一般自然科学都偏向于把事象分解为最细的可观察单位（自然科学也接受当前不能分解的资料，例如星球运行的轨迹）。可是有些社会学者认为：很多社会事象不宜分开理解，就像自然事物如盐酸，其分子构成（HCl）若还原至 H 和 Cl 去研究，虽然有助于区别认识氢（H）和氯（Cl），但不足以了解盐酸的性质。因此，我们不能假设部分之和一定等于整体。在不宜分解的情况下，怎样入手去认识整体呢？在这里，让我介绍一种很不同的方法论——韦伯（Max Weber）的"理念型"（Ideal-type）。

韦伯认为对社会现象的探讨，不宜单靠外在现象去探讨，还须通过行动者的主观去理解其内在意义。这种理解不能单从探讨者自己的角度出发，还须通过当事者本身的意义（包括其目的、知识、价值意识、情绪和习惯）去把握。可是，行动者人数众多，个人的意义不能尽列，只可捕捉整体的大致倾向。这些倾向，可以通过历史因果来辨认。举他著名的"科层治事制度"（bureaucracy）为例：机构内每个人的行动都各有其意义，纯粹从探讨者或个别人员的角度来看，认识会流于片面。因此，应该就他们走到一起办事的共同倾向来理解。科层制之下成员之间有分工，分工的基础重才干，权责和奖罚分明，行事依章则而非意气或感情，等等。整体精神是理性运作，因而较其他组织模式持续性强而效率较高。

"因能授权"和"依章处罚"等因子，都是整个科层制的有机组成部分。但这些因子之和并不代表组织的全部内容，每个因子也不会平均地、相等地存在于每一个可以被称为科层制的机构之中。科层制这个理念型只是把复杂现象简化，依据探讨者选择的意义作为标准从而突出现象中某些倾向的一个认识工具。因此，探讨者若旨在提出一定方向来带引社会活动，也可以沿着这种思路来建构一个理念型。这就是理念型的应用之处。事实上，很多政治纲领和经济政策，或多或少，都对人性、社会的功能和结构及运作方的模式预定了理念型的假设，只是这些被假设的特征未经过仔细和显的界定，以致含糊而过，前后不一，成为纲略成败难断的主要原因。

理念型的知识论，肯定了对事象的认识不能摆脱主观。与其漠视、否认或隐瞒，不如明白地检视和公开自己的角度；与其含糊地让自己的主观影响观察，不如系统化地整理它，好方便自己和别人看出破绽。这样做并不是说理念型可以随意而为，指鹿为马。理念型的使用，首先要避免将自己的想法强加到当事者身上。主观的作用只限于对观察对象的选择，不能代替对事象的观察和分析；可帮助分析个体自觉或不自觉的行动，不能歪曲个体本身的意义。

构建理念型虽然是根据事象的理性追求最佳效率的表达方式，却不假定具体事象各方面都能达至最佳效率。成功的教练不能假设所有球员场场都能发挥最佳表现，或只笼统地强调团队精神，还必须从能力不同的队员的角度去发掘个体和整体的独特性，球迷可以笼统地要求球员合作，教练和精明的记者则会对球队的整体和球员个体给出具体分析，拿各个因子跟比赛场地和对手的资料结合分析，才能制订出正确的战略。如果己方队员比对方轻快，却被塑造成一个勇猛强大的形象，制订出攻坚的比赛战略，长期战果，不失败几稀矣。

对理念型的批评，不在于其特性在个别事象上的表现形式，不在于它未能全面反映事象，那本来就不是它打算做的工作。跟个案研究巨细无遗地专注于个体现象不同，理念型希望把握的是一个重要的整体方向。因此，衡量理念型的标准有三：第一，各因子是否有实例支持，不能空想（例如全队没人速度快过对方翼锋，便不能设计人盯人的防守策略）；第二，因子的选择有无偏颇，依据相关的整体意义来推究，能否找出更确切的因子或其他能对整体影响重大的因子（例如把全部精神放在防守对方最出名的快速翼锋，忽略其他战术，包括集中从这位翼锋的方向攻击，令他分神分力）；第三，也许是最重要的，是就探讨者关切的题材提出的理念型，对谁最有用？如何可以应用？

对韦伯理念型的一个恰当批评，是他对代表主要精神的元素或标准的选择无法逃避偏袒。例如以行政效率来突出科层治事制度的精神，对于领导当然合理，对于其他人员则未必，有些人员会满足于稳定的工作环境，另一些却会嫌刻板，或不甘于其特别的能力用武无地。受科层治事制度办事规矩影响的顾客便宁愿改称之为"官僚制度"。这其实跟行动研究者强调维护草根利益一样欠周全。其实每一种制度皆有片面性，我们如果不甘于过分强调某一面，以偏概全，不妨提出一个更包容的理念型，把"科层治事制度的理性"跟"期望理想工作环境的雇员理性"和"期望优良服务的顾客理性"一并结合起来，除了分析三者的个别期望，还看如何调和三方意愿，得到三赢结果。

现代社会人群趋向差异化、结构和功能复杂化，似乎跟自然科学把事象还原为至纯单位的研究方法背道而驰。未经统合的个别概念和资料，在复杂事象之前，往往只像零碎的、各自为战的广告。韦伯的理念型构想，如果能结合多方当事者的理性，可以引用来提取出系统化的辨析、整合个体和整体的总目标和行事标准，刚好填补了研究复杂社会事象方法论的真空。"多元理念型"的分析，是在一个复杂多变、盘根错节、不易分解的现象中，抽出一组最能表达其主要精神的元素/标准、理性一致的组合。在这一组合的引导下，理性力量会按照自身的目的和逻辑来推动全体行为。我以为这样的多元理念型不单是一个能够结合概念的研究工具，还可以成为一个方便照顾多元理性和多元利害的策划工具。用作求知工具时，理念型的正确性以有关事实作基础；用作求解工具时，理念型的有效性以行动者的期望和事态发展来衡量。

多元理念型能够明白照顾各方利害的思路，黄枝连在任职澳门大学教授时提出过。时值 2003 年，非典型肺炎（SARS）在中国爆发，其他华人聚居地如新加坡和温哥华等皆受到很大影响，澳门虽然不属重灾区，但是博彩业和旅游业也门庭冷落。港澳各方人士提出了种种救灾和防灾办法。黄枝连认为对各种办法不能孤立地评价，他兼顾所有行动者，指出各方利害和他认为应有的角色，提出各级政府、大中小企业、居民、专家学者、境内外以至国内外的华人和非华人，皆可参与。由于各方面在利害、机会和时间上有差异，工作不能止于短期救灾，而应连消带打地防患于未然，利用救灾的机会去维修和整治环境、保持地产价格、提升整个社会的风险责任机制。他提出任何灾后重建皆须满足以下条件：（1）不能止于解除危机，而须连续地进行解决根本性问题的运作；（2）要针对当地经济体制的优劣点重组；（3）政府的投资须有利于新经济模式的发展，要扶植新企业，让大中小企业皆有机会参与；（4）政府的介入是必需的，但不能长期化，应诱导国内外私人投资，为政府退出制造条件；（5）灾区和准灾区的重建和维修既属公共政策，也须依据市场规律来处理；（6）应趁机促进本地经济跟邻区的协作。能符合这些标准，便可希望化危机为生机及商机，创造宽广舒适的空间，并利用重建灾区来发展多元化企业，形成新的产业群。

这些条件中，每一项都可以转化为可接受验证的概念和假设，并制订出可做客观评估的研究项目。整体来说，这些标准之间呈现出一套共同的理性和逻辑：兼顾长短期效果的持续性；对整体和个体皆有利；各方面分工负责；要结合中国和西方的最佳做法等。这些建议可以看成理念型的初稿，把分歧的人事和变化都引进考虑范围内，提供读者和议政者参考。大家可以讨论中西标准的解释和选择，可以澄清或验证。一旦同意了采用这个能够容纳差异的理念型，大家便可以把求知或求解的注意力集中在几个可以分拆但仍保持一致逻辑和共同利害的因素上。大家对其中概念，可以补充论证或提出反证。有了一个共同的理念型作为公开讨论的平台，会便于具体分析各方利害和各层面/单元的强弱、优劣、可能性。即使对这个理念型的整体正确性或有效性不易达成共识，对个别因素的可行性和效率，仍可通过对整体的相对作用来评估。

再举一个例子：一家公司从制造日用品起家，扩展至多业经营后，整体利润变得起落跌宕起来，董事会如果不放任这种情况，必须找出一个全盘发展方案：回归本业，各业齐发，鼓励目前盈利最高的，选择长远利润最高的……决策可以是继续招兵买马、辞退冗员、跟别家合并、卖掉虽然赚钱但不够多的厂房……种种考虑都各有理由，也有大量资料参考，如果让各个单位的总经理分陈理由，一定难达结论。但若能结合总体经营的时间跨度、政府的经济政策、税制倾向、国际竞争、各单位间的相生相克关系、各业的背景趋势、经营者的多种价值观、员工的素质，应该可以找出一个或几个最有说服力的整合方案，选择其一之后，便全体按照这方向整顿。比如说，选择的若是扩展零售的方案，则广告、宣传、设计、国内外货源、员工待客训练等有利于促进零售的工作便须优先。每一项工作都有其行规和成功经验，但整个公司若能把这些成功因素尽量发挥，培养出有礼貌的仪态、适合顾客偏好的店面陈设和价格、独具特色的零售风格，便有可能转化成一家成功的连锁店。若无一个整体理性模式，各单位会良莠不齐、分道而驰、分散力量。

怎样知道自己提出来的理解正确无误？首先要对照的是类似研究中有没有不同的理解方法。不断反省资料跟题目的对口程度。如果研究题目是某种新教学方法对学生的影响，单单从课堂观察、测验成绩或老师观感几方面考察，未必全面，或许还不及访问学生来得直接。但学生的反应会随他们对新教法的期望而异，教学方法有浅白容易的、开始时较难但明白以后会记忆长久的、家庭作业少的、有助于考试时拿高分的……这些都可以影响学生的学习。此时便得回到"影响"的定义，以及做这项研究的目的去。一种最易帮助研究者反省的方法，就是从资料中找寻反例，研究者的初步结论若是该新教学法被大多数学生接受，发表报告前最好看看那些接受了新教学法但成绩下降的学生，以及没用这种教学法但成绩进步的学生。如果这些反例不是孤例，则成绩进步未必是新教法最重要的影响。这当然是个重要结论，可是如果有兴趣找寻其他也有应用意义的影响，重新整理分类，也许有新发现。

　　不少定性研究者收集了资料后觉得题材太多，迟迟不能下笔。这时把资料分类和再分类，会带给分析者踏实的感觉。完成这些整理步骤的研究员，会有较大信心去动笔撰写报告，而不须等待天马行空式的灵感来开导。但开始撰写后仍须不断思索有没有更好的理解方式和表达方式，尽速完成整套理解方案，然后再去花时间修饰文字。

　　很多亟待解决的社会问题既复杂，利害关系又盘根错节。以往人类的对策，往往出自决策者的急就章，未必有足够的信息和耐心去从整体的角度来考虑决策，个人偏好和利益立场都会产生影响。现代社会差异性增加，通信广泛而迅速，谁也难以只手遮天。顺应潮流的领导，会尽早地、科学地、全面地策划，尽量照顾多方面的利益，尽量公开讨论，即使讨论带不出期望的结果，责任由大家分担，社会也可以避免不必要的情绪冲突。

　　科学研究虽然希望找到能够推论的通则，却也须留意差异性的影响。在研究设计时，跟被研究者接触时，特别需要留意研究人员内部、研究对象内部和彼此之间的那些不同，对研究的推动和理解可能带来的影响。各方人士的年纪、性别、种族或籍贯、研究过程中的角色、社会地位等，都可能有意无意地影响整项研究的准确性。视乎题目所需，研究的类别、样本、搜集资料方法、辅助人员的选择、资料分析、报告的撰写和发表方式，都受差异性影响。研究者除了要找寻通则并向主办机构提交报告，还有责任衡量各方分歧的背景和利害所在，兼顾全局，才可长久地改善各方利益。

第 17 章

定量数据的电脑化整理

17.1 电脑的作用

电脑能提升研究中大部分操作环节的效率。从初步的文献研究开始，电脑便提供很大的帮助：现在信息爆炸，再渊博的教授也未必能随时提出最新的参考书目。以往图书馆的目录卡只列出本馆内所有的书目；厚厚的索引丛汇，印刷就要用去不少时间，追不上最近发表的研究报告。有些研究院课程，不再依赖教科书，要求研究生直接看新出的期刊。一般应用研究虽然不苛求那么尖端快速，可是完备和方便的索引，其作用依然是不言而喻的。现代化的图书馆，索引不但已经电子化，还驳接到更大的系统中去，输入作者或题材数据，便可在线购阅或知道借阅的地方。除了图书馆，有些专业机构还设有专科知识的数据库，例如医学期刊，研究者若是会员，或愿缴付费用，可以从那里直接把数据提取到自己的电脑中。与此同时，越来越多机构把自身的数据储进电脑中去，开始时多半是人事、财务、存货等，后来逐渐扩展到发展内部软件来编制工作程序、计划和预测，进而发展到系统管理、信息系统的意外防备和善后，等等。研究者若能直接看到这些数据，便可以很快把握到这些机构的运作。由于涉及人事和机构秘密，当局一般不希望太多外人过目，研究者若自己不懂从电脑中提取数据，有时便会失之交臂了。

研究提纲、问卷和研究报告，往往需要多次改动和排印，电脑字处理、制表和排印便大派用场了，找寻个别字眼、移动整个段落、增删、驳接、制图、放大、反白、重排，均十分方便。

储存和字处理，还只是电脑小试牛刀之地，数据库、统计和程序设计，更展现出电脑的无限潜力。数据库和统计，都出现了很多现成的应用软件，用者只需输入简单的指令，电脑便会准确明快地执行，节省大量手工计算的时间。除了现成的软件，目前还有多种软件，可让用者根据自己的特殊需要，自行编程来进行各种的研究分析，例如提示研究进度、自动抽样和拨电访问、检查数据的错误、自动抽出数据做计算并输出例行报告等。并且，不但数字类资料，针对文本的、音频的、视频等定性资料，现在也有了许多专业软件可做整理和分析工作。

17.2　数据编码

想电脑发挥更大潜力，一步很重要的工作，就是数据编码（coding）——把数据简化成电脑可以快速辨认的符码（codes），具体说来，就是给每一个定序或定类变量的变值编上一个号码。在结构性强的问卷中，答案在资料搜集前就已经编好号码（pre-coded）；对于开放程度高的问题或系统性强的定性资料，研究者可以在大体上掌握到数据的规律后才编码。编码工作若不适当，会平白丧失数据的精确性，也可能导致重复和混乱的分类。

编码的过程，上承概念化，下接点算变值分布，因此编码的原则，既受概念化制约，又要照顾点算时的方便。前者要求编码时能够穷尽类别的可能性且排除重复，后者有时却须压缩和合并类别。如果类别太多、分布不平衡，不只延阻整理时间、增加出错的可能，而且对分析的作用不大。

编码工作可能要求花很多时间，并需要多个人来从事。为了保持分类的一致性，通常须制订一份编码簿（code-book）作为转化信息的根据。结构性强的问卷，本身便是一份接近完成的编码簿。对于性质不明的种类，例如疾病分类，要事先请教专家；对于未能掌握规律的数据，例如用开放性问题来征求意见，可能要先把所有问卷中该题的答案抄录出来，分类后再加入到编码簿内。编码簿的作用，是让编码者有一份统一的凭据，把每一项数据都清楚、一致地输入电脑。不完整的编码簿，会打断编码过程，甚至产生前后不一或各人不一的编码。

替哪一个变值编上哪一个号码（用1代表"男"还是"女"），本来无关痛痒，可是有些惯例可以节省时间。其一，用数字编码比用字母方便，十个阿拉伯字在键盘上所占空间比二十六个字母小，手指移动的时间会少些。其二，数字少些也方便些，定序和定类层变量若超过十个变值，除非样本很大，分析时往往须合并才能进行统计；两位数字的输入时间和出错可能性比一位数字大些。其三，号码数值若是连续的，输入时记忆较易（例如1—5胜于1，4，3，9，5），发展电脑程序来复核时也比较节省时间。但一般惯例是保留"9"来代表"其他"，在整理时容易辨认。其四，用"0"作号码时须特别小心。当某一变量采用数值输入（numeric）时，一些数据库和统计软件会将0和空白视为同样，在字符输入（alpha-numeric）时，"0"和空白则应当是各有所指。其五，空白的处理要因时制宜，如果是适当的空白，例如该题只问女生，则所有男生皆宜空白，若是女生而数据遗缺，应该另行显示，统计前便先删掉这些有遗缺的个案，以免误导。为了方便识别（或提出警惕，避免统计时大意），可以把这些"不适当的空白"编上一个不易误会的符号，例如编上"-9"。这些操作方面的细节，在处理数以万计的电脑数据输入时，作用是不可忽视的。

17.3　定量数据的输入

　　设想阁下是大厨师，临下锅时才发觉糖罐里盛的是盐、胡椒粉里掺了辣椒粉、肉片切得大小不一，这时的狼狈，不难想象。数据整理不善则可能出现更严重的情况，因为数据弄错了，不像食物那么容易辨别出来，后果有时难以想象！一般研究教科书谈数据处理，对这一环节轻描淡写，但实际中错漏往往便出在这些看来并不复杂的地方。以下两节，是根据笔者和同事多年数据输入的经验整理出来的要点，也可作为数据输入员的工作提纲。这两节的目的在于避免和检查错漏，找到错漏后能否补救和怎样补救，在下两节讨论。要留意的是数据整理不只是为了避免和改正错漏，确定了输入的准确性后，数据还可以进一步合并和延伸，这是本章最后一节的内容。

17.3.1　强调编码簿

　　哪怕编码簿再完善，输入者不按本办事，也是无补于事的。有时候输入者开始时跟着本子去做，几份问卷以后，便出现松懈的情况，单凭记忆和印象从事，甚至进行"创作性"的编码。因此研究者必须向输入人员强调编码簿的作用，逐题解释分类的根据，耐心回答和解决问题，并进行复核。输入人员在熟悉编码的原则和内容以后，会更有信心和兴趣去执行这项容易出错和容易感觉沉闷的工作。当他们在预编问卷的答案中发现了一些明显的谬误（例如在月份栏填了"13"、年龄是"200"、性别栏出现了"3"），对此付诸一笑、欣然指出时，自己便会避免这些错误，这是一个良好的开端。输入员最容易造成的系统性错误，是无意中多打或少打了一个键，以致后面的数据全部前移或后挪了一格！在熟练的输入员中，这种错误最可能的祸首，是混乱了数值和字符输入。在数据库软件中，字符输入字段若预留两个字位，输入员只键入一个时（例如在机构代号栏键入"2"而非"02"），下一个变量的编码便会上移，不单机构改变了，后面数据的意思也完全改变了。

17.3.2　交代工序和期望

另一个容易产生系统性错误的情况，是把数据输入进了错误的电脑档案。有些研究替不同机构或不同时期的资料各自设立独立档案，这些档案的名字只有细微区别，却都储存在一起，这可能是大混乱的根源。研究者必须清楚指出哪些资料存入哪个档案，尤其是在个别机构数据不能在同一时间拿到的情况下。处理这问题的一个较妥善的方法是，事先交代好有多少份表格需要输入哪一个档案，不足之数在哪个日期之前向谁追讨，届时如数据不全应向谁求助。交付数据时要明确提出完成期限，如果是新数据或新的输入人员，请他们在完成一两成工作时检查一下进度，如果时间不足，要及早通知。输入完成后，应列出有关档案的数据（文件名、日期、储存量等），并把原始数据顺序排列交回。不要忘记提醒输入员及所有接触资料者：保持资料机密，不能擅自泄露。

17.3.3　检查原始资料

每一份问卷或表格回收时都应该做好记录。交付输入人员时应点明数目，不足的要及早决定是否继续期待。检查事项包括：有没有漏页；如果表格是影印副本，留意页底或两端是否影印不全或显现不出浅色笔的字迹；手迹是否难以辨认。如果发现问卷或表格中太多答案空白，研究者要决定应否采用该份问卷。如果不打算采用，便不输入，但要另行报道多少份问卷数据作废了，这当然是个重大考虑。

17.3.4　输入所需的电脑操作

可供定量数据输入的软件很多，操作步骤大同小异，有些可以通过程序或简单的指令进一步去设计：除了选择颜色对比和调节界面，使屏幕更易观看，还可加上输入值的上限和下限（例如在月份一栏键入高于 12 的数目时，电脑便不接受输入）。

无论哪种软件，输入者必须能掌握开机、进入有关档案、在画面和上下页之间移动、改错和储存的方法。如果要多存一份副本到另一个存储器中去，最好逐步书面记录步骤，以免疲倦或大意的操作者把抄写的方向逆转，把旧档案抄到新档案中去。这些技术并不难学，关键在于学懂以后是否用心从事。

17.4　复核定量数据的输入

即使是很熟练的数据输入员，也很难避免错误。数据输入电脑后，必须复核。输入者本人不宜作复核者，第一次把"5"看成"8"的人，第二次看恐怕也还是会错。

17.4.1　制订复核计划

复核必须有系统地进行，尤其是在复核者跟输入者是熟人的情况下，必须有预定的计划，以避免情面问题或苟且的态度。计划应明确地指出复核的样本、项目、速度和完成日期。每一个档案都应该有独立的复核计划。最初几份问卷或表格应该逐题检查，看看有没有特别需要注意的地方。最重要的项目应逐份检查，其余的可以抽样。复核样本的大小视输入数据的质量、时间和数量而定，错误率高些的，复核率亦要高些。如果输入开始后编码簿做过修正，就要特别留意修正前的输入，熟悉旧编码簿的复核员，偶然会不自觉地按照旧码行事。复核的策略，可以沿以下两条线路发展。

17.4.2 检查个别变量

有个办法能够立即找出"无中生有"的误码（例如出院日期中出现了"1902 年"，年龄中出现了"200"），那就是把所有变量的编码分布打印出来跟编码簿进行对比，所有不可接受的编码立刻就会现形。如果输入是用统计软件，打印可以立即进行，如不是，也不妨转入统计软件中去，这层工夫并不复杂，值得进行，远快于逐点比较。

对于可接受的编码，这个办法有时也能显示出一些看来偏高或偏低的分布（例如有 40% 的雇员同月出世），这会是系统性错误的提示，情况可能比零星的误码严重得多。对于那些出现太多"其他"的项目，要翻查输入员的注释或开放性问题的答案，看看能否从编入"其他"的答案中抽取新类别或并入其他类别。

17.4.3 检查变量关系

专业的复核，不满足于拿输入的数据跟原始数据作表面上的比较，因为可能原始数据本身就有错。可是，即使逐点检查，复核者亦难免迷失在数以万计的数据点中。不少错误是难以从个别变量的角度观察出来的，如果编码不是无中生有的，分布看上去又不异常，那便只能通过变量间的逻辑关系去检查。在制订复核计划前，首先要辨认出所有变量间的逻辑关系，辨认越完整，复核越准确。以下是一些例子：

从类别来看，领救济者的收入不可能超过一定的数字；某级以下雇员的薪金不会高于某一数目。

从先后关系来看，出院日期只会迟于入院日期；货款若已收到，验收结果只能是"收讫"。

　　从数目关系来看，全体员工领到的薪金之和，只可以等于发薪总额；病人若接受过治疗，其病类总和一定不会是零。

　　从对应关系来看，列出退学原因的，一定也该列出退学日期；男生不可能填上第一次月经年龄。

　　这些关系那么清楚，怎会出错呢？不信吗？但数据库里偏偏就可能有更滑稽的数据呢！事前若留意到这些可能性，可以发展电脑程序来检查，比如在输入软件中预定可以接受的编码，例如月份一栏不接受"13"。有些程序没有现成的软件可用，研究者若向程序员求助，也须事先自己发掘出这些关系。

17.5　错漏的处理

　　找到错漏后怎么办？答案并不那么直截了当。访问员和填表者未必能记忆起正确的答案，即使找到回答者，事过境迁，态度会变，补问的答案若跟其他问题的答案不一致，该如何取舍？在找不到当事人的情况下，在回答者态度发生变化影响答案的情况下，原批问卷的上文下理有时是估计正确答案的最可靠根据。有些错漏不难修理，例如性别一栏遗缺，若同一问卷中显示出对方曾经生育，则可顺利地补填。有些答案只可估计其单向极限，例如老人家忘了上次就医的日期，可是上次离开医院时是两个月前，则可知上次就医日期一定不会超过两个月，如果目的只在抽出曾经在三个月内就医的人士，则可填上两个月。但如果目的是计算上次就医日期的平均值，填上两个月的做法便会使平均值有偏误。为了不丧失数据，可以把上次出院与回答日期的差距除以二，也就是以平均值来推算，以降低估计的偏差。当然，如果有数据经过了这样的处理，必须在报告中清楚地说明。

这种处理只能带来接近数值，目的若求确实的平均值，这些遗漏便不能接受，这个个案在这个题上的资料只有销掉。一个个案中若有太多的遗漏，或在最重要的变量上遗缺，则应该作废，视作无回答处理。而对每一题上遗缺的个案数目，研究者也有责任如实报道。决定了每项错漏的处理方法后，输入到电脑里的数据，可以很迅速地得到更正。这时需要的电脑技术不外乎索引（indexing）、重排（sorting）、寻找（finding）和替代（replacing），这些操作不需高深训练，但却要求细心和系统化的工作态度。

17.6 数据合并和延伸

数据整理除了务求避免错误和改正错误，很多时候还负有下述三类任务：重新编码（recoding）、改变某些个案变值的比重（weighting）和创造新变量。这些操作，都是把经过上述处理的数据，进一步合并和延伸而成。

17.6.1 重新编码

为了修订概念或统计上的需要，不时要重新编类。比如从年龄来界定"老人"，到底用六十、六十二、六十五、六十七，还是其他界线呢？在没有确定标准的时候，可能需要多用几组来观察后果，因此便可能要数度改动编码。如果留意到老人中也存在明显的区别，例如八十岁以上患上智力衰退症的显著较多，则可进一步把老人分为八十以上和以下两类。至于一百岁以上的，人数太少，可以并入八十岁以上那一类。

17.6.2 调整变值

这是采用特殊抽样时的相应步骤。例如八十岁的人口不多，若按人口比例抽样，抽到的样本可能很少，于是加倍抽样，以便将来有足够的样本分析八十岁以上的人口，不过这会人为地增加八十岁以上者在整体样本中的代表性，因此分析整体时，须移开一半八十岁以上的样本（例如每隔一个移开一个），剩下的一半才混同其他年龄组的变值去运算。

17.6.3 创造新变量

这个环节的数据整理工作，可以拓宽研究者和决策者的视野而又不脱离事实。有些新变量只是原数据简单的延伸，例如估计加薪6.25%后每人可得的数目。这类工作，电脑都能又快又准确地计算好。稍为复杂的，可以按不同条件延伸，例如高级职员加5%、低级职员加7%，新薪酬表可以立刻列出。

新变量也可以从两个或以上的变量中提取数据，例如把所有"曾经看中医"或"曾经用中药"的人士，都列为"中医药使用者"。还可以合并数据而成新组合，例如根据企业的业绩和以往捐助公益的表现，把企业分成四个捐助类型：业绩好而有长期捐助记录的、业绩好而未有长期捐助记录的、业绩差而有长期捐助记录的和业绩差而未有长期捐助记录的。

比较复杂的整理工作，虽无现成软件可以依赖，但发展专用的程序，一般也并不困难。只要思索到合适的新概念，具体的转化工作，现在已经不再麻烦。有了电脑后，人脑的作用，才更加突出了。

第 18 章

定量分析之一： 统计描述

18.1 统计分析的性质

所谓科学式的分析，就是首先把事象拆细到可以观察的地步来理解。统计的作用在于把拆细后的事象进行量化综合、估计和检验。定量分析的目的，在于借助统计学上公认的标准和程序，来把事象重组、浓缩、简化并进一步去推论更深刻的特性和关系。广义的分析过程，可以上溯至概念化，从概念化开始，一直到把数据中变量的变值编码，本书已经展示了分析是如何不断地精细化。在这一章，让我们看看怎样把拆开了的零件重组、突出、整合以便可进行群体和总体的特征估计及假设的检验。从这个意义看，统计可以说是文字分析前的最后预备。

统计不同于一些孤立的数字，单单说某人多大年纪、某群体平均收入、某地工业产值或某厂产品的报废率，难免管中窥豹。我们很多时候还想知道某人的年纪是否较高、某群体的收入是否稳定、某地产值是否跟外汇率有关、某厂的报废率是否只是偶然的现象？统计学提供种种模型，各有明确的定义和先验假设，帮助我们理解事象中的规律和联系。

统计不一定是复杂难懂的数字。简单的统计值，例如百分率，不但读者容易掌握，应用面广，而且比强行复杂化的统计策略来得更有说服力。复杂的统计，是解决复杂问题的利器，但也要求多种条件和假设。目前社会科学研究中的很多资料还不能充分符合这些条件或假设，因此，尽管电脑现在已经使复杂统计的操作大大简化，但一般中小型机构中复杂统计的运用情况实在不多。很多全国性的人口分析，依然倚重百分率来表达，简明又方便。

社会统计是一门有丰富题材的学问，全面介绍够写一本书。本章只拟介绍一些最简单的方法、一些最基本的原理和最"实用的"选用统计方法的标准。除非涉及基本原理，这里不介绍具体运算（那已经可以全部交托电脑）和运算的数学基础。我希望做到的，是以最少篇幅来突出最重要的理路[1]，并提示一些容易出错的地方，来使读者掌握基本的统计分析方法。

社会统计方法虽然种类繁多，基本上可以依下列几项标准分类，认识这些标准，是把握社会统计学的开端：

1）目的是作"描述"（description）用的还是作"推论"（inference）用的？

2）有多少个变量涉及在内？

3）变量属于什么量度层次（level of measurement）？

4）若涉及两个或以上的变量，有没有"自变量"（independent variable）和"因变量"（dependent variable）之分？

5）目的若在推论，是"估计"（estimation）还是"检验假设"（hypothesis testing）？

6）检验假设时，采用的是"参数检验法"（parametric statistical test）还是"非参数检验法"（nonparametric statistical test）？

第18和第19两章的讨论，就是以上述标准作为分类架构组织起来的。本章介绍描述性统计，第18.2节关于单变量，第18.3节介绍

---

[1] 即使是很好的统计学书，有时亦难免令一些初学者眼花瞭乱。太详细的说明，有时反而淹没了关键，本书此章的简明介绍，希望帮助读者把握统计学的脉络理路。

双变量间关系的统计技术，这两节将顺着变量的量度层次（如有需要，请复习第 7 章），逐层选择一两项最具代表性的统计技术来介绍。第 18.4 节是对三个以上变量关系分析策略的简略介绍。统计数值计算出来后，不一定能带来决断的结论，如何去理解，经验浅的朋友会感到不易掌握。因此，除了指出个别数值的意义，还在 18.5 节再加一点讨论。最后一节指导读者从全局考虑出发来选择统计工具（当然亦帮助读者去评价别人对工具的选择），到时我会特别解释"破格"选用统计技术的情况，以及运用电脑计算统计数值时容易出错的细节。推论性统计则另辟第 19 章来介绍。

18.2 单变量描述性统计技术

在进行定性分析时，由于个案数量少，研究者可以逐个对象、逐项特征去刻画。可是，当个案的数量增加至几十、几百甚至更多时，即使研究者不厌其烦，读者也未必有时间细读，读了也不易把握到全盘特性和关系。这时，如果数据是系统化收集和整理的，便可以做系统化的浓缩。浓缩的方式随变量的层次而定，统计工具亦视变量数目而有所不同。让我们先从一个变量开始。这些工具可以依定类、定序、定距以上分作三类，其中很多都是大家耳熟能详却又容易失察的。以下的介绍，除了帮助研究者选择适当的技术，也提醒读者应该如何批判性地看待统计数字。

18.2.1 单变量定类描述技术

最简单的方式，是把各类变值出现的次数排列出来。在描述变值清楚、完整的变量时，例如性别，这个方式毋庸细述。可是，很多问题出在那些看起来有清楚定义，实际上变值不完整的变量上。例如对某门诊部不满的意见中，只罗列了对医生和护士的批评，遗漏了人事以外的制度问题——有可能是因为办公时间太短或手续太繁而影响了服务的态度。再举个例子："满意吗"这个问题的回答除了"满意"和"不满意"，还有"没意见"的。而"没意见"者之间又可能有"因为不清楚而没意见"和"清楚了但没下判断或不愿下判断"之分，两者间区别真的小得可以合并起来吗？分类是否完整、层次是否最适当、合并的类别是否掩盖了重要讯息这些判断准则，也通用于审核以下的统计技术。

有些读者对数字的反应不很敏感，采用图柱来表达，会令人有对照分明的大体印象。可是，图柱并不能仔细地表现细节，在区别不大的情况下，有人喜欢截取部分，放大了来进行比较。例如男生 520 名，女生 530 名，以 520 和 530 单位来表达的两柱，看上去区别很小，但若截去 500 单位，只突出 20 和 30 间的区别，予人印象便较深刻，只是这样一来，对于经验浅的或者看得匆忙的读者，会产生误导。比较适宜的做法是结合数字，在主要的变量或重大区别的地方才用图柱。

如果为了对比，可用"对比值"（ratio）这个常用的表达方式。对比值就是把两个数字并列，例如多少名婚龄男子跟多少名婚龄女子之比。对比值也有缺点，一是在两组以上比值接近的情况下，不易立时得到印象，例如列出甲班男女生之比是 21：19，乙班是 18：22。另一个情况是类别的先后排列并无成规，易生混乱，例如开始时的性别比例是男：女 =21：19；稍后无意写为女：男 =19：21。不要说读者，作者自己也易混乱。

为了避免混乱，一个方式是计算"比例"（proportion），把各分类出现的次数加起来，以个别次数除以全体次数，以 1 代表整体作为基数，所有个体次数都少于 1。但有些分类的比例只占总数很少部分，以 1 为基数会导致数目太小，一般人阅读时并不习惯点数小数点后多少个零，例如某市每年移入人数占全部市民的 0.0003，某次抽奖的中奖机会为 0.0000025。这些情况下，把比例改为百分率、千分率、万分率或十万分率，能减少书写和沟通时的错误。

对比也可以用于不同时间内某值出现的次数，例如营业额的增长或下降幅度，可以用"变率"（rate）。变率取用百分率还是十万分率来表达并无成规，但要小心的是基数是开始时还是结束时的次数，是$(T_2-T_1)/T_1$还是$(T_2-T_1)/T_2$，两种算法结果相去甚远。人们对比值、比例、比率和变率等名词，用得相当随便，张冠李戴的情况经常出现，读者不可望文生义，要留意其内容和基数的性质，才可避免误解。

有些变量的变值繁多，若只求大体印象，逐个排列太麻烦，不妨只报道出现最多的那一变值，这便是"众值"（mode）。在只有一个突出变值的场合，例如香港人的籍贯以广东最众，这是最方便的表达方式。但有几个数值相差不远的变值时，只报道一个众数会造成误导，这时应该区别列出这些变值的比例或比率作为补充。

看到以上的数值时，须留意一个不可忽视的问题，就是遗漏值（missing value）的数量和性质。如果遗漏数量过高，或相对于总数的比率过大，无论用什么数值都不可靠。尤其是当遗漏值可能带有特殊意义时，例如在"同意吗"一题中，有三成人士"没意见"，而在余下七成人士中，同意和反对是五五分，这类报道，极易产生误导，因为那些"没意见"者，可能多数是偏反对的。因此，即使是百分率那样简单的数值，也不能大意，还得追问其基数（分母）多大、代表什么？遗漏值多大？为什么出现遗漏？基数中应否包括这些遗漏值？认真的研究报告，对遗漏的处理都有清楚的交代：重要题目若遗漏过多时，应考虑全份问卷作废；有题目遗漏，但整份问卷被采用时，用作计算比例、比率或其他数值的分母是什么？遗漏的处理是错乱的一个主要根源，因此，在处理和理解任何统计数值时，都要特别小心这一点。

18.2.2　单变量定序描述技术

所有定类变量的统计，都可以应用于定序变量，只是浪费了定序变量里相对比较精确的数值。定序变量的变值，因为可以按高下或大小排列，可以采用"累积次数"（cumulative frequency）和"累积百分率"来描述。例如除了报道各年级学生人数，还可以报道"三年级以下"或"五年级以上"的累积人数和累积百分率。累积数值时，实际上是把变值归并，除了上述遗漏值的问题外，还要注意从哪里分割。级别的分合有时会冲淡或浓化原来的效果，把数值最高组和次高组合并，就会把前者的变值扯低、后者的变值扯高。分成多少级、级距大小和划割点的选择，会是争执的根源。

定序变量最有效的综合形式是"中位数"（median）。这是个很清楚的概念：一半个案的变值高于此数、另一半低于此数。不会出现众数有时遇上的混乱情况。如果原始数据齐全，找寻中位值很简单，只消把各变值依高低排列，若个案总数（注意，不是变值的总和）是奇数，中间那个便是中位数，计算公式：把个案总数加一后除以二，得出的便是中位数的位置。若总数是偶数，中位数是中间两数的平均值。计算公式是把个案总数加一后除以二，得出之值上下便是中间两数。如果原始数据中很多相同数值，例如优、良、常、劣等，可先把各值及其累积次数依高低排列，依上法算出中位值位置后，立即可以看到这个值是落在"良"还是"常"那级中（如果优或劣逾半，结果就不一定这样）。社会研究有时在搜集时便把资料分了级，例如每 5 岁为一个年龄组，以整个年龄组为中位值，未免过于粗糙，这时应该用下列公式来推算：

$$Md = l + (N/2 - cf)/f \times w$$

其中　　Md——中位数；

　　　　l——中位数那一组的下限；

　　　　N——个案总数；

cf——中位数那一组的下限以下的累积次数；

f——中位数那一组的次数；

w——中位数那一组的组距。

举个例来说，从下列某区老人的年龄组分布中求中位数：

表 18-1 从顺组累积数目求中位数

年龄组	人　数	累积人数
65 ~ 69	300	300
70 ~ 74	250	550
75 ~ 79	200	750
80 ~ 84	150	900
85 及以上	70	970

首先要找出的是中位数的位置，因为 970/2 = 485，位于从低向高累积至第 485 和 486 位之间，这个位置落在 70 ~ 74 年龄组内，根据公式，这个中位数等于：

$$70 + (970/2 - 300)/250 \times 5 = 73.7$$

这个数值只是经过了标准化步骤推算的结果，实际情况可能是这个年龄组中，大部分都靠近 74 岁那一端。与其说我们接受的是 73.7 这个数值，倒不如说接受的是这个推算步骤。这个步骤本身的期望，是个虽不中亦不远的估计，这是在定序变量局限下的折中办法，中位数不能带来最准确的估计，因为它并不涉及变值高了或低了多少，"年龄组"在这组只是个定序变量。如果年龄组是个编码时归并了的变量，原始资料中保留有详细的出生日期，那就可以把年龄当作定距变量来处理，计算出该地区老人的年龄的"平均值"。

18.2.3 单变量定距描述技术

这里，我会介绍三个极为重要的概念：平均值、标准偏差和正态分布。除了是精简的描述工具，这三个概念还是许多统计推论的基石，但要求至少属于定距层的变量才可进行。

18.2.3.1　平均值

"平均值"（mean）就是变值总和除以个案总数。它只能在定距以上层次的变量上进行。定距变量当然可以采用以上两分节的描述技术，代价是丧失变值的精确。要留意的是个别个案的变值若远高于或低于其他个案，便会"额外"地扯高或拉低平均值（例如班上来了个千万富翁的女儿，整班的平均家庭收入骤高），这时反不如中位值那么稳定。要排除这种"歪曲"作用，可以先剔除极端值后再计算平均值。问题在于确定这些极端值到底是异例还是常规，若不能确定是异例，我们对这个数值的信心便得动摇。

即使在极端值不多的情况下，平均值仍会掩盖组内个案之间的差异。试看这两组数字：甲组是（2，8，20，30，50），乙组是（20，21，22，23，24），两者的平均值都是 22，其间差距却颇大。很明显，平均值只顾各值之间的"集中趋势"（central tendency），众值和中位值亦然，当组内差距较大时，平均值、众值和中位值，代表性较低。换言之，以组内差距较大的集中趋势数值来估计个案数值，误差程度较大。

18.2.3.2　标准偏差

定距变量内各值之间的"离散趋势"（dispersion tendency）也有公式计算[1]。最常用的定距离散量度法是"标准偏差"（standard deviation），就是把各个案变值跟平均值间的差距平方后相加，再除以个案总数，取其平方根：

$$s = \sqrt{\frac{\sum (x_i - \bar{x})^2}{N}}$$

---

[1]　定类和定序都有离散趋势算法，由于用得少，这里不介绍。

其中　　s—— 标准偏差；

　　　　x_i—— 各个案变值；

　　　　$\bar{x}$—— 平均值；

　　　　N—— 个案总数。

根据公式，上例中，

$$甲组的标准偏差 = \sqrt{[(2-22)^2+(8-22)^2+\cdots]/5} = 17.0$$

$$乙组的标准偏差 = \sqrt{[(20-22)^2+(21-22)^2+\cdots]/5} = 1.4$$

$\sum(x_i - x)^2$ 是为了在相加前抵消个案值跟平均值间差距的正负值。由于把变值跟平均值的差距开方，标准偏差对极端变值比平均值更敏感，受极端变值的影响更大。以相同的平均值估计个案值，在甲组错的程度大于乙组。标准偏差使我们在观察定序变量时，不单看其平均值，还留意其内部的变异情况，对于那些重视质量一致性的工作，例如各校或各班成绩、同类分支机构间员工薪酬等，标准偏差的作用跟平均值可以互相补充。

把上述公式稍作调整，可以计算分组数据：

$$s = \sqrt{\frac{\sum f(xm - \bar{x})^2}{N}}$$

其中　　Nf—— 各组内的个案数目；

　　　　xm—— 各组的组内平均值；

　　　　s—— 标准偏差；

　　　　$\bar{x}$—— 总平均值；

　　　　N—— 个案总数。

18.2.3.3　正态分布

大量数学试验证明：在一组无限大的个案中，如果把每个个案的定距值逐点点到一个坐标上，x 轴代表变值大小，同值的个案数目沿 y 轴向上累积，把 y 轴上每个变值的最高点连成一条线，很多时我们会发现这条线呈现出一个钟状：只有一个高峰，最高点往往邻近中位值和平均值，两旁曲线呈对称状朝左右下降。这种钟状曲线，不单可以见之于多种自然现象之间，就是人类的身高、智商及种种社会指标的分布，也往往极为接近这种形状。

根据这种饶有意味的事象分布情况，统计学者发展出一个理论性的概念，称为"正态曲线"（normal curve）或"正态分布"（normal distribution）：在个案无限大的情况下，曲线最高点的位置，等于平均值、中位值和众值，位置都落到 x 轴同一点之上；这点的位置，决定于平均值的大小；曲线的形状，视乎标准偏差而定，标准偏差越小，钟越高窄，标准偏差越大，钟越扁平；曲线向左右对称下延，但两端最低点无限接近却永不接触 x 轴（即表示极端变值出现的可能）。

除了这些外貌，正态曲线这个概念还带来一个极具应用价值的特性：无论钟的形状和位置如何，若以曲线下全部面积（全部个案总数）为 1，则中点和距中点相同标准偏差位置之间的面积，占整体面积的比例是固定不变的！这些比例可以用同一公式计算出来，例如跟中点相距 $1s$（一个标准偏差）之间面积所占总体面积的比例是 0.3413，相距 $2s$ 处面积所占比例是 0.4773，中点两边各 $2s$ 之间面积所占比例是 0.9546（图 18-1）。

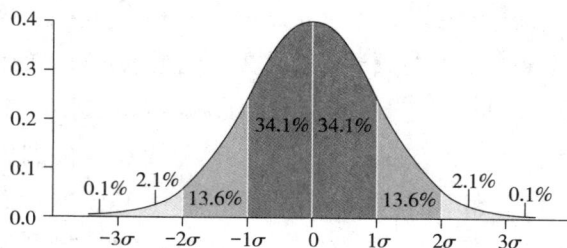

图 18-1 正态分布曲线下的面积

换言之，如果一个变量的变值分布情况接近正态曲线的话，一旦知道了分布的平均值和标准偏差，任何变值都可以转化为分布比例来理解：不仅变值之间个案的比例容易估计，而且知道距平均值的标准偏差越大，曲线下覆盖的面积越大，在这个值以外所占的面积比例便越小。例如，若知道某地女性初婚年龄平均是 24 岁，标准偏差是 2 的话，则可估计在 22～26 岁（24 加或减一个标准偏差）结婚的女性占全部女性人数的 0.6826，即 68.26%，至于 3s 以下，即低于 18 岁结婚的，则不会超过 0.14%。

正态分布中，此范围所占比率为全部数值之 68%，根据正态分布，两个标准偏差之内的比率合起来为 95%；三个标准偏差之内的比率合起来为 99%。

在不同分布之中，标准偏差和平均值会不同，即使是同一变量，若采用了不同的量度单位作变值，曲线的位置和形状便给人不同的印象，比如个人收入，以月薪而不是以年薪或周薪为单位时。为了方便比较和省略逐次计算的麻烦，统计学选择进一步把正态分布标准化：其平均值为零，标准偏差为 1，把各个变值转化为"标准值"（Z 即 standard score），计算出每个标准值在正态曲线下面积的比例，列入一个表中（本书附表二：正态曲线下的 Z 值），以后大家计出标准值后，只需查表即可得到对应的比例。从各变值到标准值的转化，是一步简单的计算：$Z = (x_i - \bar{x})/s$，其中 x_i 是任何变值，$\bar{x}$ 是平均值，s 是标准偏差。

举例说，某班学生数学平均分数是 78，标准偏差是 18，李同学的数学成绩是 60，则他的数学成绩在标准化正态分布上的标准值 $Z = (78 - 60)/18 = 1.00$。该班有多少同学的数学成绩是 60～78？从附表二我们可以查到：在正态曲线下，从 1.00 这个标准值到标准化平均值（=0）之间的面积是 0.3413，即班中有 34.13% 同学的数学成绩为 60～78。如果老师想增加对 60～65 分的同学的照顾，那会有多少学生需要额外照顾？我们会先计算得 65 分这一群学生的 $Z = (78 - 65)/18 \approx 0.72$，查表得 0.2642，从 34.13% 减去 26.42% = 7.71%，该班若有 40 人，即有（40 × 7.71% = 3.084）三名学生需要额外照顾。

　　标准值还可用来权衡李同学各科成绩跟全班的相对距离。如果该班作文的平均分数是 70，标准偏差是 5，李同学的作文成绩是 61，他在作文上的 $Z = (70 - 61)/5 = 1.80$。相对于全班同学来说，他在这两科之中，哪一门的表现比较落后呢？有了两科成绩的标准值作比较，可以判断李同学在作文方面需要较多帮助。这种比较方法，胜于从各科分数、各科分别的名次或者各科分数与全班该科平均分的差距来进行比较。

18.3　双变量关系的叙述

　　单变量数据传递的意义，往往是不完整的。当我们说某电视节目的观众中有 70% 是男性时，我们的关注很多其实还联系着一些跟性别有关的因素，例如购物种类和购买力。换言之，我们的注意力其实放在了观众的性别和购买力或购物种类之间的关系上。对两者关系的量度，不同于对性别和购买力的分别量度。研究报告中如果只是把观众的年龄、收入、看电视时间、题材等分别列出，看上去好像资料很多，带来的认识却始终是零散和间接的。

　　两个变量间有无关系，可以从一个变量的变值变动时另一个是否相应而变来反映。双变量间关系不一定是因果关系，也未必照顾到其他因素的影响（请见下节），这是理解时要警惕的地方。当然，如果在实践上或理论上能确定解释范围的话，双变量关系本身依然是个强有力的分析方法。应用社会研究中有很多涉及两个变量间关系的量度，例如：改变瓶子颜色是否会增加饮品销量；提高自付金额会否降低医疗使用量；幼儿园老师是否对男生举动的安全性特别警觉；老人能否得到家人照顾跟其体能衰退程度有无关系，等等。

18.3.1 分类百分表

怎样表达和理解两个变量之间的关系呢？最基本的方法，是把一个变量中各变值的出现次数分布，区别按另一个变量的变值来排列出来。这种排列法，称为分类百分表或交叉分类表（cross-tabulation），表 18-2 这个例子，初步表达出某社区内"家居情况"和"需要照顾程度"两变量间关系：

表 18-2 家居情况和需要照顾程度的数量分布

		居住情况		
		独 居	与家人同住	合 计
	常需照顾	60	240	300
需要照顾的程度	有时需照顾	130	70	200
	合计	190	310	500

这个表比两变量各变值的个别分布（列在表的边缘那五个数：190，310，300，200 和 500）更详细。只是这种粗糙的表达方法，即使对有经验的分析者来说，也不易一下子便看出头绪。通常的做法，是把表内的绝对值化作百分率，如表 18-3 这样的分类百分率表：

表 18-3 不同"家居情况"的"需照顾程度"百分率

		居住情况	
		独 居	与家人同住
	常需照顾/%	31.60	77.40
需要照顾的程度	有时需照顾/%	68.40	22.60
	分类合计/%	100（$n=190$）	100（$n=310$）

表 18-3 从不同的家居情况的角度来审视需要照顾的程度（这只是表 18-2 的局部表达，稍后再谈另一角度）。转化成百分率后，两类

家居情况下的需要照顾程度可以直接比较：独居老人中，有大约三成经常需要照顾；而在与家人同住的老人中，则有近八成经常需要照顾（当然也可以说：在独居老人中，有近七成只是有时需要照顾；而在与家人同住的老人中，则有三成有时需要照顾）。由此而达成的结论是：在这个社区内，相对于与家人同住的老人来说，独居老人较少需要经常性照顾。如果把这两个变量当定序层来理解，居家老人数和需要照顾程度可说是呈现一个正比关系：独居者需要较少照顾。

关系是有强弱之分的。若要通过分类百分率来判断，则不同居住情况下需要照顾程度百分率之间的差距便是指标：差距越大关系越强。试拿表 18-3 中家居情况跟需要照顾程度关系的强度与表 18-4 至表 18-7 比较。

表 18-4

		居住情况	
		独 居	与家人同住
需要照顾的程度	常需照顾/%	32	90
	有时需照顾/%	68	10

表 18-5

		居住情况	
		独 居	与家人同住
需要照顾的程度	常需照顾/%	32	60
	有时需照顾/%	68	40

表 18-6

		居住情况	
		独 居	与家人同住
需要照顾的程度	常需照顾/%	32	34
	有时需照顾/%	68	66

表 18-7

		居住情况	
		独　居	与家人同住
需要照顾的程度	常需照顾/%	32	20
	有时需照顾/%	68	80

表 18-3 内的关系（77.4－31.6 或 68.4－22.6，差距都是 45.8）比表 18-4 内的弱（90－32 或 68－10，相差 58），但比表 18-5 内的强（60－32 或 68－40，相差 28）。表 18-6 和表 18-7 的关系都比表 18-3 弱。表 18-6 显示的差距几乎等于零，一般来说，差距若少于 5%，两变量之间可以说就没有关系。表 18-7 是个微弱的反比关系。

上面提到，表 18-3 只是从"家居情况"的角度来反映"需照顾情况"，那只是表 18-2 的局部表达（表 18-2 本身不是穷尽数据的全部内容，以后还会介绍其他方法），表 18-2 整理出来的数据，还可以从表 18-8 这个角度来表达。

表 18-8　不同"需要照顾程度"的"家居情况"百分率

		居住情况		
		独　居	与家人同住	分类合计
需要照顾的程度	常需照顾/%	20	80	100（$n=300$）
	有时需照顾/%	65	35	100（$n=200$）

还是那两个变量，表 18-8 中的数字与表 18-3 中的数字很不一样。可见以不同变量为出发点，结论可能很不同。一般来说，如果可以从经验或理论判断出哪一变量是自变量，则应以自变量为出发点，只表达这一个角度。如果不能或不愿判断自变量，则应并列两个角度。同类的百分率应该横排还是纵列，原本没有必然道理，可是，为了避免误会，尤其是在同时表达两个角度时，最好依循表 18-9 的格式。

表 18-9　分类百分表的成规格式

Y（因变量名称）		X（自变量名称）		
		X_1	X_2	Y 分类
	Y_2	X_1Y_2 $D_r\%$ $D_c\%$	X_2Y_2 $E_r\%$ $E_c\%$	Y_{2t} $r_2\%$
	Y_1	X_1Y_1 $F_r\%$ $F_c\%$	X_2Y_1 $G_r\%$ $G_c\%$	$Y_{1t}\%$ $r_1\%$
	X	X_{1t}	X_{2t}	总　计
	分类合计	$c_1\%$	$c_2\%$	

分类百分率表的成规格式，要求把自变量（X）的名称列在表顶头，因变量（Y）的名称放在表的左边。如果是定序变量，则低序的自变量变值（X_1）排左，低序的因变量变值（Y_1）列下。X_1 的分类合计 X_{1t} 是 X_1Y_2 及 X_1Y_1 之和，也是 X_1 纵列（column）百分率的计算基础：（$D_c\% = X_1Y_2/X_{1t}\times100\%$ ， $D_c\%+F_c\% = 100\%$ ）。

以上数值跟 X_1 的分类合计百分率（$c_1\%$）并无直接关系，$c_1\%$ 代表 X_{1t} 占总计的比例。X_{1t} 和 X_{2t} 又称边际分布，其和即为总计（$c_1\%+c_2\% = 100\%$）。同理，Y_2 的横列（row）百分率是以 Y_{2t} 为计算基础的（$D_r\%+E_r\% = 100\%$）。

以上格式其实很简单，我之所以不厌其烦地批注，是因为很容易搞错，分析时还应小心加上精简的表名和表的编号，以便查阅。

分类百分表的好处是推理浅易（如果格式不乱的话），容易让读者感到亲切。难点在于要逐类交代，颇费唇舌；变值增加时，分类数目倍增，整体倾向有时不明显，理解易生混乱。还要留意的是，因为变量即使属于定序层，分类百分表亦视同定类层处理，所以不内行或不小心的读者会以为含义到此为止。在分类百分表不宜、不足或不够精简的场合下，以下介绍的以一个数值来综摄两个变量间关系的统计数字，便大派用场了。

18.3.2 选择双变量关系统计的标准

以一个数值来指示双变量关系的统计工具，种类不少。它们各有特殊的使用标准：最重要的是要根据两个变量的量度层次来选择[1]。其次是数值有没有"误差消减比例"（Proportional Reduction of Error，PRE）意义。带有误差消减比例意义的统计数值，都是从估计出错大小的这个角度来计算关系的强弱。基本步骤首先是计算出在没有线索的条件下，从各个案上估计乙变量变值时可能出现的总误差（E_1）；再计算在知道了甲变量在某个案上的变值后，估计乙变量在该个案上的变值时的总误差（E_2）；然后看利用了甲变量数据后所能降低的误差比例：（E_1-E_2）/E_1。这个过程和数值的内容很清楚，即使对大多数不习惯阅读统计数字的人来说，也能直观地理解，因此是应用研究者沟通时的重要媒介。除此之外，两个变量间关系是否"对称"（Symmetric，即有没有自变量和因变量之分）、自变量和因变量的量度层次和变值的数目，有时也须留意。以下依次说明。

18.3.3 定类与定类关系的量度

采用误差消减比例这一类技术来量度两个定类变量间关系时，我们利用两变量的众值（mode）去进行估计和比较。比如说，某机构500名学习外语的职员中，已知有300名在办公时间内学习，200名在办公时间外学习。现在随便抽出一位职员，请阁下估计他的学习时段。在这种情况下，最不犯错的估计策略，是采用众值，即估计他在

---

[1] 更多关于变量量度层次与选择对应的统计检验的内容可参考重庆大学出版社出版的《基于变量类型做好统计分析》（蓝石，2014）。

办公时间内学习。如果对每一名职员都估计他/她在办公时间内学习，初步估计的误差总数（E_1）便是 200。但是如果出现了一条线索：这些职员中有 310 名留在机构内学习，在这批留在机构内学习的人之中，240 名在办公时间内学习、70 名在办公时间外学习；190 名在机构外学习的人中 60 名在办公时间内学习、130 名在办公时间外学习（表 18-10）。

表 18-10　在机构内外学习外语和在办公时间内学习的选择

	在机构外学习	在机构内学习	合　计
办公时间内学习	60	240	300
办公时间外学习	130	70	200
合　计	190	310	500

有了这线索，我们的估计便可以细致一些了：对每一名学习外语的职员，先问他是否留在机构内学习。如果我们估计他是在机构外学习，则在这批机构外学习者之间，估错的次数是 60；对那些留在机构内学习的人，我们估计每一位都在办公时间内学习，错误次数是 70，可见新的估计误差合计是 $E_2 = 130$。比单凭众值来估计（200），误差降低了 70，即消减了原来误差的 35%（＝[200 －（60 + 70）]/200）。这个计算是依据公式（$E_1 - E_2$）/E_1 进行的，计算所得称为"λ 系数"（Lambda），指示出学习地点（X）和学习时段（Y）间的关系为 0.33。这条公式显示：λ 系数的数值为 0 ~ 1，数值越大，关系越强。请注意以上这个系数是从"是否在机构内学习"这角度来估计的，是个以学习时段为因变量的"不对称 λ"（λ_{yx}）。若换个角度，从学习时段的选择来估计，λ_{xy} 的计算会变为 [190 －（70 + 60）]/190 ≈ 0.315。如果不能或不愿判断两变量的先后关系，可采用对称 λ：

$$\lambda_s = \frac{mx + my - (Mx + My)}{2N - (Mx + My)}$$

其中　　mx——Y 每一变值下 X 的众值；

　　　　my——X 每一变值下 Y 的众值；

　　　　Mx——X 的众值；

　　　　My——Y 的众值；

　　　　N—— 个案总数。

因此，表 18-10 的对称 λ 系数

$$\lambda_s = \frac{(240 + 130) + (130 + 240) - (310 + 300)}{500 \times 2 - (310 + 300)} \approx 0.33$$

λ 系数并非唯一测算定类变量间关系的统计工具。事实上，由于它只集中于众值，不理会其他数据，遇上变值较多，尤其是众值与其他值相差不大时，便不是个好的量度工具了。那种情况下，可以采用Tau-y。Tau-y 除了也具有误差消减比例意义，还照顾到了变值数目（即表的横行和纵列数目）和边缘分布（即分类合计），可以更仔细地摘述出两定类变量间的关系。但它要求预定两变量间的先后次序。用 λ 抑 Tau-y，视乎表中情况和预想中变量的先后次序而定。到此我已以 λ 系数提示出定类变量间统计工具的基本计算原理。Tau-y 和其他较少用的定类变量间关系的计算法，在很多统计书籍中都有介绍，这里从略。

18.3.4　定序和定序关系的量度

定序变量间关系的量度，除了可以视同定类层次，采用上述系数外，还可以从变值间的级别来估计误差消减比例。最常用的定序关系量度法，或称"级序相关法"（rank-order correlation methods）是 γ 系数（Gammar）和 Somer's d 系数。两者的基本操作，都是拿每对个案在两个变量上的变值高低或大小等级来比较。如果甲个案在两个变量上的变值都低于乙（例如甲的体育成绩和操行等级都低于乙），甲和乙称为"同序对"。除了甲乙，研究对象中也会有其他同序对，我们用 N_s 来代表全部同序对的数目。如果甲的体育成绩高于丙，但音乐

成绩低于丙，此时甲丙是"异序对"，异序对总数是 N_d。如果甲和丁在体育上同等，在音乐上不同，则甲丁只在体育上是"同等对"。全部个案中在体育上的同等对总数是 T_p。如果甲和戊只在音乐上同等，则甲戊在音乐上是同等对，全部个案在音乐上的同等对总数是 T_b。甲己在两方面同等，则称"共等对"，共等对总数是 T_{pb}。若以 N 代表全部个数总数，则研究对象间一共可以组成 $1/2N(N-1)$ 对级序供比较。不同的级序相关法，选取不同的同异序对或同分对的数目来比较。γ 系数只留意同异对，而 Somer's d 系数则考虑了因变量上的同等对数目：

$$G = \frac{N_s - N_d}{N_s + N_d}$$

$$d_{pb} = \frac{N_s - N_d}{N_s + N_d + T_b}$$

这两条公式都显示：N_s 和 N_d 相差越大，消减的误差越多（两公式的分母都代表估计的最大误差，分子代表消减的误差），两变量的相关也就越强。还有：N_s 大于 N_d 时，两变量成正比；N_s 小于 N_d 时，变量成反比。举例说：倘若音乐和体育的同序对数目远低于异序对数目时，G 和 d_{pb} 都会是较大的负值，换言之，这些研究对象中，体育成绩高的有很大可能音乐成绩较低。在进行学生辅导时，这便会是个重要的线索。如果我们预定了两变量间次序（例如从体育成绩估计音乐成绩），而因变量中同等对数目相当大时，Somer's d 系数虽然降低，却是个比较妥当的处理方法。

可是，Somer's d 系数覆盖的范围亦属有限，因为没有把其他同分对数目（T_p 或 T_b）和全部对 T_{pb} 的数目考虑在内。在这一方面，另一组统计工具 Kendall's Tau-a，Tau-b 和 Tau-c 便比较周详，尤其是 Tau-c，能照顾到表的行列数目。此外，Spearman's ρ 系数不单能处理级序，还能进一步考虑到等级差异的多少。不过，这些数值都不带有误差消减意义，相比 γ 和 Somer's d 系数反而用得少些。

18.3.5 定类和定序关系的量度

这类关系本来有一个专门的统计工具（Wilcoxon's θ 系数，又称 coefficient of differentiation）来量度，可是因为没有误差消减意义，很多时候研究者宁愿把定序变量当定类变量处理，这是 λ 系数和 Tau-y 出现较多的原因。另一方面，在一般情形下，定类和定序关系是不能变为定序和定序关系来处理的，除非研究者改变对定类变量的理解。例如宗教信仰本无高低之分，但在某些地区中，不信某教者社会地位一般较低，若把宗教信仰转化为从宗教角度决定的社会地位，则可以视同定序变量。

18.3.6 定距和定距关系的量度

如果 X 和 Y 这两个定距层变量的关系呈现直线分布的话（如非直线分布请见下节），可以用 r^2、b 和 r 这三种工具来量度。

r^2 称为"决定系数"（Coefficient of determination），是这三种工具中唯一具有误差消减比例意义的，其分析策略基本上依循 $(E_1 - E_2)/E_1$ 这个公式进行。初步误差来自每个个案在 Y 变量上变值 (Y_i) 跟整体平均值 $(\bar{Y})$ 差别平方之和 $(Y_i - \bar{Y})^2$。新误差的计算，可先从 X 和 Y 的分布之间建立一条"回归线"（下详），然后把 X 轴上每一 Y 值 (Y_i) 跟回归线上同 X 值的 Y 值 (Y') 之间差别的平方加起来 $\sum (Y_i - Y')^2$。可得决定系数：

$$r^2 = \frac{E_1 - E_2}{E_1} = \frac{\sum (Y_i - \bar{Y})^2 - \sum (Y_i - Y')^2}{\sum (Y_i - \bar{Y})^2}$$

这个公式主要是帮助我们从误差消减比例的角度去理解 r^2，要求取 Y' 的数值或建立这条回归线，便须进入回归系数 b 的介绍。r^2 其实也可以用其他方法计算出来，比如说拿 r 开方。b 和 r 虽然不具有误差消减比例的意义，却是很多比较复杂的统计工具的奠基石。

回归线是回归分析最好的形象说明。图 18-2 表示 X 和 Y 两个定距变量的关系。

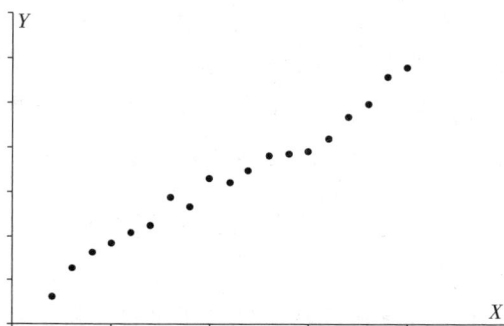

图 18-2 直线相关

坐标上每一点代表一个个案在 X 和 Y 上的变值。这些点是原始数据，相当繁琐，应该设法将 X 和 Y 的关系界定出来。定距变量间的关系，也像上述其他变量关系一样，可以通过知道 X 估计 Y 的准确性来表达。估计的一个策略，是把散布的各点压缩成一条直线，在这条直线上每一 X 点都有一个相应的 Y 值。压缩的原则在于找出一条线，务求在线各点跟各散布点间的差距达到最低值。寻找的过程现在有电脑代劳，研究者只须把每个个案的 X 值和 Y 值输入即可。这条直线与 Y 轴交接处是 a 值，称作"截距"（intercept），截距的值加上 b_x 就是 Y 的估值（Y'）。这条直线的斜率（slope）就是 b 回归系数，代表每一单位 X 变时 Y 变多少单位。为了方便了解回归系数的性质，让我们看看它的公式：

$$b = \frac{\sum (X_i - \bar{X})(Y_i - \bar{Y})}{\sum (X_i - \bar{X})^2}$$

b 呈负值时，XY 成反比，b 越大，Y 受 X 的影响越大。b 在多元分析中时常出现，但它本身不宜用来量度两变量的关系，因为 b 的大小受 X 和 Y 所用单位影响。例如研究收入与购买意愿的关系时，年薪若改作月薪，b 的数值便会变小很多，那是因为看上去要变动更多单位的薪金，才可能看到同等"数量"的购买意愿变动。加上 b 没有上限，不具误差消减意义，又只能指示不对称的关系，通常不会单独用来量度关系。

r^2 的值可以直接来自 r。r 的全名是"积矩相关系数"（Pearson's Product Moment Correlation Coefficient）。它的计算方法跟 b 相当接近：

$$r = \frac{\sum (X_i - \bar{X})(Y_i - \bar{Y})}{\sqrt{\sum (X_i - \bar{X})^2}\sqrt{\sum (Y_i - \bar{Y})^2}}$$

r 是个对称系数，但不具有误差消减意义。可是，它常被用作定距变量关系的指标。把 r 转为 r^2 只属举手之劳，为什么有时 r 比 r^2 还普遍呢？第一是 r 可分正负，而 r^2 不能。其次，r 本身是个重要工具，是进一步分析时常用的踏脚石，用者往往因利乘便，求一时之快。其三，r 的值介乎 0 与 1 之间，开方后数值小了很多，$r=0.4$ 给人的印象比 $r^2=0.16$ 大，"好看些"！这当然有误导的可能。因此，看到以 r 来表达关系时，要想想为什么不用 r^2。

18.3.7 定类和定距关系的量度

量度一个定类自变量跟一个定距因变量的关系时，可以采用"相关比率"（correlation ratio），又称 E^2（eta 平方系数）。这也是一个具误差消减意义的数值。它的公式几乎与 r^2 的一样：

$$E^2 = \frac{E_1 - E_2}{E_1} = \frac{\sum (Y_i - \bar{Y})^2 - \sum (Y_i - \bar{Y}_j)^2}{\sum (Y_i - \bar{Y})^2}$$

其中 Y 代表因变量上的变值，$\bar{Y}$ 是因变量的平均值，不同处在 Y_j，它代表每个自变量变值 X_j 上所有 Y 的平均值，$\sum (Y_i - \bar{Y}_j)^2$ 反映出新误差。未知 X 时估计的原始误差 $\sum (Y_i - \bar{Y})^2$ 与 r^2 的完全一样。

E^2 还有一个重要的用途：上节提及的定距变量关系，只有在呈直线分布时才可用 r^2、r 或 b。不呈直线分布的事象并不少见，若强行压缩成直线，会造成误解，例如收入与衣服支出的比率，收入最高和最低的人衣服支出占其收入上的比率，都大于中等收入的人，这条线实际上像个倒转的 U 字（图 18-3）。

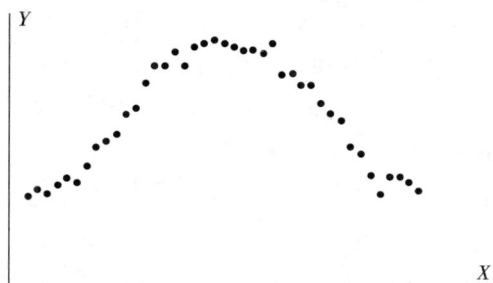

图 18-3 非直线关系的例子

强压成直线的后果，无论 r、r^2，还是 b，都会低估了在收入高低两端时两个变量的关系，高估了在中段的关系。在不清楚是否适宜用 r、r^2 和 b 来表达时，可以先做出散点图来判断，如果不合适用 r、r^2 和 b，就应把自变量内的分布归并，改其量度层次为定类，以便利用 E^2。E^2 的数值跟 r 相距越远，分布越非直线状态。

18.3.8 定序和定距关系的量度

定序和定距变量间关系，有一个具有误差消减比例意义的工具可以采用，即多序相关系数（Jaspen's coefficient of multiserial correlation）。像 r 和 b 一样，它也要假设关系呈直线分布。不符合这条件时，研究者宁愿把定序变量视作定类，转而采用 E^2。

18.4 多变量分析

多变量分析可以分三大类。一类的作用在于进一步去确定两个变量间的关系，这一类称为"详析分析"（Elaboration Analysis）。办法是引入第三个因素，以观察原来关系是会降低、消失、加强，还是维持不变。这类分析，基本上可以利用上面介绍的统计工具进行。

第二类是"多因分析"（Multiple Causation）：辨别了因变量后，看看两个以上的自变量对因变量共同产生的作用，并比较这些自变量间的相对作用。进行这类多元分析时，要采用一些超越本书范围的统计工具，例如复相关（Multiple Correlation）、多元直线回归（Multiple Linear Regression）、典型相关（Canonical Correlation）、判别相关（Discriminant Analysis）、多因方差分析（Analysis of Covariance）和路径分析（Path Analysis）等。

第三类是多项"相互关系"（Intercorrelation Analysis），或称"多度空间分析"（Multidimensional Space Analysis）。目的不在于因果的衡量，而在于通过多个变量间的关系分析，去找出精简的结构。这类分析采用的技术包括因子分析（Factor Analysis）、聚类分析（Cluster Analysis）和最小空间分析（Smallest Space Analysis）等，它们亦超越本书范围。

18.5 怎样理解统计数值

把统计数值计算出来后，怎样去理解呢？在关系极密切，或者近乎零的情况下，理解是没有问题的。可是，如果 $G = 0.43$ 或 $r = 0.72$，那到底算是强关系还是弱关系呢？会不会又是一场"半杯水算半满还是半空"的争论呢？统计学本身虽没提供可以一概而论的标准，不过以下的步骤可作为一种比较稳健的参考。

理解一个统计数值时，最好有同类数值作对比。半满的杯子，比起昨天 5/8 满的情况，或者跟另一只只有 11/24 满的杯子比较，如果量度准确，差别是清楚的。当然，杯子的形状和大小不同，"半满"的含义也不一样。$G = 0.5$ 和 $d = 0.5$，在 $T_y = 0$ 的情况下相同，在

$T_y \neq 0$ 的情况下便不能直接比较。两个变量分类数目不同时也得小心，至于不同量度层次间的统计值，就更不用提了。

在没有同类数值作比较的情况下，一般来说，最好是利用具有误差消减比例意义的工具，这些工具带来直观的理解，其关系指标已经"标准化"了，纵无对比，读者也心中有数。不能忘记的是，由于误差比例是相对于估计的凭据而言的，在众值基础上作的估计，比起以平均值作基础的估计，要粗糙一些。

即使具有误差消减比例意义的统计，在读者心中的直观理解，分量强弱并不一致。有些人觉得强的关系，别人可能感到不外如是。为了统一对 r 强度的理解，有些学者总结了下面的表供大家参考。

表 18-11 r^2 值强度对照表

r^2 的数值	r^2 的强度
0.15 或以下	弱
0.16 ~ 0.30	偏弱
0.31 ~ 0.41	温和
0.42 ~ 0.63	较强
0.64 或以上	强

来源：Michael Walizer & Paul Weinir, *Research Mehtods and Analysis*, NY：Harper & Row，1978，p. 388。

对这个表，即使提议者本人也不会认为是金科玉律，数值是强还是弱，还得考虑其他因素：如果研究对象多些、研究设计严谨些、变量性质稳定些，则纵使数值较小，关系也可视作强些。有时同一数值，在不同应用目的下，也会导致不同的理解。例如目的是找出一个影响销量的主要因素，一个 $r^2 = 0.33$ 的广告费和销量关系，难胜重任；可是，目的是找出几个重要因素，这时有 0.33 的 r^2 值，便值得重视了。

至于那些不具误差消减比例意义的统计工具，在没有同类数值比较的情况下，理解要困难一些。为了方便沟通，也有学者提出一套理解 r 的原则。

表 18-12　　*r* 值强度对照表

r 的数值	r 的强度
0.20 或以下	微弱
0.20 ~ 0.40	低
0.40 ~ 0.70	温和
0.70 ~ 0.90	高
0.90 或以上	非常高

来源：Federick Williams，*Reasoning With Statistics*，2Ed.，N. Y.：Holt，Rinehart & Winston，
1979，p. 128.

如果把这个表内的 r 值，跟上表的 r^2 比较，就会发现强度级别的划分方法并不一致。足见统计学本身的作用只在提供量度，帮助理解，但并不决定理解。

18.6　怎样选择统计工具

从上述简介可知，统计工具繁多，命名不一致，单从什么"比率"和"系数"等字面出发，不易把握它们的作用和内容。最重要的是：统计工具的选择要兼顾多层因素，选择标准不能一成不变，"破格"选用的情况并不罕见。初学者容易觉得混乱。下面两个表，综合了一般性的选择标准：

表 18-13　　单变量统计工具的选择

定类变量	众值、百分率、次数分布
定序变量	中位值、众值、百分率、次数分布
定距变量	平均值、标准偏差、众值、百分率、次数分布

表 18-13 只谈了单变量的情况，很简单，不需要再解释了。表 18-14 主张用"稳健"的标准来表达双变量间关系。分类分布表（cross-tabulation）虽然是个很常用的表达方式，却不列其中。原因是：一来它不够精简，原则上它虽然可以用于表 18-15 内任何情况，实践上，变值数目过多时不易理解（四五个以上，已经会出现问题，这在定距层变量最易出现），当一些分类（cell/s）内的数值接近于 0 时，更会影响理解，遇上这种情况，有些电脑软件会拒绝输出结果，或在表上提出警告。尽管如此，分类分布表还是应该跟表 18-13 中选出的统计并列，这样会给人一个分析踏实的印象，对不熟识统计的读者尤其重要。

表 18-14　双变量统计工具的"稳健"选择

		自变量原来层次		
		定类	定序	定距
因变量原来层次	定类	λ, Tau-y	降层，用 λ, Tau-y	降层，用 λ, Tau-y
	定序	λ, Tau-y	G, d	降层，用 G, d
	定距	E^2	降层，用 E^2	r^2

表 18-14 提供了一套"稳健"的选择标准：在未能完全满足条件的场合，宁愿降低一个变量的层次，采用较粗糙但稳健的关系量度工具。留意自变量和因变量次序的影响。同是定类与定距，因变量是定距时，可以用 E^2；自变量是定距时，宁改用 Tau-y。量度对称关系的工具，只在两个变量都属同一层次，或可以转换至同一层次时，才可使用。

表 18-14 只列出了具有误差消减比例意义的系数，目的是降低误解的可能，这在发布应用研究结果时是个重要考虑，也可说是一种"稳妥"的考虑。是以这里采 λ 和 Tau-y 而弃 Wilcoxon' θ。

降低层次的做法，也受资料性质的影响。询问人瑞年龄时，由于记忆和新旧历运算方式不同，很难精确，为了避免太大的差距，宁愿降年龄为定序。另一种情况是，数据本身虽有定距之实，但应用意义上反不如某些特殊的定序分类，例如"在校年数"不如分成"大、中、小学程度"更好。

降层选用统计工具还有一种情况：有时由于研究报告中绝大部分其他变量都同属较低量度层次，都采用某一统计工具，为了比较上的方便，高量度层次的变量可降层，以便采取同一工具来量度。

降低变量层次以迁就工具，是否属于"破格"，争论的意义不大，重要的是看到变量层次的可塑性。但是，提高变量层次以迁就工具，即使可以接受，也必须小心理解。这种处理法可以把定类改作定序，例如把各类宗教信仰改为因信仰而分高下的社会地位，也可以从定序改作定距，例如把各科成绩从 ABCD 级改为 4.0 至 1.0 分，进而计算平均积分。这类转化，即使言之成理，亦未必有坚实的基础，例如把"非常满意""很满意""满意"指派 3，2，1 值，进而计算其"平均值"，三者之间的差距真的那么标准吗？至于从定类跳至定距的情况，可能更少。例外的是在多变量分析时，把定类变量视作"虚拟变量"（dummy variable），把变值限于"是"或"否"，转作 0或 1，以便进行定距性操作。

相对于量度层次方面的破格而言，两变量间对称（对称指不分自变量或因变量，反之为不对称）方面的破格情况，几乎是无足轻重的了。本来有自变量和因变量区别的关系，却采用对称工具（例如 G 和 r^2）来量度，这种情况虽不严谨，却已接近默认被接受。不过，在采用不对称关系的量度工具时，则不能颠倒自变量和因变量的次序，在这方面，并无破格可言。

选用统计工具的过程，早有电脑软件协助进行。屏幕上会显现问题问你：有多少个变量牵涉在内？属于什么层次？是否对称？……然后提出最适合的工具，并提示使用者采用时要留意什么，还有哪些假设符合等供选择。当然，研究者首先必须懂得基本的标准，如果不懂回答，有了软件亦徒劳。

有些情况，是电脑软件也不能替阁下做主的，例如教育程度应视作定序还是定距变量？未达定距层次的变量是否只打算作因变量处理，等等。研究者必须结合具体情况和统计知识，进行协调。

电脑给出的统计数值，本来极少出错的可能——如果所有的步骤都正确的话。可是，由于电脑运算实在快而省，多做几项运算，时间和金钱上所花无几，于是很多研究人员养成一个坏习惯：当电脑征询采用哪些统计工具时，不去逐项发出要求，而是随手选择"全部"，电脑便把所有沾边的统计，一股脑计算出来，不管编码代表的是哪一量度层次。本来，只要在分析时不去理会那些不合条件的统计，问题便不会出现。可是，如果研究者当时没有立即分析，隔了一段时间才翻阅输出结果，而对层次的处理又没留下记录，就易发生混乱。尤其是有些研究者习惯了把定类数据也以数目形式输入，或数据经过归并重编了，此时问题会更为严重。倘若不明处理过程的人拿到这份结果，把原来不应选择但无意中计算出来的数值报道出来，便容易引起误会。所以进行统计分析或理解统计数字时，应该保持良好习惯：随时参照编码簿，有时甚至要追查早期的编码簿，弄清楚变量的定义、层次、关系和其他假设，才可进行理解。

研究者的目标如果只是描述直接接受研究的对象，以上介绍的统计工具类型已经合用。如果直接研究的对象只是个样本，研究者希望进一步推论到其他同类事象中去，仍然可以动用上述工具，但还须加上推论性的统计处理，来判断描述性统计所发现的特性是否也呈现于同类事象中，这是下一章的内容。

第 19 章

定量分析之二： 统计推论

19.1 统计推论的作用和性质

采用上一章介绍的统计工具时有一个基本条件：直接研究对象本身就是最终的研究范围。可是我们知道，有些研究的最终范围大得难以直接全部研究；有些虽然勉强可以逐个个案去研究，却要求很多时间和费用，还容易出错。因此社会研究往往通过抽样去进行。抽样技术已经在第 9 章介绍过，现在要交代的是，从直接研究的样本中找到的特性（可以是某变量的众值、某变量在不同样本中均值的差距、某两变量间的关系等），是否真的能够代表最终研究总体的特性？这便是统计推论在整个研究过程中担当的角色。

统计推论之所以能够帮助我们见微知著，靠的不是顿悟、神迹、先知或任何神秘的力量，而是一套公认的、很多人都有能力掌握的程序。这套程序包括：对直接和最终研究对象做共同而明确的定义，严谨的随机抽样，事先订下愿意容忍的偏差幅度和风险大小。

这套程序虽然有相当多规矩需要依循，但偏差幅度和风险依然是个主观的选择。愿意容忍的偏差幅度和风险越小，越不宜把样本统计值接受为最终研究总体的特性。当然，对于在比较"苛刻"的条件下被接受的东西，人们会比较有信心。可是，即使在很小可能出错的情况下被接受的结论，也不能保证一定不会出错，这也是科学家谦虚和开放的原因。统计推论的结果并无绝对性可言，都有相对偏差幅度和风险大小。信心的大小往往源自研究者的经验和对于事象性质的体会，以及决策者的风格。我会在下一节进一步阐释推论统计的原理，在 19.3 节介绍如何从样本的特性估计（estimate）总体的特性，19.4 节介绍各种待验假设的检验方法（hypothesis testing）。

19.2 推论统计的原理

平常人们说的"统计"一词多指叙述统计数字，不涉及推论之意。其实"统计学"的名称就来源于"样本中的统计值"（或简称"统计"，sample statistics）。怎样知道"样本中的统计值"可以代表总体中的参数值（或简称"参数"，population parameter）呢？前者是"待研究的特性"在"样本中的分布情况"（sample distribution），后者是"待研究特性"在"总体中的分布情况"（population distribution）。两者之间的关系，可以通过这个理论性概念连接起来——待研究特性的"抽样分布"（sampling distribution）。理论上说，从每一个总体中，我们都可以抽出无数个随机样本（random sample，每次抽出的个案都放回总体内，以便下次抽取时每个个案的被抽机会相等）。这些样本中的每一个都有一个待研究特性的统计，这些统计的分布情况，就是"抽样分布"。统计学家发现，抽样分布有一个极重要的特质：它至少接近正态分布。不单在总体本身是正态分布时，其抽样分布必属正态；就是总体分布不是正态时，只要样本够大（20 以上），其抽样分布也接近正态分布。

"无限次数"的样本当然只是想象出来的构思，理论上，如果抽出"足够次数"的样本，应该可以达到某种程度的准确性。实践上，我们通常只抽一次。就凭这一次的统计，来推论在类似情况下的参数。怎样知道一个样本中的数值会接近多次抽样所得的平均数值呢？我们可以从重复事态的角度来理解这个数值出现的概率。最浅显的例子是掷硬币。掷得面或底的机会理论上是 0.5，如果只掷三五次，所得底面分布可能未必均匀，但是，若次数不断增加，掷得底或面的比率必然会接近 0.5，这是多次实际试验的结果。因此，只要偏差的原因受到控制（例如没有在掷硬币时行骗），任何一次样本够大的试验，结果都会接近平均值。

一旦把某特性在一个随机样本中的分布，化作在正态曲线下的比例，统计推论便可以以量化方式进行。在上一章，我们看到了正态曲线下距离平均值每一个标准偏差单位上的面积，如何转化为特性出现的概率。也看到了如何把不同平均值和标准偏差的正态分布化作标准值（Z 值，即 standard score）的公式，依公式计算出 Z 值后查表，便可以找出相对的概率。Z 值越大，正态曲线覆盖的分布比例越大，落在这范围以外的概率越小。这个特点，便成为现代化决策过程的重要参照背景：预先定下相对分布的"正常偏差"范围（以 Z 值来表达），从样本中计算出来的值，偏离总体参数的幅度应该不会超越这个范围，这个预定值在这用途下称为"可靠度"（confidence level），是"参数估计"的要素。另一方面，从这个样本计算出的 Z 值若大于预定值代表的概率，便"判断"其可能性太小，不能代表总体中的真正参数值，这个预定值在这用途下称为"显著水平"（significance level）。

19.3 参数估计

统计推论可分两大类："参数估计"（parameter estimation）和"假设检验"（待验假设的检验，hypothesis testing）。参数估计是从随机样本中的统计值来猜测总体中的参数值，逻辑步骤是先有样本分布，然后探索总体分布。假设检验的逻辑次序则相反：先对总体参数做假设，然后去鉴定样本统计值跟参数值是否一致。假设检验是社会研究科学化的重要环节，严谨的研究，都尽量按照它特定的程序进行。可是，在我们对总体认识很少，无法知道参数值的情况下，对总体参数无从假设，那便谈不上检验，这时的统计推论，旨在估计出参数。另一种采取参数估计的原因是，有些应用场合，估计出参数已足够。

参数估计有两个策略可以选择："点值估计"（point estimation）和"区间估计"（interval estimation）。点值估计要求不差分毫，命中则准确，问题是不易命中。一般多用区间估计：并不断言估计准确性达到某一值，而只说真值有多大可能落在某一范围以内。这个区间越大，准确度越低，但偏离这范围的可能性却也越低。换言之，如果我们可以接受一个较为模糊的估值，这个估值落在区间内的可能性越大，估计的可靠性便越高。区间幅度的范围视可靠度而定，可靠度虽然是个主观的选择，一般社会研究却要么用 95%，要么用 99%。相对于 95% 的 Z 值是 1.96，99% 的 Z 值是 2.58。区间的计算，随参数种类而异，这里只举平均值和百分率为例。参数的估计公式很简单：就等于样本统计值加减 Z 值和总体标准偏差（SE）的乘积。若想估计某区某日用品的平均售价，抽查了 400 人，从这个样本中得出平均价是 50 元，SE 用样本的标准偏差（S）除以样本（N）的平方根来代替，这个样本的 S 是 12.8 元。如果可靠度定为 95%，则：

$$X = \bar{x} \pm Z(SE) = 50 \pm 1.96(12.8/\sqrt{400}) = 50 \pm 1.25$$

（即介乎 48.75 元与 51.25 元之间，错误可能性是 5%。）

若可靠度定为 99%，余值相同，则此日用品平均售价是：

$$X = x \pm Z(SE) = 50 \pm 2.58(12.8/\sqrt{400}) = 50 \pm 1.65$$

（即介乎 48.35 元与 51.65 元之间，准确度低了，但错误可能性仅 1%。）

若想估计某区居民选用某种日用品的百分率有多大，抽查了 400 人，从这个样本中得出百分率是 35%，SE 用这百分率直接推算，如果可靠度定为 95%，则选用此货品的居民占比为：

$$P = p \pm Z(SE) = 0.35 \pm 1.96 \sqrt{\frac{0.35(1 - 0.35)}{400}} = 0.35 \pm 0.0467$$

（即介乎 30.33% 与 39.67% 之间，错误可能性是 5%。）

若可靠度定为 99%，余值相同，则选用此货品的居民占比为：

$$P = p \pm Z(SE) = 0.35 \pm 2.58 \sqrt{\frac{0.35(1 - 0.35)}{400}} = 0.35 \pm 0.0615$$

（即介乎 28.85% 与 41.15% 之间，准确度低了，但错误可能性仅 1%。）

可靠度的选择，存乎决策者信心。要澄清的是，这种信心，跟个别样本中的具体数值并无关系，信心只是相对于这套估计程序而言，即是说：若照着这套程序去进行估计（正确应用的前提包括随机样本、总体分布属正态或样本够大、抽样分布属正态等），长远来说，95% 或 99% 的时候，总体的参数值会落在计算出的区间内。估计参数值有多大机会掉落区间内的推论程序，从另一个角度看，其实蕴含着"统计值跌出区间外的机会可能性很小——因而不能代表参数"这种推理。跟以下谈的检验假设，同出一辙。

可能性很小只是就统计机会来说的，并不等于不可能发生，有些事象即使统计上看来不可能，后果却十分严重，例如，公共卫生人员绝不可因统计机会低微而对急性传染病怠慢，几百万人中只要有一人得病即可迅速传开。明白了统计的性质，才可避免滥用。

有些新生事物（例如新病种、新产品、新现象）由于出现次数不多或研究样本不足，显著水平显得微不足道，却不知是否是将来可以燎原的星星之火。一般研究报告完全不考虑，也不报告。如果没有机构有心收集，整个社会都可能不知不觉。我认为各个社会甚至国际间应该设立一个数据中心，专门收集、分类和整合那些超过显著水平的数据，一方面留意一些影响可能重大的个案，一方面累积小样本的同类数据，有些可能会集腋成裘。

对于不同研究项目带来的数据，以往都是各自分头处理，别人无法问津，形成浪费。现在越来越多资助方要求把收回的全部数据送交公共的数据库，让大家分享。在这些共同数据之上，已经发展出一批批元分析（Meta-analysis）：除了研究对象的身份不能透露，其他数据都可以让人另行分析或跟其他数据合并做更大型的分析。应用研究较多涉及个别机构的数据，不便公开。但也有一些基本数据是不影响机构运作和经营的，就不妨公开。至少这些数据可以增加观察的角度，长远来说，对大家都有利。

19.4 假设检验

19.4.1 假设检验的基本概念

待验假设是个有关未知事象的命题，可以通过特定的检验过程来判断是应该被接受还是被推翻。这套过程要求采用科学的运作方法（包括操作性定义、抽样，数据的搜集、整理和分析方法），预定可以推翻假设的条件，根据计算结果来明白判断假设可否接受（而非暗中推测）。运作方法前面已经介绍过，是统计推论的先决条件，而非推论本身，这里不再重复。后两个步骤的介绍，得先从几个基本概念（对立假设、显著水平和否定域、单尾还是双尾检验、Ⅰ类还是Ⅱ类误差、参数还是非参数检验）开始，然后才能选择个别的统计推论工具（亦像上一章那样，顺着变量数目和变量层次，逐步介绍）。

19.4.1.1 对立假设（Null Hypothesis）

仔细说来，待验假设其实有两类，以上的谈论，集中在"研究假设"（Research Hypothesis，简写作 H1），"研究假设"就是研究者希望测试的命题，如何从日常文字和思维中提炼出待验假设，本书第

4、6、7 和 8 章已有详细交代。科学家们发现，要直接肯定（或否定）"研究假设"，操作往往很复杂，反而不如间接地从判断能否推翻其对立面来得简单，这是引入"对立假设"（*H*0）的原因。"对立假设"是"研究假设"的逻辑对立面，在判断它成立的可能性太小时，"研究假设"成立的可能性便增加。例如想检验"单职家庭购买力低于双职家庭"这个 *H*1 时，先把它转化为"单职家庭购买力等于或高于双职家庭"这个 *H*0，如果数据显示 *H*0 的出现仅属偶然，不宜接受，便可反证 *H*1 应该可以接受。对立假设当然要用明确的定义和数学形式来表达，以便做概率的讨论。

19.4.1.2 显著水平（Significance Level）和否定域（Critical Region）

在检阅运作结果之前，研究者定下一个自己能够容忍的出错可能性，称作"显著水平"，简称 *p* 值（probability 的缩写），通常以"$p \leq 0.05$""$p \leq 0.01$""$p \leq 0.001$"等方式来表达，以分别代表"出错机会不大于 5%、1% 或 0.1%"。相对于每个显著水平，有一个否定值。例如 *p* 为 1% 时，平均值的正态分布每边的相对值便是 2.33。在正态曲线下，标准值在 2.33 外的范围，便是"否定域"，从样本中计算出的 *Z* 值若大于 2.33，其分布即落在否定域内，出现机会小于预想中的概率，对立假设应予否定。

这套推论的逻辑，涉及多个步骤，报告时若不断重复，颇为啰嗦，因此，一般报告都把它简写为"在 $p \leq 0.05$ 时显著"或"在 $p \leq 0.01$ 时不显著"，即是说"在某显著水平下，样本中的统计能够/不能够代表总体中的参数"。

显著水平有两个常见的误用情况。首先，这是个推论步骤，如果研究纯属描述性的就毋须报道显著水平。可是电脑分析普遍化后，这种误用反而增加起来，原因是电脑不理会这趟分析是描述还是推论，会一股脑给出所有计算结果，连同不应计算的也在内，思路不清的研究者也一股脑报道出来。其次，显著水平只表达统计值能否代表参数值，并不涉及统计值本身的高低强弱。一个能够代表参数的相关系数，可以是个很弱的相关值。

19.4.1.3 单尾还是双尾检验（One-tailed/Two-tailed Test）

否定域可以预设在正态分布的两端或任一端。如果研究者从理论或经验中找到足够理由相信统计值倾向某一方，便用单尾检验。例如"单职家庭购买力低于双职家庭"这个假设，便是单尾检验。单尾检验的好处是：在同样显著水平下，单尾检验的否定值是双尾检验否定值的一半，因而较易否定对立假设。是以如果可能，待验假设应该及早判断方向（例如"成正比""成反比""较高"，等等）。关键在于这些经验和理论是否可靠？如果留意到一些家庭必须夫妇都外出工作才可持家，则其购买力便可能低于那些只需单职的家庭，如果不能确定某区内单职家庭的性质和所占大约比例，还是用双尾检验较为稳健。下表显示在几个常用的显著水平下，单尾和双尾检验时最高的否定值（Z），样本的标准值若大于此值，我们即可推翻对立假设。

表 19-1 单尾和双尾检验的 Z 值

$p \leqslant$	Z 的绝对值 $\geqslant$	
	单 尾	双 尾
0.1	1.29	1.65
0.05	1.65	1.96
0.02	2.06	2.33
0.01	2.33	2.58
0.005	2.58	2.81
0.001	3.09	3.30

19.4.1.4　Ⅰ类还是Ⅱ类误差（Type Ⅰ/Type Ⅱ Error）

Ⅰ类误差，是指把正确的对立假设推翻的可能性，其大小决定于显著水平。若 p 值定为 0.05，"错杀良民"的可能性至多是 5%。显著水平定得越低，Ⅰ类误差可能性越低，但接受错误的对立假设可能性——Ⅱ类误差（"引狼入室"）的可能性随之增长。两种误差互克，降低Ⅰ类误差时会增加Ⅱ类误差，想要两者皆降，只有增加样本数目。

19.4.1.5　参数还是非参数检验法（Parametric/Non-parametric Test）

在下一节我们会看到多种具体检验的工具，它们可分作两大类。第一类称"参数检验法"，采用时需要符合多项条件，包括总体分布属于正态和变量属于定距以上层次。越符合这些假设的检验，接受Ⅱ类误差的可能性越小，检验的结果越可靠。如果不知道总体的分布情况，或者变量只属定类或定序，那便得采用"非参数检验法"。在不知总体分布，但样本相当大（至少 $N=20$）的情况下，有些社会研究为了增加统计检验效力，会尽量选用参数检验。

社会研究中采用非参数检验法的情况很多，原因不单在于所用变量中很多属定序或定类，及对总体分布的估计采取稳健态度，也因为在大样本的情况下，多种非参数检验法的检验效力，都达到相应的参数检验法的 95% 以上，只消把样本再稍为加大，便可达到参数检验法的效力，那便不须人为地假设一些条件。

19.4.2　单变量的推论

选择单变量的推论工具，得分辨这变量来自一个还是多个样本、样本的大小和变量的层次。变量属定序或以下的，可以用比例推论，属定距以上的用平均值推论；样本大时，可用"Z 检验法"，小则要用"t检验法"；变量来自一个样本时，拿样本中的统计跟总体中的参数比较，来自多个样本时，可进而比较样本之间统计的差别。这是一般准则，有时还要考虑别的因素，才能做出适当的选择。

19.4.2.1 单样本定类比例的推论

某精密工业制品厂，近来发现雇员因为照顾婴孩而告假的情况增加，管理层想知道问题的普遍性，以便决定如果由厂方统筹托儿服务，是否有足够雇员参与。从各种现成数据得出的初步猜测是，厂内最多可能有三成雇员有此需要，对这个比例的猜测可以接受吗？为了检验这个关于一个定类变量（有没托儿需要）比例（有需要的占三成）的假设，研究者抽了一个随机样本（$N=100$），发现样本中有此需要的比例 p（这个 p 是小写，代表样本中的比例）是 38%，这个发现可以接受吗？在考虑了 19.4.1 节中提及的各项因素后，采取了以下的步骤来进行检验：

$H1$：$P \leqslant 0.3$（这个 P 是大写，代表全体雇员中的比例）

$H0$：$P > 0.3$

显著水平：0.05

否定域：$Z = 1.65$，因 $H1$ 指示了方向，这是单尾检验，在 0.05 显著水平下，查表得 $Z = 1.65$。

检验法：单变量比例 Z 检验法，因样本大，用随机抽样。

依公式计算：

$$Z = \frac{p - P}{SE} = \frac{p - P}{\sqrt{P(1 - P)/N}} = \frac{0.38 - 0.30}{\sqrt{0.3(1 - 0.3)/100}} = 1.75$$

由于计算结果大于 0.05 显著水平下的 Z 值，对立假设被推翻，研究假设成立，即可以"确定"厂内有此需要的至多达三成。如果依这个比例推算全厂需求，不足维持厂办托儿服务，管理层须另行考虑解决办法。读者这时应该留意到：这里所用"确定"两字的意义，只是相对于 0.05 显著水平而言，如果显著水平预定为 0.01 或更低，否定值会在 2.33 以上，这种情况下，对立假设不容推翻，原来的研究假设便不可被接受。

Z 检验法原属参数检验，拿来分析定类变量已有点破格。遇上样本小和比例悬殊，即 $NP<5$ 或 $N(1-P)<5$ 的情况下，便不宜采用。解决方法之一，是把比例视作平均值（例如有需要的给 1 分、没需要者 0 分，三成有需要时整体的平均值就等于 0.3），然后采用下面介绍的 t 检验法。

19.4.2.2 单样本定距平均值的推论

如果所研究的变量属于定距层次，样本用随机法抽出，个案数目够大（$N \geqslant 100$ 时可以假定总体属正态分布，$N \geqslant 50$ 时须有实据显示分布非严重偏离正态，$N \geqslant 30$ 必须确定总体分布属于正态），只需计算出样本的平均值（$\bar{x}$）和标准偏差（S），便可跟猜测中的总体平均值（M）比较：

$$Z = \frac{\bar{x} - M}{SE} = \frac{\bar{x} - M}{S/\sqrt{N}}$$

然后从 Z 值看 x 出现机会的大小来判断应否推翻 $H0$。

如果样本小，Z 检验法便不合用，要改用 t 检验法：

$$t = \frac{\bar{x} - M}{SE} = \frac{\bar{x} - M}{S/\sqrt{N-1}}$$

t 公式与 Z 公式的明显区别在其分母（对总体标准偏差）的估计方法。因为样本小时，平均值的抽样分布有点偏离正态，公式的基本逻辑虽然一样，计算时却须对总体标准偏差的估计做出调整。t 检验法的另一个区别，是其分布形状和否定域随"自由度"（degree of freedom，简写作 df）的数值而变。"自由度"是指可以自由变动数值的个案数目，在个案数目和平均值不变的情况下，无论各个数目如何变动，只要有一个个案的数值受到控制，便可保持原来的平均值，换言之，$df=N-1$。自由度越大，t 的分布形状越高耸，在同样的显著水平下，界定否定域的 t 值越小。因此，查 t 分布表（附录 3）时，除了留意显著水平、单尾或双尾，还须先找出自由度。以 $p \leqslant 0.05$ 和双尾检验为例，$df = 1$ 时，t 的绝对值是 12.706；$df = 2$ 时，$t = 4.303$；$df = 10$ 时，$t = 2.228$。从样本中计算出的 t 值，比表中同样自由度和显著水平下的 t 值大时，这算是跌落否定域内，可以否定对立假设。

19.4.2.3 双样本比例差距的推论

用单样本检验时，要求对总体参数的绝对值有相当接近的猜测，否则意义不大。而如果我们有两个样本，则分析目的便不须囿于绝对值的检验，也可以比较两个统计值的相对高下：如果两个样本间的统计有出入，这些出入到底是反映了正常的抽样偏差，还是因为样本出自不同的总体呢？这便开拓了一大片应用场合。当研究者从同一群人中抽出两个随机样本，比较这两个样本间统计值的差距时，这两个统计值代表的变量就是研究者感兴趣的单变量。可是，如果研究者从两个不同总体中抽出样本，而这两个样本分别代表了另一变量上的两个二分变值时（例如男女、去年医疗费在 2000 元以上或以下），便涉及双变量关系了。双变量之间的关系有多种，最简单的是反映一个两分变量变值的两组之间在另一变值上有无高低区别。关注的变量虽有两个，分析的步骤与上述单变量的无异，故此并在这里介绍；至于两变量间较详细的关联，将在下节讲述。

曾经看过精神科医生的老人，得到家人照顾的比例（P_1），跟未看过精神科医生的比例（P_2）有没有不同？我们从某地两类老人中分别抽出一个随机样本，第一类有 70 人，有家人照顾的比例（P_1）是 80%，第二类的样本有 110 人，$P_2 = 60\%$，两者间的区别真的反映该地情况吗？由于样本大，两个随机样本比例间差距的抽样分布接近正态，可用 Z 检验法。显著水平定为 0.01，由于差距的方向未定，用双尾检验：

$H1：P_1 \neq P_2$

$H0：P_1 = P_2$

显著水平为 0.01，两端否定域的 Z 值为 2.58，用以下公式计算：

$$Z = \frac{P_1 - P_2}{\sqrt{\dfrac{P_1(1 - P_1)}{N_1} + \dfrac{P_2(1 - P_2)}{N_2}}}$$

19.4.2.4　双样本平均值差距的推论

如果所研究的变量属于定距层次，样本用随机法抽出，个案数目够大（$N_1 + N_2$）>30 时，可以假设两个平均值间差异（$X_1 - X_2$）的抽样分布近似正态，找到两个样本各自的平均值和标准偏差（S_1 和 S_2）后，便可以采用下列公式计算 Z 值：

$$Z = \frac{\bar{X}_1 - \bar{X}_2}{\sqrt{\dfrac{S_1^2}{N_1}} + \sqrt{\dfrac{S_2^2}{N_2}}}$$

如果两个随机样本个案数目加起来在 30 以下，Z 值就不适用了，要改用 t 检验法，用以下公式计算：

$$t = \frac{\bar{X}_1 - \bar{X}_2}{\sqrt{\dfrac{N_1 S_1^2 + N_2 S_2^2}{N_1 + N_2 - 2}} + \sqrt{\dfrac{N_1 + N_2}{N_1 N_2}}}$$

t 分布的否定域，决定于自由度，在双样本时，

$$df = (N_1 - 1) + (N_2 - 1) = N_1 + N_2 - 2$$

请留意这个 t 公式只适用于随机抽样的情况，样本之间相互独立。可是，小样本的研究，通常以实验法或其变体设计居多，这类研究通常是量度同一样本不同时间或不同条件下的变化，或者是用匹配法设立实验组和控制组，样本之间不单是有关联的，甚至可说是同一样本，因此决定这"两个"样本的个案数目的方法不应基于"$N_1 + N_2$ 个"个案，而应基于"N 对"个案。每对个案视为一个个案，把每

对个案的差别（$d = X_1 - X_2$）直接比较，而不是比较两组平均值的差别（$X_1 - X_2$），这样一来，我们实际上是在检验 d 这个统计量在单样本内的平均值，因此，计算时先找出 d 的平均值 $\bar{X}d$ 和标准偏差 Sd，然后依以下公式求 t：

$$t = \frac{\bar{X}d}{Sd / \sqrt{N-1}}$$

注意：在两样本有关联的情况下，自由度是 $N-1$，仅及无关联时自由度的一半，$H0$ 较难推翻。

针对双样本的几个公式间的理解大体上是相似的，两个样本的比例间差距或平均值间差距越大，Z 或 t 越大，出现的概率便越小。标准偏差越大，样本内部的离散程度越高，Z 或 t 越小，越难推翻 $H0$。理解 t 时要注意，自由度大时，只需较小的 t 值，便可推翻 $H0$。

19.4.2.5　多样本平均值差距的推论

如果我们要分析的变量，数据来自两个以上的样本，Z 和 t 检验法便不合用，恰当的工具是 F 检验，或称"单因素方差分析法"（One-way Analysis of Variance），这是"方差分析"（Analysis of Variance，ANOVA）中最简单的形式。方差分析是个常用的推论工具，要求总体分布正态、标准偏差相同、随机和独立的抽样、分析的变量属于定距等，很多研究者对总体分布的假设都不大重视，但对样本的处理则不敢怠慢。

如果样本是从同一总体中随机抽出，这个方差分析便可视为用于"单变量"多样本的场合，因此放在这段来介绍。如果样本的选择代表了另一定类变量上的变值，方差分析也可视作双样本关系的推论，因此，本节的讨论，也适用于下节双变量中定类与定距关系的推论分析。

F 值决定于"组间误差"跟"组内误差"之间的比率。前者等于"组际方差之和"除以"组际自由度"，后者等于"组内方差之和"除以"组内自由度"。"方差"（variance）是标准偏差的平方值 $[(x-\bar{x})^2/N]$，"组际方差之和"（between-groups sum of squares）的计算法是先找各组平均值跟全部个案平均值间的差距，平方后乘以各组个案数目，然后相加。"组际自由度"等于组数减一（$df_1 = g-1$）。"组际误差"代表了以组别去估计平均值时所消减的误差。"组内方差之和"（within-groups sum of squares）的计算法是先找各组平均值跟组内每个个案之间的差距，开方后相加。"组内自由度"等于全部个案总数减去组数（$df_2 = N-g$）。"组内误差"代表以组别估计平均值时的剩余误差，这是各组内的离异情况，是组际方差处理不到的。"组际方差之和"加上"组内方差之和"等于"全部方差之和"。"组际误差"和"组内误差"之间的比率代表了组别（样本间区别）的解释能力。F 值越大，组际的区别越大。F 值的具体理解，决定于预定的显著水平和两个自由度，有表可查。F 的分布表（附录5）由多个分表组成，每个分表排列出在同一个常用显著水平，两个不同自由度下指示否定域的 F 值。

举个例子。假设要研究不同医疗保险制度对某种疾病患者使用医疗服务量的影响。研究假设是"自付、分担和公费三组的平均费用（无论谁付）有所不同"：

$H1$：$G1 \neq G2 \neq G3$

$H0$：$G1 = G2 = G3$

显著水平：0.05

从某地抽出三个独立的随机样本，以下是从原始数据计算 F 值的步骤，全部计算可交电脑代劳，这里详细交代是希望借此解释方差分析这个重要工具的基本逻辑。为了简化解释时的计算量，这里故意把个案数目减少。

首先，我们计算出全部个案的总平均值 $\bar{X}$（在这例子里，$\bar{X}$ = 692），各个案跟 x 之间的差距 dx（$dx = x_i - \bar{x}$）及其平方 dx^2，"全部方差之和”就是 dx^2 之和。

表 19-2　单因方差分析计算步骤一

自付组（7）			分担组（5）			公费组（6）		
费用	dx	dx^2	费用	dx	dx^2	费用	dx	dx^2
590	−102	10404	620	−72	5184	790	98	9604
600	−92	8464	650	−42	1764	720	28	784
620	−72	5184	640	−52	2704	990	298	88804
650	−42	1764	700	8	64	740	48	2304
640	−52	2704	720	28	784	760	68	4624
620	−72	5184				780	88	7744
630	−62	3884						

总平均值是 692，"全部方差之和" = 161912。

接着是计算各组组内平均值（g_1、g_2 和 g_3），它们与总平均值间之间的差距 db（$db = gj - x$）及其平方 db^2，把各 db^2 与组内个案数目乘积加起来得"组际方差之和"。

g_1	db	db^2	g_2	db	db^2	g_3	db	db^2
621.4	− 70.6	7984.4	666	− 26	676	796.7	104.7	10962

组际方差之和 = 7×4984.4+5×676+6×10962 = 104043.3

下一步是找"组内方差之和"。须先找出每一组内个案跟组内平均值的差距 dw（$dw = xi - gj$）和它的平方 dw^2，把各组内这些平方之和加起来便是"组内方差之和"。

表 19-3　单因素方差分析计算步骤二

自付组 $g_1 = 621.4$			分担组 $g_2 = 666.0$			公费组 $g_3 = 796.7$		
x_i	dw	dw^2	x_i	dw	dw^2	x_i	dw	dw^2
590	−31.4	986	620	−46	2116	790	−6.7	45

续表

自付组 $g_1 = 621.4$			分担组 $g_2 = 666.0$			公费组 $g_3 = 796.7$		
x_i	dw	dw^2	x_i	dw	dw^2	x_i	dw	dw^2
600	−21.4	458	650	−16	256	720	−76.7	5883
620	−1.4	2	640	−26	676	990	193.3	37365
650	28.6	818	700	34	1156	740	−56.7	3215
640	18.6	346	720	54	2916	760	−36.7	1347
620	−1.4	2				780	−16.7	279
630	8.6	74						
2686			7120			48134		

组内方差之和 = 2686+7120+48134 = 57940

57940+104043 = 161983，（四舍五入后）刚好等于上面"全部方差之和"。

最后，在两个自由度上（$df_1 = g-1 = 2$，$df_2 = N-g = 15$）计算"组际误差"和"组内误差"，前者除以后者得出 F 值：

表 19-4 单因素方差计算结果

误差来源	方差之和（除以）	自由度	误差来源	误差 F 值
组间	104043	2	52022	
组内	57940	15	3863	
全部	161983			13.47

拿这个 F 值跟 F 分布表中的比较。先找到显著水平为 0.05 的分表，在表格顶部的横行（df_1）中找到 2，从左列（df_2）中找到 15，两者相交处之 F 值是 3.68。计算出来的 F 值是 13.47，超过这个否定值，$H0$ 被推翻，不同医疗计划下求医行为的差别不单存在于样本内，

也可在 95% 置信水平上推论出：这种差别，也存在于某地全部病人之间。

F 检验法只是从多个样本的分布来推断总体内各组平均值是否相等，并不涉及各组之间的互相比较，要想进一步比较个别组间的区别，有另外多种检验法方可供选择，这里从略。

19.4.3　双变量的推论

在样本中出现的两个变量间的关系，不能单凭第 18 章介绍的方法来描述，因为这可能只反映出抽样误差，并不代表总体中的参数。想知道描述性统计值在什么情况下能代表总体，还须选用下列方法做进一步的推论。各方法选用的主要依据是变量的量度层次。

19.4.3.1　定类与定类间关系的推论

对定类变量间关系的分析，在采用分类次数表、λ 或 Tau-y 等系数表达后，还须加上相应的推论，以判断这些关系是否也存在于总体中。最通用的推论值称为 χ^2。

χ^2 即"卡方检验法"（Chi-square test），适用于定类变量间的关系，因而也能应用于其他层次的变量（当然，那便会牺牲数据的准确度），再加上它是一个非参数检法，对总体没有什么要求，既稳健又方便，所以应用特别广泛。χ^2 通过两个变量交叉分类的次数来检验两者间的关系。供 χ^2 计算的原始数据，通常先按分类次数表方式排列出来，这是因为计算 χ^2 需要用到分类次数表中的所有值：分类次数、边缘次数和总数。分类次数有两种，一是实际次数（actual frequency），在表 19-5 中以 a 来代表；二是预期次数（expected frequency），在表 19-6 中以 e 来代表；χ^2 就是表中每格内预期和实际次数间差别的平方，除以预期次数后相加的结果：

$$\chi^2 = \sum \frac{(e - a)^2}{e}$$

预期次数如何估计出来呢？让我们先看以下两个表：

表 19-5　*X* 实际次数表

			X		
			X_1　X_2		
Y	Y_2		a_{21}　a_{22}		B_2
	Y_1		a_{11}　a_{12}		B_1
			A_1　A_2		*N*

表 19-6　*X* 预期次数表

			X		
			X_1　X_2		
Y	Y_2		e_{21}　e_{22}		B_2
	Y_1		e_{11}　e_{12}		B_1
			A_1　A_2		*N*

在这两个表中，X_1、X_2、Y_1 和 Y_2 代表两个变量上的分类。A_1、A_2、B_1 和 B_2 是边缘次数，即每个分类的总数，例如在表 19-5 中 $A_1 = a_{21} + a_{11}$，表 19-6 中 $A_1 = e_{21} + e_{11}$。N 是所有个案总数。两表中边缘次数和个案总数数值都一样。a 是实际次数，来自原始资料。e 是预期次数。X 和 Y 没有关系时，e_{21} 在 A_1 中所占的比例，应该等于 e_{22} 在 A_2 或 B_2 在 N 中所占的比例，即 $e_{21}/A_1 = e_{22}/A_2 = B_2/N$。这样，每个格（即每个交叉分类）中的 e 都可以计算出来：

$e_{21} = A_1 \ (B_2) \ /N$

$e_{22} = A_2 \ (B_2) \ /N$

$e_{11} = A_1 \ (B_1) \ /N$

$e_{12} = A_2 \ (B_1) \ /N$

χ^2 可以处理格数较多的表（即每个变量可以有两个以上的类

别），这里的二分法只是为了简化解释。两个变量的分类数目减一后相乘，或表中横行与纵列格数减一后相乘，便是自由度：$df = (r-1)(c-1)$。多大的 χ^2 值才可推翻 $H0$，要根据自由度和显著水平来决定。以第 18 章表 18-10 中的数据为例，两个变量间的 λ 系数是 0.33。如果这个 λ 值来自样本，想知道是否真的反映了总体中的关系，我们用 χ^2来检验：$H0$ 是在机构内外学习和在办公时间内外学习的选择对学习效果没有差异，显著水平定为 0.01。让我们先把数据排列成表 19-7 那样：

表 19-7　在机构内外学习和在办公时间内外学习的实际次数

	在机构外学习外语	在机构内学习外语	合　计
在办公时间内学习	60（a_{21}）	240（a_{22}）	300（B_2）
在办公时间外学习	130（a_{11}）	70（a_{12}）	200（B_1）
合计	190（A_1）	310（A_2）	500（N）

先计算 e 值：$e_{21} = 190 \times \dfrac{300}{500} = 114$

$$e_{22} = 310 \times \frac{300}{500} = 186$$

$$e_{11} = 190 \times \frac{200}{500} = 76$$

$$e_{12} = 310 \times \frac{200}{500} = 124$$

如果在机构内外学习和在办公时间内外学习没有关系，表 19-8应如下：

表 19-8　在机构内外学习和在办公时间内外学习关系的预期次数

	在机构外学习外语	在机构内学习外语	合　计
在办公时间内学习	114（e_{21}）	186（e_{22}）	300（B_2）
在办公时间外学习	76（e_{11}）	124（e_{12}）	200（B_1）
合计	190（A_1）	310（A_2）	500（N）

则

$$\chi^2 = \frac{(60 - 114)^2}{114} + \frac{(240 - 186)^2}{186} + \frac{(136 - 76)^2}{76} + \frac{(70 - 124)^2}{124}$$

$$= 112.15$$

表 19-8 的自由度是：$(2-1)(2-1) = 1$。在 χ^2 表（附录 4）中，显著水平为 0.01，自由度是 1 那格中所列的 χ^2 值是 6.635，来自样本的 χ^2 值较大，$H0$ 可以推翻，即可判断：在整个机构中，在机构内外学习外语和在办公时间内外学习之间，极大可能有 $\lambda = 0.33$ 的关系。

细心的读者也许已经警觉到，χ^2 的计算跟 λ 的计算并无关联。事实上，能够被接受为代表总体中两变量关系的描述性统计值，未必显现一个较强的关系；而在样本中找到的关系，纵使较强，亦未必能通过检验，成为总体中关系的代表。χ^2 就像其他多变量关系的推论统计工具一样，只考察关系是否存在，本身并不直接反映变量间关系的强度。不过，在 χ^2 的基础上，倒也可以发展出一些工具作为关系强度量度之用，如"相关系数 φ"（Phi）、Cramer's V 系数和"列联系数"（C）等。只需加上少许运算便成，但因没有消减误差意义，不及第 18 章介绍的 λ 和 Tau-y 通用，这里从略。

19.4.3.2 定序与定序间关系的推论

样本中的定序变量间关系，在采用"级序相关法"那类统计（见 18.3.4 节）描述以后，还须进行检验。跟定类变量间关系不同之处，是级序系数或其主要成分可以直接转化为标准值，跟 Z 值分布表中相对的否定值比较，而不须另外计算一个跟描述统计工具可能毫无关系的 χ^2。应用条件是样本要大，而且必须随机抽出，那样才能假设其分布接近正态。描述统计若用"Gamma 系数"（G），转化为 Z 时颇为简单：

$$Z = G\sqrt{\frac{N_s + N_d}{N(1 - G^2)}}$$

其中 N_s = 同序对数目，N_d = 异序对数目，G 就是 Gamma 系数：

$G = (N_s - N_d) / (N_s + N_d)$。

让我们拿 18.3.4 节中的例子来看看，在表 19-9 中，X 代表在办公时间内外学习外语的进度，Y 代表在机构内外学习外语的进度，都是定序变量：

表 19-9　在机构内外学习外语和在办公时间内外学习关系的推论

	X_1	X_2	X_3	X_4	
Y_2	10	20	2	5	37
Y_1	2	8	30	10	50
	12	28	32	15	87

$$Z = 0.67 \times \sqrt{\frac{1300 + 260}{87 \times (1 - 0.67^2)}} = 3.81$$

此值大于 Z 分布表内显著水平为 0.01，双尾检验（考虑到在机构外学习，有些地方有利，也有些地方有碍，故用双尾检验）对应的数值（2.58），即落在否定域内，对立假设（$G=0$）被推翻。

描述统计若用其他级序相关法，可检验它们之间一个重要而且共通的部分——公式中的分子（都用 $N_s - N_d$）。如果 $N_s - N_d = 0$，则 dyx、Tau-a、Tau-b、Tau-c 和 G 都等于 0。级序相关系数等于 0 时，两变量间无关系，恰好可作对立假设。$N_s - N_d$ 的抽样分布，要经过较复杂的整理，才接近正态分布。

19.4.3.3　定类/定序与定距间关系的推论

描述一个定类或定序变量和一个定距变量间关系的"相关比率"（E），其平方值具有误差消减意义，可以用作推论的根据：E^2 既然代表误差消减的比例，$1 - E^2$ 便是剩余的误差，两者间的比率，就是"根据数据可以解释的误差"和"未能解释的误差"之比。由于数据来自样本，要除以相应的自由度（消减误差的自由度 $df_1 = g - 1$，g 是定类变量中的分类数目，剩余误差的自由度 $df_2 = N - g$），才可估计总体中的情况，这个 F 检验的公式如下：

$$F = \frac{E^2/(g-1)}{(1-E^2)/(N-g)}$$

跟 19.4.2.5 节介绍的 F 检验法，意义是相通的，在那一节，不同的组别只代表多次的随机抽样的结果，研究者的注意力集中在定距那一个变量。在这里，不同组别却代表着定类或定序变量上的不同分类，注意力放在变量间的关系上。

19.4.3.4　定距与定距间关系的推论

想判断样本中两定距变量间的积矩相关系数（r）是否也存在于总体内，可用下列的 t 检验法：

$$t = \frac{r\sqrt{N-2}}{\sqrt{1-r^2}} \quad df = N-2$$

依照这个自由度和预定显著水平，在 t 分布表中查得的否定值若比从样本计算出来的 t 大，便可判断：这个 r 值因抽样误差而出现的可能性太小，待验假设（$H0$：$r=0$）应被推翻。

由于 r 的平方具有误差消减意义，也可用 F 检验法：

$$F = \frac{r^2/df_1}{(1-r^2)/df_2} = \frac{r^2(N-2)}{1-r^2}$$

这是因为自由度的数值在计算 r 时是固定的，$df_1=1$，$df_2=N-2$，F 值其实就是上面 t 值的平方。回归系数（b）的性质和 r 很相近，可以采用上述的 t 检验法，但更常用的是 F 检验法。回归系数跟单因素方差分析和相关比率平方的分析逻辑极相近。大家都把全部误差分解为已经解释的（回归了的、组际的、消减了的）和未解释的（剩余的、组内的、未消减的）。公式则几乎一样，唯一不同在术语：

$$F = \frac{\text{组间方差和／自由度}}{\text{组内方差和／自由度}} = \frac{\text{解释了的误差}}{\text{未解释的误差}} = \frac{\text{消减误差}}{\text{剩余误差}}$$

解释了的误差相对于未解释的越大，F 值越大，b 值的出现越不可能属于偶然。

以上的检验是在两定距变量关系呈直线时用的，非直线时用 E

来检验，但怎样知道关系是否呈直线呢？上章提过：关系呈直线时 $E^2 = r^2$，换言之，我们可以把总体中这两个数值的比较当作另一项待验假设来检验。例如想判断关系不呈直线时，可试图推翻 $H0$：$E^2 = r^2$，用的仍是 F 法：

$$F = \frac{(E^2 - r^2)/(g - 2)}{(1 - E^2)/(N - g)}$$

公式中的 E^2 代表着用非直线模式来解释时所消减的误差，r^2 是用直线模式消减的误差，$E^2 - r^2$ 便是采用非直线模式时所增加的解释能力，$1 - E^2$ 就是剩余误差，此外跟其他 F 公式没有分别。

19.5　结　语

到此我已经完成了对两大类统计技术的介绍。本章的视野完全放在从样本到总体的推论上，不去过问变量的集中或离散趋势，也不涉及变量间关系的强弱，那是描述性统计的范围，在上一章已经介绍过。推论统计工具的选择，主要视乎变量数目、量度层次和对总体分布的认识而定；计算步骤可能跟描述统计有关，也可能无关；计算结果的理解，取决于预定的显著水平、单尾或双尾检验、个案多少和自由度等因素。对于计算结果的判断，并不讲求绝对性，整套运作重视的是对出错可能性的衡量。判断的标准，糅合了客观的数据和主观的风险容忍度。

这两章是社会统计学中最基本的原理和最常用的方法，虽然只是概括而谈，但读者若能弄通，在一般中小型机构的应用场合，大抵也就足够了。对于有兴趣探讨统计学中更深原理和较复杂方法的朋友来说，这两章提供了精简的元素、理路和架构，有助于在最少时间内打通关节。

第 20 章

研究报告和衍生行动

20.1 广义的研究活动

报告并非都在分析完成后才开始写作，有些内容在每个主要阶段（例如抽样、搜集资料、初步分析）或发生意外时（例如搜集资料时受到刻意阻挠）都要写成报告。报告完成后有时也需要重新分析资料，所以研究活动不一定在报告后便完结。

报告的形式也不限于一份书面综合，尤其是涉及应用的研究。本书对应用研究活动采取一个广义的定义。单单有报告而没有衍生行动，不堪称作应用研究。要增加研究的应用机会，不能单靠一份冗长的书面报告，研究者可能需要在一份"总报告"前后写出一些进度报告、分题报告、技术报告，还要回应对报告的批评，等等。此外，也可能需要向各式各样的决策或执行单位作口头报告，引用研究结果直接或间接去改变事象。我将以总报告为例，介绍书面报告的内容和表达方式，其他书面报告可依据各自的性质，从全面报告中选择内容，进一步删减。我还会介绍三种常见的口头报告场合，这是华裔研究者最易忽略的环节。20.4 节讨论研究者如何介入行动。所有阶段和形式的报告，都应该事前预定，准时完成。

整体来说，应用研究报告的任务在于提供客观的资料，最好是能让争辩各方都同意的资料，以便作为建议商议的基础，目的在于报道发现和沟通事实，希望这些信息令委托者和有关人等都能获益。报告首先要交代研究目的，让读者和听众知道谁是委托者和可能受影响者。也要公开研究方法，以争取读者和听众的信心，但要避免过多的术语和细节。资料必须跟目的有关，及早提出主要的资料和关于突出观点的资料。重要性较低的或不大直接有关的背景资料可扼要简述。不要过度推论，不要提出欠缺充分论据的预测。立场要尽量客观和公正，态度要冷静，避免草率、嘲笑和谩骂。

20.2　书面报告

20.2.1　书面报告的内容

作报告时要先弄清楚读者是谁，忖度过他们的兴趣和程度后才可选择内容和表达方式。进度报告的阅读对象是行政或决策人员，内容集中在研究进度、是否超出预算、有没有意外阻碍等方面，范围清楚，项目分明。技术报告通常在大型研究中或采用了特殊处理方法时才用，对象以研究业的行家居多，内容多数是抽样、复杂的指标技术、特殊的资料搜集、数据处理方法和困难所在、统计推论的误差等。分题报告抽出资料中个别题材，向这方面的专家和应用者细致报道。这些报告的对象和范围相对比较窄，报告的策略较易制订。

这里深入谈的，是大部分研究都要提交的全面或最后的书面报告。由于读者较广泛，内容和方式的选择，除了主要对象，还要照顾其他读者。太专门或太注重从主要对象出发，其他读者可能会不明白、不同意，甚至产生反感。而如果太要求面面俱到，则主要对象可能感到索然无味。经验浅的研究者最易犯的毛病，是玉石不分，一股脑全端上，甚至见猎心喜，把关系不大的细节都扯引进去，失去重心。想避免这个倾向，就得下笔前先辨清主脉，建立架构，依据主要脉络来分配资料的角色和篇幅。

与主题直接有关的资料，通常也最多，不能因为都有直接关系便悉数枚举。这时有两个处理方法可以同时考虑，一是运用抽象能力，逐层浓缩；二是重温应用者的需要，找寻最具针对性的概念（请温习第 6 和第 7 章）。例如与酒店经营直接有关的资料，不下数十项，包括人数、地点、床位数目、设备、投诉种类、成本、住客背景，等等，逐项铺陈，读者易觉烦琐，不易捕捉主题。若能找出管理层或住客方面最重视的概念，例如入住率，整份报告便有一个锚（这个锚若能早些找到，有些资料便不再直接，甚至可以省却了）。如果到了这个时候还不愿或不能找到最具针对性的概念，也应把资料归成几大类，例如有关住客性质的、管理方面的和设备方面的。分类的方法，最好能与改善计划结合，这样报告才有特色，论点的开展亦容易些。

次要资料当然占的篇幅较少，取舍须更严格，但亦不应过度削弱其在架构中的地位，否则便衬托不出主题的背景。新的、意外的发现，如果跟主题关系密切，可以突出介绍，否则从略。能产生特殊印象的资料，例如动人的个案或奇特的变量组合，若符合主题的，也可以加深观者印象，使资料论点更具血肉和感染力。资料未必会符合决策者原来的估计或态度，研究者虽然要事先辨别这些估计或态度，以求资料"合用"，却不应扭曲资料来迎合。随便附和不是真正的帮忙，与预期不符的资料有时作用更大。

写出对资料的理解，根据资料做出推理或建议是应该的，分清主次便可。至于有意无意地延伸定义、扩大命题或发展并非来自资料的论点以迁就研究者自己的印象或态度的情况，要小心避免。方法论的报道，一般只需列出下面这些：研究假设，概念和操作化定义，抽样方法，响应率和样本大小，简介资料的搜集和整理方法，描述性统计数值，统计推论预定的显著水平，是单尾还是双尾检验。至于标准化了的操作，可以省略，例如搜集资料的细节、怎样运算、查表等，甚至对立假设也不必列出，只须说明研究假设在哪一个 p 值下成立与否便足矣。书面报告基本上是一种单向性沟通媒介，读者阅读时研究者一般不会在场解释，因此，名词术语要清楚界定，数目众多时还应编列索引；复杂的原理和间接论据，出处要注明；书目要详尽，至少包括作者/编者的姓名、论文/书刊的名称和期号、出版年份和出版社。由于研究者发表前有时间规划，题材无论长短，都应细心裁剪，若有需要，先找专家帮忙审核校对，务求正确无误，才可付梓。

书面报告虽然方便作复杂或仔细的表达，长篇的内容却也容易带来混乱，读者有时候会首尾兼顾不及、主次倒置。细心的分章断节，层次分明的章节编号、标题和目录，可以减少迷乱和误解。较长的报告，应于正文前附上一两页摘要。为了方便图书馆和资料库的贮存和提取，最好加上三五个关键性字眼，以标示报告的题材。

20.2.2　书面报告的表达方式

书面报告向来都比较刻板沉闷，除了内容本身，传统上只能靠文字生动来吸引读者，微型电脑的出现给报告的表达方式带来了突破的可能。以往研究者不懂排版，也无从插手。即使专业编辑，除非额外努力，否则也不易替文稿搭配合适的图表。印刷只是被动的表达，熟练的出版社虽不会把注释排到另一页去，但图片多大，表格用什么字体、什么字号，什么地方应该留空……研究者都无法直接参与。这种情况，随着字处理、绘图、排版及其他软件的推陈出新，已全面改善。

图表软件帮助人创制和修改图表。这些软件提供各款常用图形和表格款式，让人直接采用或修改。最方便研究报告的是根据输入数字编制图表。就以"饼图"为例，输入数据后，有些软件即行自动计算各分类间比例，按比例把饼形划割，按比例或其他标准把饼块重新排列，需要突出的那一瓣（例如行政在全部开支中的比例）可以分离出来，而且可以在旁边另图细分（例如薪金、保险、在职训练等）。整块饼的方向可以旋转，各瓣的名称和数值、饼图的标题、副题和批注放到什么位置，都可以由研究者自己决定。如果有相应设备，还可以做成彩色报告或传进幻灯片放映软件中去。如果饼形的表达效果不佳（例如分类太多、有些瓣片太小），可以在原数据基础上另制他图，例如柱图或曲线图等。格式相同的报告，例如月报或分署报告，可以通过软件排制节省人手。程序编写好后，只消输入原始数据，电脑便会自动把数据分类、运算和排印，一气呵成，毋须再经人手。报告格式的程序化，使研究者可以精益求精，报告的新形式较易推行，内容的质量也容易保障。

20.3 口头报告

口头报告是双向沟通，听众若不明白或有其他想法，可以当场表示，报告者较易捕捉问题。但口头报告时间较短，听众相对不易领悟复杂的数据和推论。因此，口头报告时必须重点出击，集中主题，只选用最主要的资料，采用精简的句子，还可借助图表和视听器材。尽管如此，听众误解或断章取义的可能性依然避免不了，临场应答，难免错漏，最好把主要论点和数据打印出来，现场派发给听众。

口头报告很受对象和场合影响。有三类常见形式：在决策小圈子中、在专家小组中和在大庭广众中，三者显然要求很不同的内容和技巧。

决策者本身有很多不同，有些深沉，有些急躁，有些重视研究，有些引作借口……其共通处却是：他们有一些其他有关决策的资料是研究者不知道的；他们时间有限，未必看完或看得懂书面报告；给他们做口头报告的时间往往很短。在这种场合，研究者须尽量精简地表达有关的发现和建议，敏锐地揣测对方的疑难所在，在决策者未成定论时提出平衡的论据，在已有成见而跟研究资料相反时提出警示，在双方方向一致时提出细致资料来充实具体计划。研究者这时的表现，有时能决定整份研究是否被采用。

出席专家报告的人来自不同部门代表不同利益，有些来学习阁下的研究成果，有些来批评问难甚或专程来反对，有些敬陪聊坐而痛痒无关，有些只图表现自己的专业知识，并不反映机构的意见，有些专业能力不足意见有偏。对专家本身和背后利益关系认识清楚，报告和回应时便较易拿准分寸，避免无谓争论。对于排斥研究和反应冷淡的专家，要向他们指出一些不容忽视的资料；对于不合理的指责和要求，要据理顶着。对于不同行业的专家，若能照顾他们习惯的观察角度，采用他们惯用的术语，较易得到理解和赞同。由于专家较能细心阅读，在口头报告之前，最好早点送出详细的书面报告，不单是礼貌表现，还应真诚希望对方找到自己的盲点和错漏。这毕竟是专家的职责和专业道德范围内的要求、期望。争取到专家们的肯定，尤其是在需要机构间合作的情况下，会增加研究结果的应用可能。

在大庭广众下做报告，是口头报告中双向沟通程度最低的，情绪化程度可能较高，听众的理解程度较参差。因此报告时要多方顾及，一方面要大刀阔斧地竖立架构和主题；一方面又要小心澄清容易误解的细节或推论，必要时附上简单书面说明，以及直接联络的方法，以便报告完后与有兴趣的研究者直接沟通。报告既要内容简洁、语句精短，也须避免情绪性言辞，偏激性的字眼便更不消提了。

报告之前，要认清楚自己的职责范围，不隐瞒资料，也不越俎代庖去谈论研究范围以外的事情，除非这是直接由资料带来的推论。如果报告时还有其他任务，例如推广计划，最好另外找一位讲者。若研究者须兼任"推销工作"，最好明确地把研究内容跟其他内容分开。其他内容可以引用研究资料，介绍研究资料时却不宜加上或插入其他言论，这不单是为了避免听众误解，也可帮助研究者提醒自己论据和理论间的区别。

20.4　直接由研究衍生的行动

　　报告的发表，不一定是研究活动的终结。即使学术性研究，也还有不少善后工作要处理。例如修正报告中的错漏，指出哪里需进一步研究，开拓新的研究项目，跟同行或有关人士进一步沟通等。应用研究在报告发表后，研究者的活动不止于上述。最常见的，是因应需要修正概念后，把资料重新整理和分析。例如原来报告中对"需到户照顾老人"数目的估计，是基于"两项以上生活指标失能"这概念推算出的，符合这标准的老人数量太多，工作人员太少，无法全体应付，为了优先照顾体能较弱的，把概念改为"三项以上生活指标失能"后，再行估计。即使原来的估计被接受，读者可能还要求推算五年后的需求数量。种种特殊要求，即使可以预见，亦非原来报告所能穷尽，往往只能在报告发表后才个别解决。因此，报告发表后，资料和编码簿仍须妥善保存。研究者加入直接决策和执行工作的情况，并不少见，不过，那应该是报告发表后的发展，不宜中途干扰研究的独立性。

20.5　结　语

　　从研究题目的构思到报告和行动，是一段颇长的过程，其间为了要保持研究活动的一致性，不偏离目的，研究者必须不断反省进程和目的。如果目的本身应受修订，那应该是研究者主动的抉择，而非事后隐瞒或找借口解释。

　　社会科学研究已经发展出多种工具和步骤，它们都有清楚的作用、原理和使用方法。要强调的是，很多工具和步骤，都是一般人可以掌握和清楚沟通的。

每一次研究，都应该是一套有机的、合乎效率的组合。应用研究者根据预期的目标和现存资料进行。科学研究需要通过抽象过程来进行，概念和具体事实间有一定的距离，这是具体应用时要留意的局限，但这也是研究能够洞识事象的原因。人类知识如果只来源于个别的或直接的经验，未免太有限了。如果只愿意在检视了全部事象后才作判断，行动便会过于拘谨。现实的决策场合，往往要求行动者在有限的时间、资源和信息下做出判断。科学研究，特别是推论统计的作用，就在于帮助行动者做出系统化的观察和稳健的判断。一定的漏洞和风险是存在的，研究者不但不能隐瞒这些漏洞和风险，而且还应诚实地公布界定和预设，好让自己和别人知道判断是在什么概念和条件下，经过什么过程做出的。这套过程的好处是透明易学，大家都可以掌握，决策不须由先知或权威人士垄断。由于有一定途径可循，也有一定偏见和风险不能避免，决策者只须尽理而为，毋须害怕出错，毋须隐瞒自己的角度，也不能故弄玄虚。因此，越能采用这种科学态度的地方，越可以施行有操守且有能力的民主运作。徒有理想而欠缺科学的方法，不容易彰显民主的优越性。科学和民主，是决策合理化的最可靠保障。

第 21 章

应用研究的策划、 管理和长远利害

现在不少机构在面试高层职位应聘者时，通常会问到一个问题："如果我们请到你加入，你打算在若干时间内，办成哪一件事？"跟着的问题会是："要办成这件事，你会需要什么资料？"这两个问题显示出决策层对此事的重视程度和对现成资料感到不足。应聘者不必是研究专家，但是必须认识到信息对现代管理的重要性。

无论希望办成什么事，主持者首先要弄清楚办理此事的目的、时限，什么人牵涉在内，当前的理解基于什么资料、现成资料可以发掘出什么新理解，哪方面欠缺资料，有多少资源和时间去找寻新资料，机构内有没有研究人员适合找寻新资料，须否聘任外界专家，须否指派一个小组来配合研究工作，等等。取得决策层配合研究活动和应用研究报告的承诺，也很重要，没有决策层的承诺或外界的影响，再好的研究报告只会被束之高阁。

21.1 聘用和管理研究人员

无论研究人员来自外部还是内部，主持者首先自己要弄清楚以下要点，才可以发出征求告示。

① 目的
② 时间表
③ 应聘者的资历
④ 有关研究的规则

⑤研究对象的选择

⑥研究设计和方法

⑦研究结果的大体内容

⑧研究结果的发表方式

⑨应用时的技术支持

⑩预算

⑪申请书和申请过程的要求

　　如果研究范围涉及多个部门，主持者应该设立一个研究小组或委员会，讨论上述要点、争取各部门合作。跟着成立遴选委员会，指派固定的联络员跟研究者经常联系，跟进进度和解决问题。

　　研究委员会应事先列出选择标准：申请者的专业水平、经验、信誉、特殊背景要求（例如，亲人与机构没有利益关系、当地人或少数民族是否有优先权），研究策略的创见性和可行性，研究方法的效率，研究经费的合理性（总额和使用限制，例如离城工作的每日生活费限额），各种考虑因素间的比重（例如研究策略占 30%），等等。

　　无论是拨调内部员工还是外聘专家，都须审核资格。委任后依照工作时间表逐步推行，通知机构内员工合作。数据的收集过程和保存方式（藏在安全地点、不能擅自携离、不能泄漏个人资料）须作例行检查（例如制订工序完成日期表、开支单据）。须依据进度定时报告，按时间表保证各阶段（如问卷设计和测试、问卷回收速度）完成。有些同时进行多项研究的大型机构，甚至有专门的项目管理软件，以便及时填报工作进度和开支。

21.2　应聘工作

　　研究者不能单从本身能力和兴趣去决定是否应聘一项应用研究，

还须了解研究目的与法规、公义、自己信仰之间有无冲突，委任者有无特殊条件不宜接受，有没有资料无法获取，能够获取的资料有没有限制？如果预见研究结果不能保证有助于解决委任者的问题，还应事先沟通，避免引起委任者的过度期望。

不少委任者对研究的期望没有具体的估计，就像一位顾客进了餐馆但不知道想吃什么。如果爱吃火锅却进了江浙菜馆，再好的厨师也做不出合他口味的菜来。因此，干练的研究者应该帮助委任者澄清其目的，有时还须接触机构的最高层去了解一些复杂甚至矛盾的目的。如果委任者不是意见容易统一的机构，而是松散的团体，或者处于一些行动目的多变的情况下，研究者必须在研究开始前就跟决策者商议清楚。顾客的口味常变或不统一，巧妇有米亦难为炊！在无法满足顾客需求的情况下，坚持原则或信誉的研究者，不会接受委任。

有意应聘者首先须细读申请书的内容，接触询问联络员，尽量了解这项研究的来龙去脉。从申请书分析委任者对研究项目的认识（清楚吗？全面吗？）和期望（有没有不切实际的地方，或跟各方面有无不可调解的利害冲突，例如委任者坚持特大的样本）。还要考虑有没有资料无法获取？时间和经费足够吗？研究队伍能否在短期内找到必需的人员？一旦接受委任，便须全心全意从委任者最佳利益的角度去考虑和探索，并在所有研究人员之间建立一种积极的服务态度。

21.3　操守问题

研究活动当然是为了解决问题，但研究过程本身也可能制造问题，给直接被研究者、直接和间接受研究影响者带来损害。研究者和委任者有责任和义务去关注研究过程和结果对研究对象及社会的影响。研究结果的影响有时不易估计，但找寻资料的过程则是研究者可以控制的，因而许多研究准则都是针对研究过程是否符合道德而提出的，研究者需要自律。

纳粹时期德国的医生曾经在集中营中试验人体在极端温度下的反应，致死不惜。后引发了战后的赫尔辛基宣言，以保障研究对象的人权。此后研究对象的权利渐多保障，除了避免受伤害，还须考虑研究的可能利益是否值得冒险、各种利害是否公平分配，并保障研究对象有权独自做出参加/退出研究的决定。对资料的搜集和公布，不同的社会会有不同的成文或不成文的限制。大体上都赞成三项标准：利害，为研究对象争取最大利益、避免不必要的伤害；尊重和公平对待研究对象，待遇和影响不差于其他群体；接受研究者必须自愿，不受威迫或不当引诱。研究若有危险必须清楚解释，例如新药试验时，研究对象被随机编进实验组或控制组时，研究者必须事先解释一组人用新药，另一组人用的是没有新药的伴试品。参加者必须明白服用不同东西的后果而依然愿意参加，并签署不追究责任的文件后，研究才可以开始。

许多政府、大学或研究机构本身已经委任研究活动规范委员会（Institutional Review Board）把关，预防研究过程和资料发表后可能产生的不良后果或不公平待遇。例如会否使被调查者产生心理创伤，样本是否忽略了女性或弱势群体，研究对象的个人资料会否被泄露。有些大型的规范委员会的成员，除了研究者、律师和有关方面的专家，还邀请被研究群体的代表出席。他们关注研究对象的选择，例如抽样方法和工具有没有遗漏，如少数民族或女性，没有电话的人，要上夜班的人；研究方法的选择，例如会面时间太晚，地点不安全；研究对象是否了解和同意参与该项调查，判断研究对象是否了解和同意参加的程序，是否让他们签署了"知情同意书"（informed consent）。"知情同意书"解释该项调查的目的，研究对象需要干什么，他们的身份和答案不会被个别透露，参与者整体和个人可能得到的利益和损害，参与者拥有拒绝参与和半途退出的自由而不受惩罚，等等。"知情同意书"上还可列出调查机构的联络电话，方便查询。许多公共机构明确要求申请者得到规范委员会的批准才可进行研究。研究过程中出现的问题得向规范委员会报告，严重情况下规范委员会会建议中止研究。

接受研究者应该得到什么报酬的问题不时引起辩论。有些研究项目需要他们付出很多时间，至少应有车马费支付。试用新药者，必须事前获知危险性，除了得到免费用药和治疗，还可得到现款津贴。对填答问卷者应否送礼物，填答前还是填答后送，并无定论。很少研究者能付出填答者的工资时薪，愿意付出的也可能引人怀疑。向参加调查者提供抽奖机会，须知道回答者的身份，这会令一些人拒绝参加。有一些做法是送出问卷时附上少许现金或小礼物（如电影票），聊示好意，可望提高回应率。

所有提供帮助的人士，从专家、助手到提供资料者，都应该支付公平的酬劳，但什么才算公平的酬劳？有研究经费和没有研究经费的研究者之间的公平又如何看待，迄无共识。唯一的共识是不应让酬劳的有无和数目影响信息的性质。

21.4 从研究到行动

应用研究从拟订目的之时起便应开始思量运用的方式和时间。最晚到了研究报告初稿大纲制订时，便应跟委任者商议应用方式。研究者有责任在正式公布前后向应用者解释技术问题和应用方法。

完成的报告若因迟到而不能影响决策或行动，再高明也没用。是以本书建议采用倒序式的时间表。如果研究过程出现障碍，当然可以要求把一些行动延后，但也应立即订下新的时间表，以免放任自流。发表研究报告时是争取应用的好时机，应该跟决策者商量适当的发布时机和方法。

21.5　应用研究的长远利害

人类的竞争力从几千至几万年前由体力决定，转变为近几千到近几十年前由财富和机械决定，未来的竞争力将由信息决定。竞争可以带来进步，也会带来互相厮杀的危险，竞争力进步本身不能保障福利的长久。纳粹时期德国的竞争力在当时出类拔萃，却带来空前人祸。人类要学会的，是除了增强个体的竞争力，还须顾及全体的福利。

全体的福利需要全体去参与争取，坐顺风车的人会引起努力者的不满。西方社会目前的问题根源在于偏重争取福利的机制而轻视个体参与的责任。民主运作只止于投票，很多人连票也懒得去投，政客便以短期利益争取选票，大部分精力用于筹款，竞选只是重复浅薄的口号，很多选民并不去认真理解政纲，双方互相敷衍，这样的民主国度如果不能从外国拿到大量资源，迟早会债台高筑，引起社会动乱和国际争端。

现代社会人口越来越多，差异越来越大，任何政策都无法长期保障"公平"。个别群体若只顾扩张本身优势，迟早引起其他群体的反击。信息本身可以助长一时一家的竞争力，也可以拉宽跟其他成员的鸿沟。

长保福利的方法是寻求共利的策略。资料可以是柄双刃的利器，研究是获取利器的方法。单从委任者角度做的应用研究可以带来很锋利的单刃刀，剖析研究对象；兼顾各方利害的客观分析则可以带来长远共利的智慧。这种智慧不易自动产生，而需要有分享利益者的参与。除了专家、老板和政府，一般人也应该积极参与应用社会研究，提醒决策者不能忽略自己这个群体的角度，增加这个群体在样本中的代表性，接受访问和认真填交问卷，要求简洁易明的研究报告，细心阅读和理解研究报告，愿意承担分享福利的责任，才较易争取整个社会长远的福利。

附 录

附录1 随机数表

10 09 73 25 33	76 52 01 35 86	34 67 35 48 76	80 95 90 91 17	39 29 27 49 45
37 54 20 48 05	64 89 47 42 96	24 80 52 40 37	20 63 61 04 02	00 82 29 16 65
08 42 26 89 53	19 64 50 93 03	23 20 90 25 60	15 95 33 47 64	35 08 03 36 06
99 01 90 25 29	09 37 67 07 15	38 31 13 11 65	88 67 67 43 97	04 43 62 76 59
12 80 79 99 70	80 15 73 61 47	64 03 26 66 53	98 95 11 68 77	12 17 17 68 33
66 06 57 47 17	34 07 27 68 50	36 69 73 61 70	65 81 33 98 85	11 19 92 91 70
31 06 01 08 05	45 57 18 24 06	35 30 34 26 14	86 79 90 74 39	23 40 30 97 32
85 26 97 76 02	02 05 16 56 92	68 66 57 48 18	73 05 38 52 47	18 62 38 85 79
63 57 33 21 35	05 32 54 70 48	90 55 35 75 48	28 46 82 87 09	83 49 12 56 24
73 79 64 57 53	03 52 96 47 78	35 80 83 42 82	60 93 52 03 44	35 27 38 84 35
98 52 01 77 67	14 90 56 86 07	22 10 94 05 58	60 97 09 34 33	50 50 07 39 98
11 80 50 54 31	39 80 82 77 32	50 72 56 82 48	29 40 52 42 01	52 77 56 78 51
83 45 29 96 34	06 28 89 80 83	13 74 67 00 78	18 47 54 06 10	68 71 17 78 17
88 68 54 02 00	86 50 75 84 01	36 76 66 79 51	90 36 47 64 93	29 60 91 10 62
99 59 46 73 48	87 51 76 49 69	91 82 60 89 28	93 78 56 13 68	23 47 83 41 13

65 48 11 76 74　17 46 85 09 50　58 04 77 69 74　73 03 95 71 86　40 21 81 65 44
80 12 43 56 35　17 72 70 80 15　45 31 82 23 74　21 11 57 82 53　14 38 55 37 63
74 35 09 98 17　77 40 27 72 14　43 23 60 02 10　45 52 16 42 37　96 28 60 26 55
69 91 62 68 03　66 25 22 91 48　36 93 68 72 03　76 62 11 39 90　94 40 05 64 18
09 89 32 05 05　14 22 56 85 14　46 42 75 67 88　96 29 77 88 22　54 38 21 45 98

91 49 91 45 23　68 47 92 76 86　46 16 28 35 54　94 75 08 99 23　37 08 92 00 48
80 33 69 45 98　26 94 03 68 58　70 29 73 41 35　53 14 03 33 40　42 05 08 23 41
44 10 48 19 49　85 15 74 79 54　32 97 92 65 75　57 60 04 08 81　22 22 20 64 13
12 55 07 37 42　11 10 00 20 40　12 86 07 46 97　96 64 48 94 39　28 70 72 58 15
63 60 64 93 29　16 50 53 44 84　40 21 95 25 63　43 65 17 70 82　07 20 73 17 90

61 19 69 04 46　26 45 74 77 74　51 92 43 37 29　65 39 45 95 93　42 58 26 05 27
15 47 44 52 66　95 27 07 99 53　59 36 78 38 48　82 39 61 01 18　33 21 15 94 66
94 55 72 85 73　67 89 75 43 87　54 62 24 44 31　91 19 04 25 92　92 92 74 59 73
42 48 11 62 13　97 34 40 87 21　16 86 84 87 67　03 07 11 20 59　25 70 14 66 70
23 52 37 83 17　73 20 88 98 37　68 93 59 14 16　26 25 22 96 63　05 52 28 25 62

04 49 35 24 94　75 24 63 38 24　45 86 25 10 25　61 96 27 93 35　65 33 71 24 72
00 54 99 76 54　64 05 18 81 59　96 11 96 38 96　54 69 28 33 91　23 28 72 95 29
35 96 31 53 07　26 89 80 93 54　33 35 13 54 62　77 97 45 00 24　90 10 33 93 33
59 80 80 83 91　45 42 72 68 42　83 60 94 97 00　13 02 12 48 92　78 56 52 01 06
46 05 88 52 36　01 39 09 22 86　77 28 14 40 77　93 91 08 36 47　70 61 74 29 41

32 17 90 05 97　87 37 92 52 41　05 56 70 70 07　86 74 31 71 57　85 39 41 18 38
69 23 46 14 06　20 11 74 52 04　15 95 66 00 00　18 74 39 24 23　97 11 89 63 38
19 56 54 14 30　01 75 87 53 79　40 41 92 15 85　66 67 43 68 06　84 96 28 52 07
45 15 51 49 38　19 47 60 72 46　43 66 79 45 43　59 04 79 00 33　20 82 66 95 41
94 86 43 19 94　36 16 81 08 51　34 88 88 15 53　01 54 03 54 56　05 01 45 11 76

98 08 62 48 26　　45 24 02 84 04　　44 99 90 88 96　　39 09 47 34 07　　35 44 13 18 80

33 18 51 62 32　　41 94 15 09 49　　89 43 54 85 81　　88 69 54 19 94　　37 54 87 30 43

80 95 10 04 06　　96 38 27 07 74　　20 15 12 33 87　　25 01 62 52 98　　94 62 46 11 71

79 75 24 91 40　　71 96 12 82 96　　69 86 10 25 91　　74 85 22 05 39　　00 38 75 95 79

18 63 33 25 37　　98 14 50 65 71　　31 01 02 46 74　　05 45 56 14 27　　00 38 75 95 79

74 02 94 39 02　　77 55 73 22 70　　97 79 01 71 19　　52 52 75 80 21　　80 81 45 17 48

54 17 84 56 11　　80 99 33 71 43　　05 33 51 29 69　　56 12 71 92 55　　36 04 09 03 24

11 66 44 98 83　　52 07 98 48 27　　59 38 17 15 39　　09 97 33 34 40　　88 46 12 33 56

48 32 47 79 28　　31 24 96 47 10　　02 29 53 68 70　　32 30 75 75 46　　15 02 00 99 94

69 07 49 41 38　　87 63 79 19 76　　35 58 40 44 01　　10 51 82 16 15　　01 84 87 69 38

09 18 82 00 97　　32 82 53 95 27　　04 22 08 63 04　　83 38 98 73 74　　64 27 85 80 44

90 04 58 54 97　　51 98 15 06 54　　94 93 88 19 97　　91 87 07 61 50　　68 47 66 46 59

73 18 95 02 07　　47 67 72 52 69　　62 29 06 44 64　　27 12 46 70 18　　41 36 18 27 60

75 76 87 64 90　　20 97 18 17 49　　90 42 91 22 72　　95 37 50 58 71　　93 82 34 31 78

54 01 64 40 56　　66 28 13 10 03　　00 68 22 73 98　　20 71 45 32 95　　07 70 61 78 13

77 51 30 38 20　　78 54 24 27 85　　13 66 15 88 73　　04 61 89 75 53　　31 22 30 84 20

19 50 23 71 74　　81 33 31 05 91　　40 51 00 78 93　　32 60 46 04 75　　94 11 90 18 40

21 81 85 93 13　　81 59 41 36 28　　51 21 59 02 90　　28 46 66 87 95　　77 76 22 07 91

51 47 46 64 99　　61 61 36 22 69　　50 26 39 02 12　　55 78 17 65 14　　83 48 34 70 55

99 55 96 83 31　　00 39 75 83 91　　12 60 71 76 46　　48 94 97 23 06　　94 54 13 74 08

77 51 30 38 20　　86 83 42 99 01　　68 41 48 27 74　　51 90 81 39 80　　72 89 35 55 07

19 50 23 71 74　　69 97 92 02 88　　55 21 02 97 73　　74 28 77 52 51　　65 34 46 74 15

21 81 85 93 13　　93 27 88 17 57　　05 68 67 31 56　　07 08 28 50 46　　31 85 33 84 52

51 47 46 64 99　　68 10 72 36 21　　94 04 99 13 45　　42 83 60 91 91　　08 00 74 54 49

99 55 96 83 31　　62 53 52 41 70　　69 77 71 28 30　　74 81 97 81 42　　43 86 07 28 34

33 71 34 80 07　93 58 47 28 69　51 92 66 47 21　58 30 32 98 22　93 17 49 39 72
85 27 48 68 93　11 30 32 92 70　28 83 43 41 37　73 51 59 04 00　71 14 84 36 43
84 13 38 96 40　44 03 55 21 66　73 85 27 00 91　61 22 26 05 61　62 32 71 84 23
56 73 21 62 34　17 39 59 61 31　10 12 39 16 22　85 49 65 75 60　81 60 41 88 80
65 13 85 68 06　87 64 88 52 61　34 31 36 58 61　45 87 52 10 69　85 64 44 72 77

38 00 10 21 76　81 71 91 17 11　71 60 29 29 37　74 21 96 40 49　65 58 44 96 98
37 40 29 63 97　01 30 47 75 86　56 27 11 00 86　47 32 46 26 05　40 03 03 74 38
97 12 54 03 48　87 08 33 14 17　21 81 53 92 50　75 23 76 20 47　15 50 19 95 78
21 82 64 11 34　47 14 33 40 72　64 63 88 59 02　49 13 90 64 41　03 85 65 45 52
73 13 54 27 42　95 71 90 90 35　85 79 47 42 96　08 78 98 81 56　64 69 11 92 02

07 63 87 79 29　03 06 11 80 72　96 20 74 41 56　23 82 19 95 38　04 71 36 69 94
60 52 88 34 41　07 95 41 98 14　59 17 52 06 95　05 53 35 21 39　61 21 20 64 55
83 59 63 56 55　06 95 89 29 83　05 12 80 97 19　77 43 35 37 83　92 30 15 04 98
10 85 06 27 46　99 59 91 05 07　13 49 90 63 19　53 07 57 18 39　06 41 01 93 62
39 82 09 89 52　43 62 26 31 47　64 42 18 08 14　43 80 00 93 51　31 02 47 31 67

59 58 00 64 78　75 56 97 88 00　88 83 55 44 86　23 76 80 61 56　04 11 10 84 08
38 50 80 73 41　23 79 34 87 63　90 82 29 70 22　17 71 90 42 07　95 95 44 99 53
30 69 27 06 68　94 68 81 61 27　56 19 68 00 91　82 06 76 34 00　05 46 26 92 00
65 44 39 56 59　18 28 82 74 37　49 63 22 40 41　08 33 76 56 76　96 29 99 08 36
27 26 75 02 64　13 19 27 22 94　07 47 74 46 06　17 98 54 89 11　97 34 13 03 58

91 30 70 69 91　19 07 22 42 10　36 69 95 37 28　28 82 53 57 93　28 97 66 62 52
68 43 49 46 88　84 47 31 36 22　62 12 69 84 08　12 84 38 25 90　09 81 59 31 46
48 90 81 58 77　54 74 52 45 91　35 70 00 47 54　83 82 45 26 92　54 13 05 51 60
06 91 34 51 97　42 67 27 86 01　11 88 30 95 28　63 01 19 89 01　14 97 44 03 44
10 45 51 60 19　14 21 03 37 12　91 34 23 78 21　88 32 58 08 51　43 66 77 08 83

```
12 88 39 73 43    65 02 76 11 84    04 28 50 13 92    17 97 41 50 77    90 71 22 67 69
21 77 83 09 76    38 80 73 69 61    31 64 94 20 96    63 28 10 20 23    08 81 64 74 49
19 52 35 95 15    65 12 25 96 59    86 28 36 82 58    69 57 21 37 98    16 43 59 15 29
67 24 55 26 70    35 58 31 65 63    45 13 42 65 29    26 76 08 36 37    41 32 64 43 44

53 85 34 13 77    36 06 69 48 50    58 83 87 38 59    49 36 47 33 31    96 24 04 36 42
24 63 73 87 36    74 38 48 93 42    52 62 30 79 92    12 36 91 86 01    03 74 28 38 73
83 08 01 24 51    38 99 22 28 15    07 75 95 17 77    97 37 72 75 85    51 97 23 78 67
16 44 42 43 34    36 15 19 90 73    27 49 37 09 39    85 13 03 25 52    54 84 65 47 59
60 79 01 81 57    57 17 86 57 62    11 16 17 85 76    45 81 95 29 79    65 13 00 48 60

03 99 11 04 61    93 71 61 68 94    66 08 32 46 53    84 60 95 82 32    88 61 81 91 61
38 55 59 55 54    32 88 65 97 80    08 35 56 08 60    29 73 54 77 62    71 29 92 38 53
17 54 67 37 04    92 05 24 62 15    55 12 12 92 81    59 07 60 79 36    27 95 45 89 09
33 64 35 28 61    95 81 90 68 31    00 91 19 89 31    76 35 59 37 79    80 86 30 05 14
69 57 26 87 77    39 51 03 59 05    14 06 04 06 19    29 54 96 96 16    33 56 46 07 80

24 12 26 65 91    27 69 90 64 94    14 84 54 66 72    61 95 87 71 00    90 89 97 57 54
61 19 63 02 31    92 96 26 17 73    41 83 95 53 82    17 26 77 09 43    78 03 87 02 67
30 53 29 17 04    10 27 41 22 02    39 68 52 33 09    10 06 16 88 29    55 98 66 64 85
03 78 89 75 99    75 86 72 07 17    74 41 65 31 66    35 20 83 33 74    87 53 90 88 23
48 22 86 33 79    85 78 34 76 19    53 15 26 74 33    35 66 35 29 72    16 81 86 03 11

60 36 59 46 53    35 07 53 39 49    42 61 42 92 97    01 91 82 83 16    98 95 37 32 31
83 79 94 24 02    56 62 33 44 42    34 99 44 13 74    70 07 11 47 36    09 95 81 80 65
32 96 00 74 05    36 40 98 32 32    99 38 54 16 00    11 13 30 75 86    15 91 70 62 53
19 32 25 38 45    57 62 05 26 06    66 49 76 86 46    78 13 86 65 59    19 64 09 94 13
11 22 09 47 47    07 39 93 74 08    48 50 92 39 29    27 48 24 54 76    85 24 43 51 59
```

31 75 15 72 60　68 98 00 53 39　15 47 04 83 55　88 65 12 25 96　03 15 21 92 21

88 49 29 93 82　14 45 40 45 04　20 09 49 89 77　74 84 39 34 13　22 10 97 85 08

30 93 44 77 44　07 48 18 38 28　73 78 80 65 33　28 59 72 04 05　94 20 52 03 80

22 88 84 88 93　27 49 99 87 48　60 53 04 51 28　74 02 28 46 17　82 03 71 02 68

78 21 21 69 93　35 90 29 13 86　44 37 21 54 86　65 74 11 40 14　87 48 13 72 20

41 84 98 45 47　46 85 05 23 26　34 67 75 83 00　74 91 06 43 45　19 32 58 15 49

46 35 23 30 49　69 24 90 34 60　45 30 50 75 21　61 31 83 18 55　14 41 37 09 51

11 08 79 62 94　14 01 33 17 92　59 74 76 72 77　76 50 33 45 13　39 66 37 75 44

52 70 10 83 37　56 50 38 73 15　16 52 06 96 76　11 65 49 98 93　02 18 16 81 61

57 27 53 68 98　81 30 44 85 85　68 65 22 73 76　92 85 25 58 66　88 44 80 35 84

20 85 77 31 56　70 28 42 43 26　79 37 59 52 20　01 15 96 32 67　10 62 24 83 91

15 63 38 49 24　90 41 59 36 14　33 52 12 66 65　55 82 34 76 41　86 22 53 17 04

92 69 44 82 97　39 90 40 21 15　59 58 94 90 67　66 82 14 15 75　49 76 70 40 37

77 61 31 90 19　88 15 20 00 80　20 55 49 14 09　96 27 74 82 57　50 81 69 76 16

38 68 83 24 86　45 13 46 35 45　59 40 47 20 59　43 94 75 16 80　43 85 25 96 93

25 16 30 18 89　70 01 41 50 21　41 29 06 73 12　71 85 71 59 57　68 97 11 14 03

65 25 10 76 29　37 23 93 32 95　05 87 00 11 19　92 78 42 63 40　18 47 76 56 22

36 81 54 36 25　18 63 73 75 09　82 44 49 90 05　04 92 17 37 01　14 70 79 39 97

64 39 71 16 92　05 32 78 21 62　20 24 78 17 59　45 19 72 53 32　83 74 52 25 67

04 51 52 56 24　95 09 66 79 46　48 46 08 55 58　15 19 11 87 82　16 93 03 33 61

83 76 16 08 73　43 25 38 41 45　60 83 32 59 83　01 29 14 13 49　20 36 80 71 26

14 38 70 63 45　80 85 40 92 79　43 52 90 63 18　38 38 47 47 61　41 19 63 74 80

51 32 19 22 46　80 08 87 70 74　88 72 25 67 36　66 16 44 94 31　66 91 93 16 78

72 47 20 00 08　80 89 01 80 02　94 81 33 19 00　54 15 58 34 36　35 35 25 41 31

05 46 65 53 06　93 12 81 84 64　74 45 79 05 61　72 84 81 18 34　79 98 26 84 16

```
39 52 87 24 84    82 47 42 55 93    48 54 53 52 47    18 61 91 36 74    18 61 11 92 41
81 61 61 87 11    53 34 24 42 76    75 12 21 17 24    74 62 77 37 07    58 31 91 59 97
07 58 61 61 20    82 64 12 28 20    92 90 41 31 41    32 39 21 97 63    61 19 96 79 40
90 76 70 42 35    13 57 41 72 00    69 90 26 37 42    78 46 42 25 01    18 62 79 08 72
40 18 82 81 93    29 59 38 86 27    94 97 21 15 98    62 09 53 67 87    00 44 15 89 97


34 41 48 21 57    86 88 75 50 87    19 15 20 00 23    12 30 28 07 83    32 62 46 86 91
63 43 97 53 63    44 98 91 68 22    36 02 40 09 67    76 37 84 16 05    65 96 17 34 88
67 04 90 90 70    93 39 94 55 47    94 45 87 42 84    05 04 14 98 07    20 28 83 40 60
79 49 50 41 46    52 16 29 02 86    54 15 83 42 43    46 97 83 54 82    59 36 29 59 38
91 70 43 05 52    04 73 72 10 31    75 05 19 30 29    47 66 56 43 82    99 78 29 34 78
```

附录2 正态曲线下的 z 值

z	0.00	0.01	0.02	0.03	0.04	0.05	0.06	0.07	0.08	0.09
0.0	0.0000	0.0040	0.0080	0.0120	0.0160	0.0199	0.0239	0.0279	0.0319	0.0359
0.1	0.0398	0.0438	0.0438	0.0517	0.0557	0.0596	0.0636	0.0675	0.0714	0.0753
0.2	0.0793	0.0832	0.0871	0.0910	0.0948	0.0987	0.1026	0.1064	0.1103	0.1141
0.3	0.1179	0.1217	0.1255	0.1293	0.1331	0.1368	0.1406	0.1443	0.1480	0.1517
0.4	0.1554	0.1591	0.1628	0.1664	0.1700	0.1736	0.1772	0.1808	0.1844	0.1879
0.5	0.1915	0.1950	0.1985	0.2019	0.2054	0.2088	0.2123	0.2157	0.2190	0.2224
0.6	0.2257	0.2291	0.2324	0.2357	0.2389	0.2422	0.2454	0.2486	0.2517	0.2549
0.7	0.2580	0.2611	0.2642	0.2673	0.2704	0.2734	0.2764	0.2794	0.2823	0.2852
0.8	0.2881	0.2910	0.2939	0.2967	0.2995	0.3023	0.3051	0.3078	0.3106	0.3133
0.9	0.3159	0.3185	0.3212	0.3238	0.3264	0.3289	0.3315	0.3340	0.3365	0.3389
1.0	0.3413	0.3438	0.3461	0.3485	0.3508	0.3531	0.3554	0.3577	0.3599	0.3621
1.1	0.3643	0.3665	0.3686	0.3708	0.3729	0.3749	0.3770	0.3790	0.3810	0.3830
1.2	0.3849	0.3869	0.3888	0.3907	0.3925	0.3944	0.3962	0.3980	0.3997	0.4015
1.3	0.4032	0.4049	0.4066	0.4082	0.4099	0.4115	0.4131	0.4147	0.4162	0.4177
1.4	0.4192	0.4207	0.4222	0.4236	0.4251	0.4265	0.4279	0.4292	0.4306	0.4319
1.5	0.4332	0.4345	0.4357	0.4370	0.4382	0.4394	0.4406	0.4418	0.4429	0.4441
1.6	0.4452	0.4463	0.4474	0.4484	0.4495	0.4505	0.4515	0.4525	0.4535	0.4545
1.7	0.4554	0.4564	0.4573	0.4582	0.4591	0.4599	0.4608	0.4616	0.4625	0.4633
1.8	0.4641	0.4649	0.4656	0.4664	0.4671	0.4679	0.4686	0.4693	0.4699	0.4706

续表

z	0.00	0.01	0.02	0.03	0.04	0.05	0.06	0.07	0.08	0.09
1.9	0.4713	0.4719	0.4726	0.4732	0.4738	0.4744	0.4750	0.4756	0.4761	0.4767
2.0	0.4772	0.4778	0.4783	0.4788	0.4793	0.4798	0.4803	0.4808	0.4812	0.4817
2.1	0.4821	0.4826	0.4830	0.4834	0.4838	0.4842	0.4846	0.4850	0.485 4	0.4857
2.2	0.4861	0.4864	0.4868	0.4871	0.4875	0.4878	0.4881	0.4884	0.4887	0.4890
2.3	0.4893	0.4896	0.4999	0.4901	0.4904	0.4906	0.4909	0.4911	0.4913	0.4916
2.4	0.4918	0.4920	0.4922	0.4925	0.4927	0.4929	0.4931	0.4932	0.4934	0.4936
2.5	0.4938	0.4940	0.4941	0.4943	0.4945	0.4946	0.4948	0.4949	0.4951	0.4952
2.6	0.4953	0.4955	0.4956	0.4957	0.4959	0.4960	0.4961	0.4962	0.4963	0.4964
2.7	0.4965	0.4966	0.4967	0.4968	0.4969	0.4970	0.4971	0.4972	0.4973	0.4974
2.8	0.4974	0.4975	0.4976	0.4977	0.4977	0.4978	0.4979	0.4979	0.4980	0.4981
2.9	0.4981	0.4982	0.4982	0.4983	0.4984	0.4984	0.4985	0.4985	0.4986	0.4986
3.0	0.4987	0.4987	0.4987	0.4988	0.4988	0.4989	0.4989	0.4989	0.4990	0.4990
3.1	0.4990	0.4991	0.4991	0.4991	0.4992	0.4992	0.4992	0.4992	0.4993	0.4993
3.2	0.4993	0.4993	0.4994	0.4994	0.4994	0.4994	0.4994	0.4995	0.4995	0.4995
3.3	0.4995	0.4995	0.4995	0.4996	0.4996	0.4996	0.4996	0.4996	0.4996	0.4997
3.4	0.4997	0.4997	0.4997	0.4997	0.4997	0.4997	0.4997	0.4997	0.4997	0.4998
3.5	0.4998									
4.0	0.49997									
4.5	0.499997									
5.0	0.4999997									
6.0	0.5000000									

附录3 t分布表

自由度	单边检验显著度					
	0.10	0.05	0.025	0.01	0.005	0.0005
	双边检验显著度					
	0.20	0.10	0.05	0.02	0.01	0.001
1	3.078	6.314	12.706	31.821	63.657	636.619
2	1.886	2.920	4.303	6.965	9.925	31.598
3	1.638	2.353	3.182	4.541	5.841	12.941
4	1.533	2.132	2.776	3.747	4.604	8.610
5	1.476	2.015	2.571	3.656	4.032	6.895
6	1.440	1.943	2.447	3.143	3.707	5.959
7	1.415	1.895	2.365	2.998	3.499	5.405
8	1.397	1.860	2.306	2.896	3.355	5.041
9	1.383	1.833	2.262	2.821	3.250	4.781
10	1.372	1.812	2.228	2.764	3.169	4.587
11	1.363	1.796	2.201	2.718	3.106	4.437
12	1.356	1.782	2.179	2.681	3.055	4.318
13	1.350	1.771	2.160	2.650	3.012	4.221
14	1.345	1.761	2.145	2.624	2.977	4.140
15	1.341	1.753	2.131	2.602	2.947	4.073
16	1.337	1.746	2.120	2.583	2.921	4.015

续表

自由度	单边检验显著度					
	0.10	0.05	0.025	0.01	0.005	0.0005
	双边检验显著度					
	0.20	0.10	0.05	0.02	0.01	0.001
17	1.333	1.740	2.110	2.567	2.898	3.965
18	1.330	1.734	2.101	2.552	2.878	3.922
19	1.326	1.729	2.093	2.539	2.861	3.883
20	1.325	1.725	2.086	2.528	2.845	3.850
21	1.323	1.721	2.080	2.518	2.831	3.819
22	1.321	1.717	2.074	2.508	2.819	3.792
23	1.319	1.714	2.069	2.500	2.807	3.767
24	1.318	1.711	2.064	2.492	2.797	3.745
25	1.316	1.708	2.060	2.485	2.787	3.725
26	1.315	1.706	2.056	2.479	2.779	3.707
27	1.314	1.703	2.052	2.473	2.771	3.690
28	1.313	1.701	2.048	2.467	2.763	3.674
29	1.311	1.699	2.045	2.462	2.756	3.659
30	1.310	1.697	2.042	2.457	2.750	3.646
40	1.303	1.684	2.021	2.423	2.704	3.551
60	1.296	1.671	2.000	2.390	2.660	3.460
120	1.289	1.658	1.980	2.358	2.617	3.373
∞	1.282	1.645	1.960	2.326	2.576	3.291

附录 4　χ² 分布表

自由度	0.99	0.98	0.95	0.90	0.80	0.70	0.50	0.30	0.20	0.10	0.05	0.02	0.01	0.001
1	0.157	0.0628	0.00393	0.0158	0.0642	0.148	0.455	1.074	1.642	2.706	3.841	5.412	6.635	10.827
2	0.201	0.0404	0.103	0.211	0.446	0.173	1.386	2.408	3.219	4.605	5.991	7.824	9.210	13.815
3	0.115	0.185	0.352	0.584	1.005	1.424	2.366	3.665	4.642	6.251	7.815	9.837	11.345	16.266
4	0.297	0.429	0.711	1.064	1.649	2.195	3.357	4.878	5.989	7.779	9.488	11.668	13.277	18.467
5	0.554	0.752	1.145	1.610	2.343	3.000	4.351	6.064	7.289	9.236	11.070	13.388	15.086	20.515
6	0.872	1.134	1.635	2.204	3.070	3.828	5.348	7.231	8.558	10.645	12.592	15.033	16.812	22.457
7	1.239	1.564	2.167	2.833	3.822	4.671	6.346	8.383	9.803	12.017	14.067	16.622	18.475	24.322
8	1.646	2.032	2.733	3.490	4.594	5.527	7.344	9.524	11.030	13.362	15.507	18.168	20.090	26.125
9	2.088	2.532	3.325	4.168	5.380	6.393	8.343	10.656	12.242	14.684	16.919	19.679	21.666	27.877

续表

自由度	0.99	0.98	0.95	0.90	0.80	0.70	0.50	0.30	0.20	0.10	0.05	0.02	0.01	0.001
10	2.558	3.059	3.940	4.865	6.179	7.267	9.342	11.781	13.442	15.987	18.307	21.161	23.209	29.588
11	3.053	3.609	4.575	5.578	6.989	8.148	10.341	12.899	14.631	17.275	19.675	22.618	24.725	31.264
12	3.571	4.178	5.226	6.304	7.807	9.034	11.340	14.011	15.812	18.549	21.026	24.054	26.217	32.909
13	4.107	4.765	5.892	7.042	8.634	9.926	12.340	15.119	16.985	19.812	22.362	25.472	27.688	34.528
14	4.660	5.368	6.571	7.790	9.467	10.821	13.339	16.222	18.151	21.064	23.685	26.873	29.141	36.123
15	5.229	5.985	7.261	8.547	10.307	11.721	14.339	17.322	19.311	22.307	24.996	28.259	30.578	37.697
16	5.812	6.614	7.962	9.312	11.152	12.624	15.338	18.418	20.465	23.542	26.296	29.633	32.000	39.252
17	6.408	7.255	8.672	10.085	12.002	13.531	16.338	19.511	21.615	24.769	27.587	30.995	33.409	40.790
18	7.015	7.906	9.390	10.865	12.857	14.440	17.338	20.601	22.760	25.899	28.869	32.346	34.805	42.312
19	7.633	8.567	10.117	11.651	13.716	15.352	18.338	21.689	23.900	27.204	30.144	33.687	36.191	43.820
20	8.260	9.237	10.851	12.443	14.578	16.266	19.337	22.775	25.038	28.412	31.410	35.020	37.566	45.315
21	8.897	9.915	11.591	13.240	15.445	17.182	20.337	23.858	26.171	29.615	32.671	36.343	38.932	46.797

22	9.542	10.600	12.338	14.041	16.314	18.101	21.337	24.939	27.301	30.813	33.924	37.659	40.289	48.268
23	10.196	11.293	13.091	14.848	17.187	19.021	22.337	26.018	28.429	32.007	35.172	38.968	41.638	49.728
24	10.856	11.992	13.848	15.659	18.062	19.943	23.337	27.096	29.553	33.196	36.415	40.270	42.980	51.179
25	11.524	12.697	14.611	16.473	18.940	20.867	24.337	28.172	30.675	34.382	37.652	41.566	44.314	53.620
26	12.198	13.409	15.379	17.292	19.820	21.792	25.336	29.246	31.795	35.563	38.885	42.856	45.642	54.052
27	12.879	14.125	16.151	18.114	20.703	22.719	26.336	30.912	32.912	36.741	40.113	44.140	46.963	55.476
28	13.565	14.847	16.928	18.939	21.588	23.647	27.336	31.391	34.027	37.916	41.337	45.419	48.278	56.893
29	14.256	15.574	17.708	19.768	22.475	24.577	28.336	32.461	35.139	39.087	42.557	46.693	49.588	58.302
30	14.953	16.306	18.493	20.599	23.364	25.508	29.336	33.530	36.250	40.256	43.773	47.962	50.892	59.703

附录5 F分布表（p=0.05）

df_2 \ df_1	1	2	3	4	5	6	7	8	9	10	12	15	20	24	30	40	60	120	∞
1	161.40	199.50	215.70	224.60	230.20	234.00	236.80	238.90	240.50	241.50	243.90	245.90	248.00	249.10	250.10	251.10	252.20	253.30	243.30
2	18.51	19.00	19.16	19.25	19.30	19.33	19.35	19.37	19.38	19.40	19.41	19.43	19.45	19.45	19.46	19.47	19.48	19.49	19.50
3	10.13	9.55	9.28	9.12	9.01	8.94	8.89	8.85	8.81	8.79	8.74	8.70	8.66	8.64	8.62	8.59	8.57	8.55	8.53
4	7.71	6.94	6.59	6.39	6.26	6.16	6.09	6.04	6.00	5.96	5.91	5.86	5.80	5.77	5.75	5.72	5.69	5.66	5.63
5	6.61	5.79	5.41	5.19	5.05	4.95	4.88	4.82	4.77	4.74	4.68	4.62	4.56	4.53	4.50	4.46	4.43	4.40	4.36
6	5.99	5.14	4.76	4.53	4.39	4.28	4.21	4.15	4.10	4.06	4.00	3.94	3.87	3.84	3.81	3.77	3.74	3.70	3.67
7	5.59	4.74	4.35	4.12	3.97	3.87	3.79	3.73	3.68	3.64	3.57	3.51	3.44	3.41	3.38	3.34	3.30	3.27	3.23
8	5.32	4.46	4.07	3.84	3.69	3.58	3.50	3.44	3.39	3.35	3.28	3.22	3.15	3.12	3.08	3.04	3.01	2.97	2.93
9	5.12	4.26	3.86	3.63	3.48	3.37	3.29	3.23	3.18	3.14	3.07	3.01	2.94	2.90	2.86	2.83	2.79	2.75	2.71
10	4.96	4.10	3.71	3.48	3.33	3.22	3.14	3.07	3.02	2.98	2.91	2.85	2.77	2.74	2.70	2.66	2.62	2.58	2.54

分子自由度

11	4.84	3.98	3.59	3.36	3.20	3.09	3.01	2.96	2.90	2.85	2.79	2.72	2.65	2.61	2.57	2.53	2.49	2.45	2.40
12	4.75	3.89	3.49	3.26	3.11	3.00	2.91	2.85	2.80	2.75	2.69	2.62	2.54	2.51	2.47	2.43	2.38	2.34	2.30
13	4.67	3.81	3.41	3.18	3.03	2.92	2.83	2.77	2.71	2.67	2.60	2.53	2.46	2.42	2.38	2.34	2.30	2.25	2.21
14	4.60	3.74	3.34	3.11	2.96	2.05	2.76	2.70	2.65	2.60	2.53	2.46	2.39	2.35	2.31	2.27	2.22	2.18	2.13
15	4.54	3.68	3.29	3.06	2.90	2.79	2.71	2.64	2.59	2.54	2.48	2.40	2.33	2.29	2.25	2.20	2.16	2.11	2.07
16	4.49	3.63	3.24	3.01	2.85	2.74	2.66	2.59	2.54	2.49	2.42	2.35	2.28	2.24	2.19	2.15	2.11	2.06	2.01
17	4.45	3.59	3.20	2.96	2.81	2.70	2.61	2.55	2.49	2.45	2.38	2.31	2.23	2.19	2.15	2.10	2.06	2.01	1.96
18	4.41	3.55	3.16	2.93	2.77	2.66	2.58	2.51	2.46	2.41	2.34	2.27	2.19	2.15	2.11	2.06	2.02	1.97	1.92
19	4.38	3.52	3.13	2.90	2.74	2.63	2.54	2.48	2.42	2.38	2.31	2.23	2.16	2.11	2.07	2.03	1.98	1.93	1.88
20	4.35	3.49	3.10	2.87	2.71	2.60	2.51	2.45	2.39	2.35	2.28	2.20	2.12	2.08	2.04	1.99	1.95	1.90	1.84
21	4.32	3.47	3.07	2.84	2.68	2.57	2.49	2.42	2.37	2.32	2.25	2.18	2.10	2.05	2.01	1.96	1.92	1.87	1.81
22	4.30	3.44	3.05	2.82	2.66	2.55	2.46	2.40	2.34	2.30	2.23	2.15	2.07	2.03	1.98	1.94	1.89	1.84	1.78
23	4.28	3.42	3.03	2.80	2.64	2.53	2.44	2.37	2.32	2.27	2.20	2.13	2.05	2.01	1.96	1.91	1.86	1.81	1.76
24	4.26	3.40	3.01	2.78	2.62	2.51	2.42	2.36	2.30	2.25	2.18	2.11	2.03	1.98	1.94	1.89	1.84	1.79	1.73
25	4.24	3.39	2.99	2.76	2.60	2.49	2.40	2.34	2.28	2.24	2.16	2.09	2.01	1.96	1.92	1.87	1.82	1.77	1.71

续表

分子自由度

df_1 / df_2	1	2	3	4	5	6	7	8	9	10	12	15	20	24	30	40	60	120	∞
26	4.23	3.37	2.98	2.74	2.59	2.47	2.39	2.32	2.27	2.22	2.15	2.07	1.99	1.95	1.90	1.85	1.80	1.75	1.69
27	4.21	3.35	2.96	2.73	2.57	2.46	2.37	2.31	2.25	2.20	2.13	2.06	1.97	1.93	1.88	1.84	1.79	1.73	1.67
28	4.20	3.34	2.95	2.71	2.56	2.45	2.36	2.29	2.24	2.19	2.12	2.04	1.96	1.91	1.87	1.82	1.77	1.71	1.65
29	4.18	3.33	2.93	2.70	2.55	2.43	2.35	2.28	2.22	2.18	2.10	2.03	1.94	1.90	1.85	1.81	1.75	1.70	1.64
30	4.17	3.32	2.92	2.69	2.53	2.42	2.33	2.27	2.21	2.16	2.09	2.01	1.93	1.89	1.84	1.79	1.74	1.68	1.62
40	4.08	3.23	2.84	2.61	2.45	2.34	2.25	2.18	2.12	2.08	2.00	1.92	1.84	1.79	1.74	1.69	1.64	1.58	1.51
60	4.00	3.15	2.76	2.53	2.37	2.25	2.17	2.10	2.04	1.99	1.92	1.84	1.75	1.70	1.65	1.59	1.53	1.47	1.39
120	3.92	3.07	2.68	2.45	2.29	2.17	2.09	2.02	1.96	1.91	1.83	1.75	1.66	1.61	1.55	1.50	1.43	1.35	1.25
∞	3.84	3.00	2.60	2.37	2.21	2.10	2.01	1.94	1.88	1.3	1.75	1.67	1.57	1.52	1.46	1.36	1.32	1.22	1.00